权威·前沿·原创

皮书系列为
"十二五""十三五"国家重点图书出版规划项目

智库成果出版与传播平台

河北人才发展报告（2021）

TALENT DEVELOPMENT REPORT OF HEBEI (2021)

主　编 / 康振海
执行主编 / 王建强
副 主 编 / 王艳霞

社会科学文献出版社
SOCIAL SCIENCES ACADEMIC PRESS (CHINA)

图书在版编目(CIP)数据

河北人才发展报告.2021/康振海主编.--北京:
社会科学文献出版社,2021.4
（河北蓝皮书）
ISBN 978-7-5201-8082-5

Ⅰ.①河… Ⅱ.①康… Ⅲ.①人才-发展战略-研究报告-河北-2021 Ⅳ.①C964.2

中国版本图书馆CIP数据核字（2021）第047205号

河北蓝皮书
河北人才发展报告（2021）

主　　编 / 康振海
执行主编 / 王建强
副 主 编 / 王艳霞

出 版 人 / 王利民
责任编辑 / 高振华
文稿编辑 / 李吉环

出　　版 / 社会科学文献出版社·城市和绿色发展分社（010）59367143
　　　　　　地址：北京市北三环中路甲29号院华龙大厦　邮编：100029
　　　　　　网址：www.ssap.com.cn
发　　行 / 市场营销中心（010）59367081　59367083
印　　装 / 天津千鹤文化传播有限公司

规　　格 / 开　本：787mm×1092mm　1/16
　　　　　　印　张：18.25　字　数：271千字
版　　次 / 2021年4月第1版　2021年4月第1次印刷
书　　号 / ISBN 978-7-5201-8082-5
定　　价 / 138.00元

本书如有印装质量问题，请与读者服务中心（010-59367028）联系

▲ 版权所有 翻印必究

河北蓝皮书（2021）编辑委员会

主　任　康振海

副主任　彭建强　张福兴　焦新旗　肖立峰　孟庆凯

委　员　（按姓氏笔画排序）
　　　　　王文录　王建强　王亭亭　王艳宁　史广峰
　　　　　李鉴修　陈　璐　黄军毅　穆兴增

主编简介

康振海 中共党员，1982年毕业于河北大学哲学系，获哲学学士学位；1987年9月至1990年7月在中共中央党校理论部中国现代哲学专业学习，获哲学硕士学位。

三十多年来，康振海同志长期工作在思想理论战线。曾任河北省委宣传部副部长；2016年3月至2017年6月任河北省作家协会党组书记、副主席；2017年6月至今任河北省社会科学院党组书记、院长，河北省社科联第一副主席。

康振海同志著述较多，在《人民日报》《光明日报》《经济日报》《中国社会科学报》《河北日报》《河北学刊》等重要报刊和社会科学文献出版社、河北人民出版社等发表、出版论著多篇（部），主持完成多项国家级、省部级课题。主要代表作有：《中国共产党思想政治工作九十年》《雄安新区经济社会发展报告》《让历史昭示未来——河北改革开放四十年》等著作；发表了《传承中华优秀传统文化推进文化强国建设》《以优势互补、区域协同促进高质量脱贫》《在推进高质量发展中育新机开新局》《构建京津冀协同发展新机制》《认识中国发展进入新阶段的历史和现实依据》《准确把握推进国家治理体系和治理能力现代化的目标任务》《奋力开启全面建设社会主义现代化国家新征程》《新时代：我国发展新的历史方位》《以"塞罕坝精神"再造绿水青山》等多篇理论调研文章；主持"新时代生态文明和党的建设阶段性特征及其发展规律研究""《宣传干部行为规范》可行性研究和草案初拟研究"等多项国家级、省部级立项课题。

摘　要

《河北人才发展报告（2021）》由河北省社会科学院人力资源与劳动经济研究所组织院内外专家学者撰写而成，是河北人才发展的年度报告。本报告深入贯彻落实党的十九大及十九届二中、三中、四中、五中全会精神和河北省委九届历次全会精神，紧紧围绕为全面建成经济强省、美丽河北提供人才支撑和保障，以深入实施人才强冀战略、促进人才高质量发展为主线，对河北人才发展中出现的、社会各界高度关注的有关人才队伍建设、人才培养、人才引进、人才评价及年度热点等方面展开深入研究。全书由总报告、人才队伍建设篇、人才培养篇、人才引进篇、年度热点篇五个板块组成，包括1篇总报告和15篇专题报告。全书注重研究的前瞻性、原创性、实用性和可操作性，力求提出的发展思路、对策建议能够为各级党委政府决策提供参考，为社会各界提供有价值的信息资讯。

总报告对2019年以来实施人才强冀战略取得的进展、未来面临的形势和任务、当前存在的障碍和制约以及对策思路进行了系统阐述。报告从人才规模、人才质量、人才分布结构、人才资本投入、人才经济科技贡献等方面全面展现了人才强冀战略的新成就、新亮点，同时剖析了国际国内人才同质化竞争加剧、国际人才流动壁垒加强、"抢人大战"战略相持等国际国内人才发展新形势和新挑战，在此基础上，提出了围绕持续推动京津冀人才一体化，高站位布局全省人才工作、着力推进重点领域人才队伍建设、更深层次推进人才体制机制改革、精心打造河北人才发展生态环境4个方面的对策建议。

人才队伍建设篇重点围绕企业家人才、数字人才、医疗卫生人才队伍建设问题进行剖析，对其人才队伍建设现状、存在的问题进行重点研究，指出人才队伍建设的难点、人才队伍建设的思路并提出相应建议。

人才培养篇围绕新建地方本科院校创新人才、中医药人才、技能人才、乡村振兴战略人才等重点问题开展研究，对这几类人才如何加大培养力度、培养中存在的问题及如何解决提出了相应对策。

人才引进篇通过大量翔实调查，对人才引进方法及其效用、2020年急需人才引进、高层次科技人才引进机制与政策创新、人力资源服务产业园人才引聚等进行专题分析。

年度热点篇聚焦了当前河北人才发展中的热点、难点问题，深入剖析了公共卫生人才发展问题、大学生生命教育问题、社科人才评价机制改革问题、自贸区数字贸易人才供给问题，并提出相关对策建议。

本书立足新时代背景下新发展要求，展现河北省推进人才向高质量发展的新举措和新进展，阐释当前河北人才发展面临的主要形势、任务及对策，对促进河北人才工作不断提高和发展将产生积极影响。

关键词： 人才队伍　人才培养　人才引进

Abstract

Talent Development Report of Hebei (*2021*) was written by experts and scholars inside and outside the institute organized by the Institute of Human Resources and Labor Economics of Hebei Academy of Social Sciences. It is an annual report on Hebei's talent development. This report thoroughly implements the spirit of the 19th National Congress of the Communist Party of China, the spirit of the 2nd, 3rd, 4th, and 5th Plenary Sessions of the 19th Central Committee of the Communist Party of China, and the spirit of the previous Plenary Sessions of the Ninth Central Committee of Hebei Province. This report focuses on providing talent support and guarantee for the comprehensive construction of economic power and a beautiful Hebei. It focuses on the in-depth implementation of the strategy for making Hebei strong through training competent personnel and promoting the high-quality development of talents. It focuses several aspects which highly concerned by all sectors of society during the development of talents in Hebei, which includes talent team building, talent training, talent introduction, talent evaluation and annual hot spots. The book consists of five sections which are general report, talent team building, talent training, talent introduction, and annual hot topics, including 1 general report and 15 special reports. The book focuses on the foresight, originality, practicability and maneuverability of research, and strives to put forward development ideas and countermeasures that can provide references for party committees and governments at all levels to make decisions, and provide valuable information for all sectors of society.

The general report systematically explained the progress made in the implementation of the strategy for making Hebei strong through training competent personnel since 2019, the situation and tasks faced in the future, the current obstacles and constraints, and the countermeasures. The report comprehensively demonstrates the new achievements and new highlights of the strategy for making Hebei strong through training competent personnel in terms of talent scale, talent quality, talent distribution structure, talent investment, talent economic and technological contribution. Based on the new situation and new challenges of international and domestic talent development such as the homogenization of talents intensifies competition, the strengthening of mobile barriers and the strategic stalemate of "the grab for talents" strategy, it is proposed to focus on four aspects of countermeasures and suggestions, which includes focusing on continuing to promote the integration of talents in Beijing-Tianjin-Hebei, a high-level layout of talent work in the province, the construction of talent teams in key areas, the deeper reform of the talent system and mechanism, and the meticulous creation of talent development ecological environment of Hebei.

The article on talent team construction focuses on analyzing the problems of entrepreneurial talent, digital talent, and medical and health talent team building, and focuses on the current situation and existing problems of the talent team building, pointing out the difficulties in the talent team building, and giving the direction of the talent team building and making corresponding suggestions.

The article on talent training focuses on key issues such as innovative talents, traditional Chinese medicine talents, skilled talents, and rural revitalization strategy talents in newly-built local undergraduate colleges and universities, and discuss about how to try harder to train talent, the problems during the training and giving some corresponding countermeasures.

Through a large number of detailed investigations, the talent introduction section conducts special analysis on talent introduction methods and their utility, urgently needed talent introduction in 2020, high-level technological talent introduction mechanism and policy innovation, and human resource service industrial park talent attraction.

The article on annual hot spots focus on the current hot spots and difficulties in the development of talents in Hebei, and deeply analyzes the development of public health talents, the life education of college students, the reform of the social science talent evaluation mechanism, and the supply of digital trade talents in the free trade zone, and proposes relevant countermeasures.

Based on the new development requirements under the background of the new era, this book shows the new measures and new progress of Hebei province to promote the high-quality development of talents, and explains the current main situations, tasks and countermeasures facing the development of talents in Hebei. It will have a positive impact on the continuous improvement and development of Hebei's talent work.

Keywords: Talent Team; Talent Training; Talent Introduction

目 录

Ⅰ 总报告

B.1 新发展阶段实施人才强冀战略的新挑战与新思路
　　——2020年河北人才发展报告
　　……………………………………… 周爱军 / 001

Ⅱ 人才队伍建设篇

B.2 河北省企业家人才队伍建设研究…… 罗振洲　李素峰　罗必佳 / 025
B.3 河北省数字人才队伍建设研究………………………… 姜　兴 / 043
B.4 河北省医疗卫生人才队伍建设研究…………… 王艳霞　刘雪辰 / 057

Ⅲ 人才培养篇

B.5 河北省新建地方本科院校创新人才培养模式研究
　　——以邯郸学院为例
　　……………………………………… 金光华 / 074

B.6 河北省中医药人才培养问题及对策研究……………… 张亚宁 / 094
B.7 产业转型背景下河北省技能人才需求预测及培养路径研究
　　………………………… 饶立昌　邢明强　梁高杨 / 109
B.8 关于推进河北乡村振兴战略人才培养调查研究
　　………………………………………… 王建强　靳　静 / 126

Ⅳ 人才引进篇

B.9 人才引进的方法及其效用分析
　　——对河北省的启示
　　……………………………………………… 陈伟娜 / 139
B.10 2020年河北急需人才抽样调查研究
　　——以石家庄为例
　　………………………… 王丽锟　孟　莉　吴　黎 / 152
B.11 河北省高层次科技人才引进机制与政策创新问题研究
　　………………………………………… 王小玲　杨　凡 / 173
B.12 河北省人力资源服务产业园引聚人才调查分析研究
　　………………………………………… 王建强　王宇杨 / 190

Ⅴ 年度热点篇

B.13 河北省公共卫生人才现状调查及对策研究…………… 鲍志伦 / 204
B.14 河北省大学生生命教育现状调查及对策研究
　　………………… 杨旭浩　何佳敏　杨丽乐　徐　莉 / 220
B.15 河北省哲学社会科学人才评价机制改革研究………… 赵砚文 / 240
B.16 河北自贸区扩大数字贸易人才有效供给研究………… 周爱军 / 255

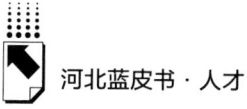

CONTENTS

I General Report

B.1 New Challenges and New Ideas of Implementing the Strategy of Developing Hebei by Relying on Talents in the New Development Stage
—The Talents Development Report of Hebei in 2020   *Zhou Aijun* / 001

II Reports of the Construction of Talents Staff

B.2 The Study of the Construction of Entrepreneur Talents Staff in Hebei Province   *Luo Zhenzhou, Li Sufeng and Luo Bijia* / 025

B.3 The Study of the Construction of Digital Workforce in Hebei Province   *Jiang Xing* / 043

B.4 The Study of the Construction of Medical Treatment and Public Health Talents in Hebei Province   *Wang Yanxia, Liu Xuechen* / 057

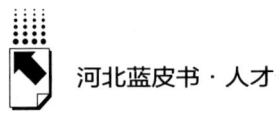
河北蓝皮书·人才

Ⅲ Reports of the Cultivation of Talents

B.5 The Study of Innovative Talents Training Model for Local Newly-built Colleges in Hebei Province
—A Case Study of Han Dan College　　　　　　　　　Jin Guanghua / 074

B.6 Talents of Chinese Medical Development and Solutions Study in Hebei Province　　　　　　　　　　　　　　　　Zhang Yaning / 094

B.7 The Study of Demand Forecast and Training Path of Skilled Talents in the Background of Industrial Transformation in Hebei Province
　　　　　　　Rao Lichang, Xing Mingqiang and Liang Gaoyang / 109

B.8 The Study of Promoting the Cultivation of Talents in Hebei's Implementing the Strategy of Rural Vitalization　　Wang Jianqiang, Jin Jing / 126

Ⅳ Report of Talent Introduction

B.9 The Method of Talent Introduction and its Utility Analysis
　　　　　　　　　　　　　　　　　　　　　　　　Chen Weina / 139

B.10 A Sampling Survey of Urgently Needed Talents in Hebei in 2020
—Take Shijiazhuang as an Example　　Wang Likun, Meng Li and Wu Li / 152

B.11 Research on the Introduction Mechanism and Policy Innovation of High-level Scientific and Technological Talents in Hebei Province
　　　　　　　　　　　　　　　　　　　Wang Xiaoling, Yang Fan / 173

B.12 Investigation and Analysis of Talents Attraction in Hebei Human Resource Service Industrial Park　　Wang Jianqiang, Wang Yuyang / 190

Ⅴ Report of Hot Spots of the Year

B.13 Investigation and Countermeasure Research on the Status Quo of Public Health Talents in Hebei Province　　　　　　　　Bao Zhilun / 204

CONTENTS

B.14 Investigation and Countermeasure Research on the Status Quo of Life Education of College Students in Hebei Province
Yang Xuhao, He Jiamin, Yang Lile and Xu Li / 220

B.15 Research on the Reform of Evaluation System of Philosophy and Social Sciences Talents in Hebei Province   *Zhao Yanwen* / 240

B.16 Research on Expanding Effective Supply of Digital Trade Talents in Hebei Free Trade Zone   *Zhou Aijun* / 255

总报告

General Report

B.1
新发展阶段实施人才强冀战略的新挑战与新思路

——2020年河北人才发展报告

周爱军[*]

摘　要： 本报告围绕人才强冀战略实施这一主题，对河北2019年以来取得的主要进展、未来面临的形势任务、当前存在的障碍和制约因素以及解决思路进行了系统阐述。首先，报告从人才规模、人才质量、人才分布结构、人才资本投入、人才经济科技贡献等方面全面展现了人才强冀战略的新成就、新亮点。其次，报告剖析了国际国内人才同质化竞争加剧、国际人才流动壁垒加强、"抢人大战"战略相持等国际国内人才发展的新形势和新挑战。再次，报告立足河北实际，指出了人才质

---

[*] 周爱军，河北省社会科学院人力资源研究所副所长、副研究员，主要研究方向为人才战略与人才政策。

量不高、人才工作理念滞后、人才工作合力不强、人才生态环境不佳等现实难题。最后，报告提出了新发展阶段更深层次实施人才强冀战略的新思路：一是围绕持续推动京津冀人才一体化，高站位布局全省人才工作；二是围绕实施重点人才工程，着力推进重点领域人才队伍建设；三是围绕激发人才创新创造活力，更深层次推进人才体制机制改革；四是围绕最优人才生态建设，精心打造河北人才发展生态环境。

关键词： 人才强冀战略　人才创新活力　人才生态环境

2019年以来，河北省坚持以习近平新时代中国特色社会主义思想为指导，践行新发展理念，以人才强冀战略为重要抓手，围绕"三件大事"和"三大攻坚战"实施重大人才项目，人才工作和人才高质量发展迈上历史性新台阶。2020年，党的十九届五中全会和省委九届十一次全会通过的"十四五"规划建议和2035年远景发展目标，为人才强冀战略的深入实施提供了新机遇，也带来了新挑战。面对百年未有之大变局以及新冠肺炎疫情的冲击，河北要清醒认识和准确把握当前国际国内人才竞争局势，立足新发展阶段和自身实际，在新发展格局下确立全省人才发展的新思路。

一　实施人才强冀战略的新成就与新亮点

2019年以来，河北坚持以人才高质量发展推动全省高质量发展为导向，更深层次实施人才强冀战略，主要取得以下进展。

（一）人才规模稳步壮大

1. 人才资源总量情况

截至2019年底，河北从业人员总量为4285.71万人，比上一年度增加了2%，较2010年提高了10.88%。据测算，河北2019年底人才资源总量达到1136.58万人，同比增长15.89%。2010~2019年，河北从业人员总量和人才资源总量总体呈平稳上升态势，个别年份略有波动，详见图1。

图1　2010~2019年河北从业人员和人才资源变化情况

资料来源：2010~2018年从业人员总量来自历年《河北经济年鉴》，2019年度从业人员总量根据年度国民经济和社会发展统计公报数据综合测算得出；2010~2012年人才资源总量来自历年《河北经济年鉴》，2013~2019年人才资源总量以历年GDP变化与从业人员变化为基础综合测算得出。

2. 人才队伍数量情况

2019年河北省传统的六支人才队伍建设状况良好。据测算①，其中，党政人才数量稳定在35万人左右，企业经营管理人才总量为168万人，专业技术人才总量为218万人，技能人才总量为451万人，农村实用人才总量为260万人，社会工作人才总量为5万人，分别占人才资源总量的3.1%、14.8%、19.2%、39.6%、22.9%、0.4%，详见图2。

---

① 党政人才队伍数据来自河北省委组织部，其他人才队伍数据根据企业经营管理人才、专业技术人才、技能人才、农村实用人才和社会工作人才的行业人才规划中2020年的目标数据，结合2015年河北省中长期人才发展规划评估时各相关部门报送数据测算得出。

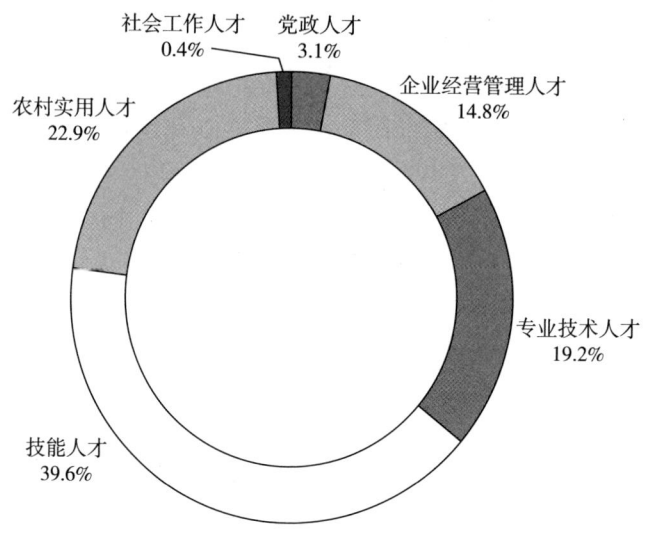

图 2　2019 年河北省人才队伍数量构成情况

3. 后备人才培养情况

所谓后备人才主要指省内普通高校和职业院校的在校生和当年毕业生,《河北省 2019 年国民经济和社会发展统计公报》显示,截至 2019 年底,河北省在学研究生 5.52 万人,同比增长 10.58%;毕业生 1.39 万人,同比增长 1.50%。普通高等学校 122 所,全年招生 49.96 万人,比上一年度增长 18.44%;在校生 147.4 万人,较上一年度增长 9.79%;毕业生 35.78 万人,比上一年度增长 5.61%;中等职业学校在校生 77.46 万人。后备人才总体存量规模呈上升趋势。但需要指出的是,以普通高校在校学生数为例,河北在全国的排位虽处于前列,但与山东、江苏、广东等教育大省相比尚有一定差距,详见表 1。

表 1　2019 年全国部分省区市普通高校在校生统计

单位:万人

地区	北京	天津	河北	山西	山东	江苏	上海	广东	湖北	新疆	辽宁
在校生	58.6	53.9	147.4	80.2	218.4	208.9	52.6	205.4	150.1	42.7	104.1

资料来源:2019 年度各地国民经济和社会发展统计公报。

（二）人才质量有所提升

1. 从业人员受教育情况

据测算，截至 2018 年底，河北省接受过大专以上高等教育的从业人员比例为 15.59%（测算基数为 15~64 岁人口），比 2010 年提高 5.01 个百分点，详见图 3。

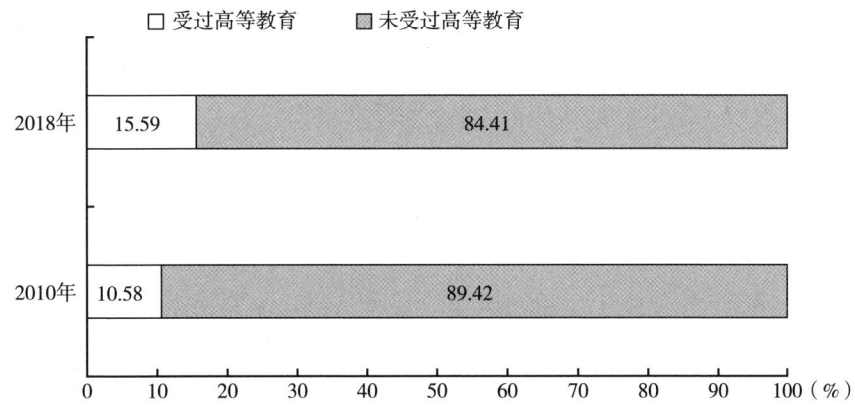

图 3　2010 年与 2018 年河北省从业人员受高等教育情况

资料来源：2011 年和 2019 年《河北经济年鉴》，并经过综合测算得出。

2. 获专家称号人才情况

近年来，围绕为国家重大战略和省内中心任务提供高精尖人才支撑，河北省分类实施了一批重点人才项目和人才选拔计划，高层次人才队伍不断壮大。截至 2019 年底，全省共有院士 19 人、省高端人才 64 人、国家级百千万人才工程人选 59 人、省"巨人计划"领军人才 150 人、省"百人计划"专家 164 人、省管优秀专家 525 人、享受国务院政府特殊津贴专家 2477 人、享受省政府特殊津贴专家 718 人、省"突出贡献技师" 400 名。[①]

---

① 中共河北省委人才办和河北省人力资源和社会保障厅。

（三）人才分布结构不断优化

1. 从业人员三次产业分布结构情况

2018年，河北省地区生产总值达到32494.61亿元，比2010年增长58.9%；三次产业从业人员总量为4196.09万人，比2010年增长8.56%。从三次产业从业人员分布来看，由2010年的37.88∶32.36∶29.76优化至2018年的32.41∶32.59∶35.00，第三产业从业人员占比逐步提升，详见图4。

2. 国有地方企事业单位专业技术人员分布情况

2018年，河北省国有地方企事业单位专业技术人员总量达到1183560人，其中，科学研究人员数为5217人，工程技术人员数为135523人，教学人员数为674027人，农业技术人员数为26613人，卫生技术人员数为193595人。可以看出，教育、卫生类技术人员仍占总量的73.31%，但与前几年相比，呈逐年下降态势，向一线科研单位转移，最

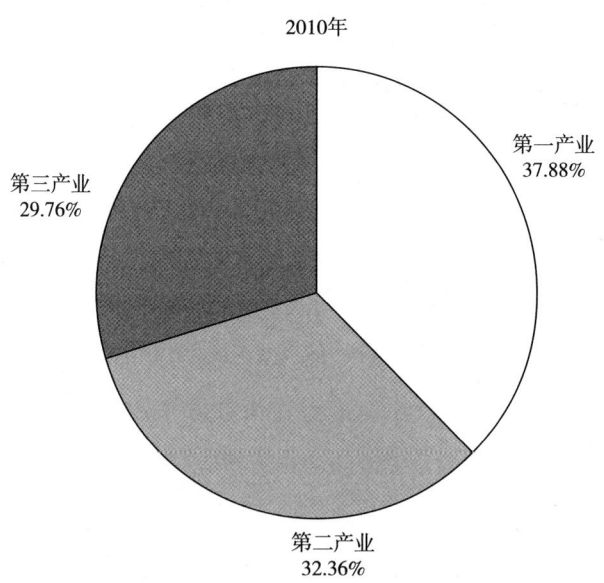

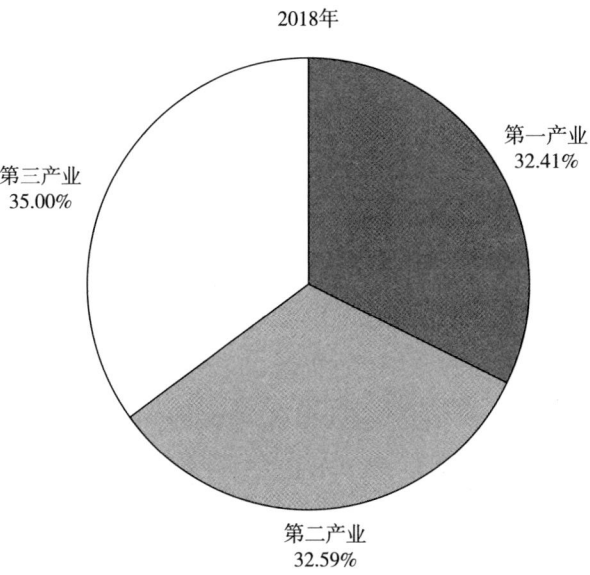

图 4　2010 年与 2018 年河北省三次产业人员分布对比情况

资料来源：2011 年和 2019 年《河北经济年鉴》。

核心的科学研究人员数量也呈逐年上升趋势，人才职业分布结构逐步优化，详见图 5、图 6。

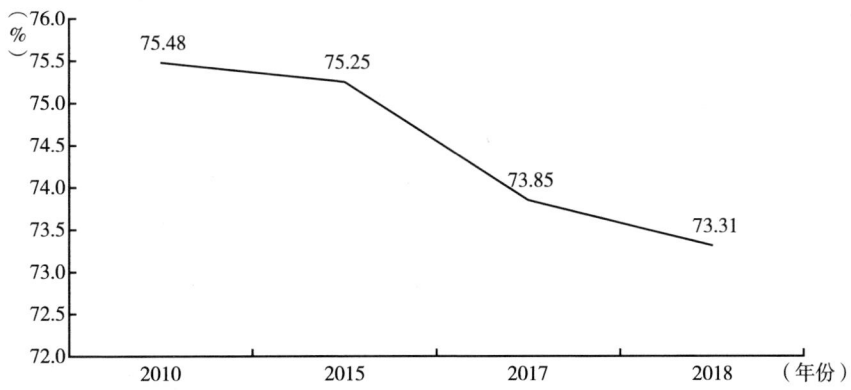

图 5　2010~2018 年河北省教育、卫生类技术人员数历年占比情况

资料来源：2011~2019 年《河北经济年鉴》。

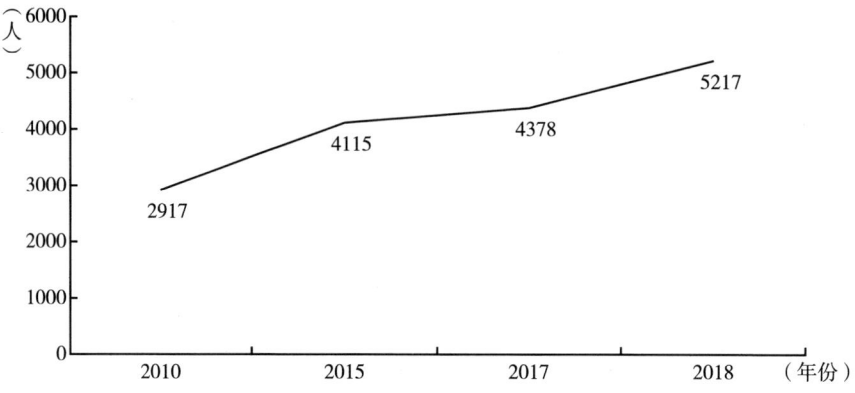

图 6　2010～2018 年河北省科研人员数量

资料来源：2011～2019 年《河北经济年鉴》。

（四）人才资本投入力度不断加大

1. 教育经费投入情况

2019 年，河北省地方教育经费总投入为 1992.12 亿元，同比增长 14.56%，比 2015 年增加 54.89%。五年来，河北省地方教育经费投入及在全国教育经费投入中占比均呈持续上升趋势，详见图 7、图 8。

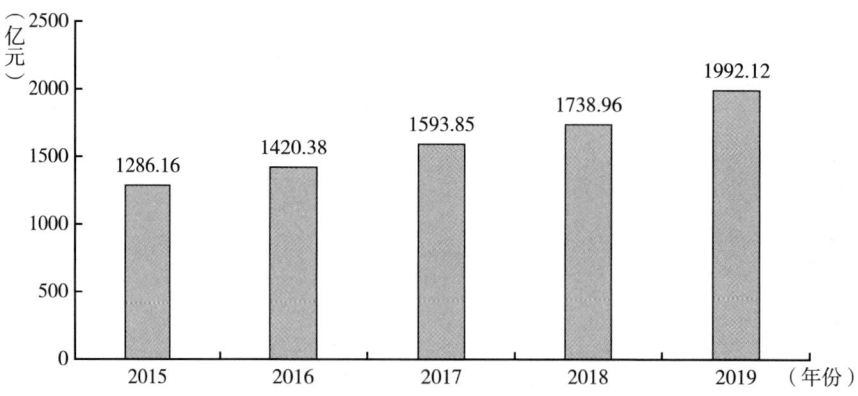

图 7　2015～2019 年河北省地方教育经费投入情况

资料来源：教育部和河北省教育厅网站。

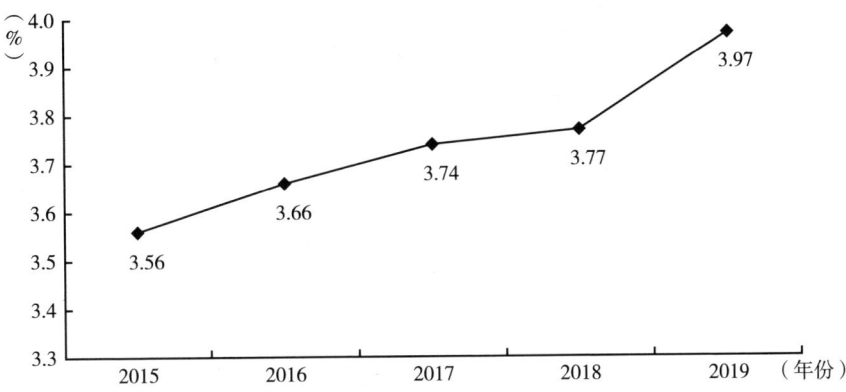

图8　2015～2019年河北省教育经费投入全国占比情况

资料来源：教育部和河北省教育厅网站。

2. 科技经费投入情况

2019年，河北省R&D经费投入达到566.7亿元，比上一年增长了67.0亿元，提高了13.4%；R&D经费投入强度为1.61%，比上年提高了0.07个百分点。近五年来，河北R&D经费投入总量与投入强度连续攀高，全国排名稳中有升，详见图9。

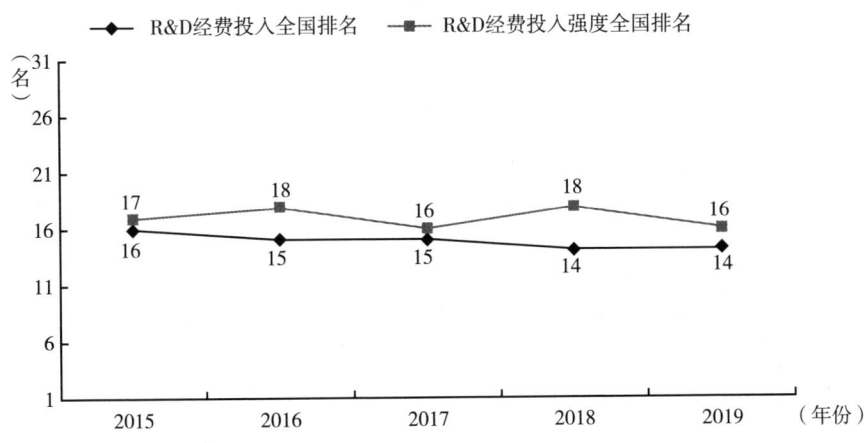

图9　2015～2019年河北省R&D经费投入及强度全国排名

资料来源：2015～2019年《全国科技经费投入统计公报》。

2019年R&D经费投入中，基础研究经费快速增加，达到14.9亿元；应用研究和试验发展经费仍占最大比重，占R&D经费总投入的97.4%，分别是58.0亿元、493.8亿元。企业R&D经费支出持续升高，达到489.0亿元，比上年增长15.6%，占R&D经费总投入的86.3%。2015~2019年，R&D基础研究经费和企业R&D经费支出均呈显著上升态势，详见图10。

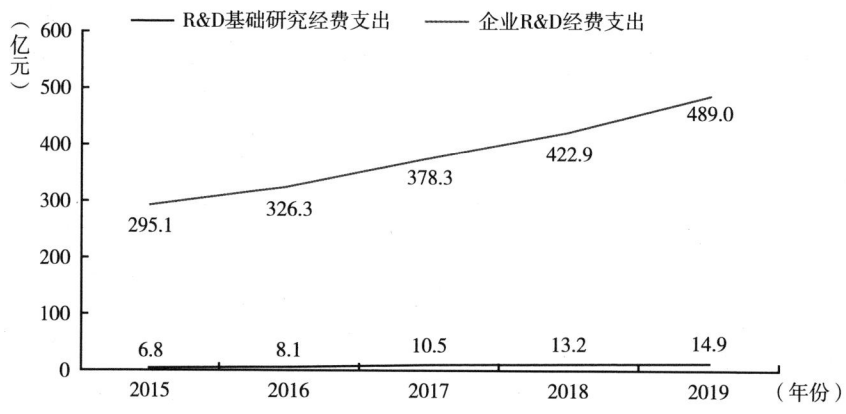

图10　2015~2019年河北省R&D经费支出分布情况

资料来源：2015~2019年《河北省科技经费投入统计公报》。

（五）人才对经济发展和科技进步的贡献更为突出

1. 人才经济贡献能力不断提升

截至2019年底，河北省人均GDP、人才效能①、人才经济贡献弹性②分别为4.63万元/人、3.242人/百万元、0.51，分别比2015年增加了0.57万元/人、

---

① 人才效能＝人才总量（人）/百万元GDP。对一个地区而言，人才效能的值越低，表示该区域的人才利用水平越高，即该值越小越好。
② 人才经济贡献弹性是指人才总量增长与经济增长间的弹性关系，其计算公式为GDP增长率/人才总量增长率。

0.73人/百万元、46%，人才对经济发展的贡献能力明显提高，但人才利用效率有待提升，详见图11。

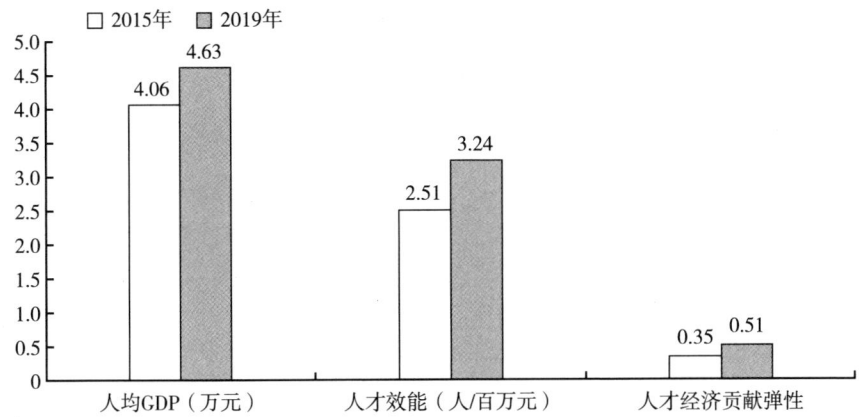

图11 2015年与2019年河北省人才对经济增长贡献情况

资料来源：各年人才资源总量以历年GDP变化与从业人员变化为基础综合测算得出；人才效能与人才经济贡献弹性由相应公式测算得出。

2. 人才科技贡献较为突出

截至2019年底，河北省专利申请受理数量达101274件，授权数量达57808件，同比增长20.9%和11.4%，占全国的比重为2.3%和2.2%；其中，有效发明专利数量达28868件，比上年增长15.8%，占全国总数的1.6%，详见表2。

表2 2018～2019年河北省人才科技成果产出情况

项目	2018年(件)	2019年(件)	增长率(%)	2019年全国占比(%)
专利申请量	83785	101274	20.9	2.3
专利授权量	51894	57808	11.4	2.2
有效发明专利	24939	28868	15.8	1.6

资料来源：2018年和2019年《中华人民共和国国民经济和社会发展统计公报》，2018年和2019年《河北省国民经济和社会发展统计公报》。

（六）人才体制机制改革创新实现重点突破

1. 稳妥推进国有企业首席技术专家、首席技师试点工作①

河钢集团各子公司建立了首席技术专家和首席操作专家系列制度，与经营管理人才系列分设，打通了各类人才的上升通道；开滦集团出台了《专家人才管理办法》《技能大师工作室建设和管理办法》《首席技师评选办法》等一系列人才工作文件，开展了优秀专家（首席技师）和优秀人才（技能大师）评选表彰活动，从精神鼓励和经济待遇两方面对优秀人才予以激励。

2. 重点实施万名创新型民营企业家培养工程②

依托国内外知名高校和培训机构，采用"请进来"为主、"走出去"为辅的方式，对全省102个县域特色产业集群中重点民营企业的主要经营管理者进行多层次、专业化和公益性培训，省直接培训民营企业的主要经营管理者2万人次。

3. 全面深化职称制度改革③

贯彻落实深化职称制度改革和分类推进人才评价"1+6"文件精神，完善并修订了27个系列63个专业的职称评审条件（试行），并印发全省。印发了《关于做好快递工程技术人才职称评审工作有关问题的通知》《河北省深化技工院校教师职称制度改革实施方案》，新增了职称评审专业，拓展了高技能人才职业发展空间，畅通了技工院校教师职业发展通道。继续扩大职称自主评审单位范围，授予10所三甲医院卫生专业自主评审权限。

4. 着力推进高校和医院工资制度改革④

研究制定了《关于鼓励高校实行灵活多样薪酬分配办法的工作方案》，着力推进高校薪酬制度改革，截至2019年底，省属21所本科院校中723人

---

① 河北省国资委。
② 河北省工信厅。
③ 河北省人力资源和社会保障厅。
④ 河北省人力资源和社会保障厅。

实行了年薪制、协议工资制或项目工资制。全力推进公立医院薪酬制度改革，全省试点医院医务人员2018年工资水平比2017年增长了10%。

5. 建立卫生健康资源协调发展机制①

一是医学重点学科建设稳步推进。组织修订了《河北省医学重点学科建设管理办法（试行）》，按照优胜劣汰、扶新扶优、实事求是原则，确定了新一轮省级医学重点（发展）学科148个。二是基层卫生人才队伍建设成效明显。2019年，农村订单定向医学生（本科）免费培养招生160人；全科转岗培训和助理全科医生培训规模增加到1000人，培养对象重点向全科医生严重短缺的贫困地区倾斜。

（七）人才对国家重大战略的支撑效能显著提升

1. 京津冀人才一体化实现新突破②

（1）重点工程稳步推进。围绕沿海临港产业人才聚集工程，天津港深化服务京津冀协同发展和雄安新区建设，统筹利用京津冀人才资源，建成京津冀港口智慧物流协同平台，推进天津（滨海）海外人才离岸创新创业基地"一核四园多机构"建设。围绕临空经济产业人才集聚工程打造临空经济人才枢纽，制定《关于高质量建设临空经济人才枢纽行动计划（2019—2028年）》，推动区域实现人才资源高水平共享。

（2）重大任务层层落实。加快推进"平蓟三兴"区域绿色人才共同体建设，达成人才共建共享协议，组织生态、林业、文旅等领域专家人才分批次开展服务锻炼。出台《大兴区"新国门"领军人才和团队支持办法》，深入推进"兴廊"创新共同体建设。制定实施《西北部生态涵养区人才管理改革试验区建设重点任务分解》，建成绿色创新发展研究院、呼吸病诊疗中心等产业人才协同项目，持续开展"首都专家延张行"活动，充分发挥专家服务的桥梁纽带作用。

---

① 河北省卫生健康委。
② 中共河北省委人才办。

(3) 区域联动力度加大。三地党委组织部相继牵头承办"京津冀高层次人才国情研修班""京津冀高层次人才学术休假""京津冀人才工作者培训班"等活动。三地有关部门、区市联合举办"京津冀外国专家工作联席会""京津冀协同创新座谈会""京津冀卫生健康人才交流与合作联席会""京津冀青年科学家论坛"等。京津冀政务服务事项实现一网通办、异地可办，已首批上线公积金、社会组织、社保个人权益记录查询等20个高频事项。

2. 雄安新区谋划推动人才特区建设①

(1) 不断完善人才特区政策体系。雄安新区研究制定了《雄安新区干部人才队伍建设实施方案》，进一步细化了干部人才工作的政策措施。省委组织部、省人社厅牵头制定出台了《关于河北雄安新区引进海内外高端人才的实施意见》，提出了15条高含金量的政策措施，为引进高层次人才、打造人才特区提供了重要支撑。

(2) 努力构建与人才特区相适应的公共服务体系。新区探索启动了一批重大基础设施和配套公共服务项目，积极引进北京优质教育、医疗卫生、文化创意、体育健身等资源，有效吸引各类优秀人才来雄安新区创新创业。北京全额支持的3所学校、1所医院以"交钥匙"的项目模式落户雄安新区。

(3) 积极开展招才引智活动，为人才特区做好人才储备。一是雄安新区会同省人社厅高质量完成《2019年雄安新区急需人才目录》编制工作，大力引导各类人才向雄安新区有序集聚。二是联合雄安新区公共服务局共同举办了春季、秋季大型人才交流会，为广大征迁地区劳动力、退役军人、新区高校毕业生、农村转移就业劳动力、转型升级企业员工、城镇失业人员和社会各界优秀人才到雄安新区创业就业，搭建了良好平台。

3. 实施冬奥会和冬残奥会专项人才培养计划②

(1) 实施赛事组织管理人才培养与引进行动计划。聘请中国首位滑雪世界冠军郭丹丹、崇礼万龙滑雪场副董事长黄万龙为冬奥特聘专家，全市冬

---

① 雄安新区。
② 张家口市委组织部。

奥特聘专家达到13名，在市场开发、品牌保护、法律事务、餐饮住宿等方面提供指导服务。编制发布《2019年张家口市冬奥冰雪产业急需紧缺人才目录》，集中发布131家用人单位674个急需紧缺岗位用人需求，涉及新能源、农牧、餐饮、旅游、体育等21个行业，为冬奥会和冰雪产业发展提供人才和智力支持。分期分批选派45名业务骨干到瑞士、奥地利开展大型赛事观摩和学习交流等培训活动，进一步积累办赛经验。

（2）实施赛事服务保障骨干人才"赛地融合"行动计划。出台《张家口市体育竞赛裁判员管理办法实施细则（试行）》，培训裁判员1000余人，推荐10名裁判员参加全国冬奥比赛项目技术官员培训，推荐40名裁判员参与省级以上赛事执裁工作。累计招募储备"迎冬奥"城市志愿者8800余名，选派430名志愿者参加2019年北京世园会、国庆70周年阅兵及群众游行、军运会等大型赛会志愿服务。围绕冬奥服务保障任务，累计培养培训医疗、法务、安保、驾驶、厨政等领域人才20780余人次，为筹办冬奥会提供了有力的人才保障。

（3）实施冰雪运动人才资源开发行动计划。与吉林体育学院、沈阳体育学院等高校签订定向引进冰雪专业人才合作协议，建立冰雪运动专业人才引进长效机制。评定冰雪运动特色学校62所，开展青少年冰雪运动训练项目12项，组建高山滑雪、越野滑雪等6支专业比赛队伍，在训青少年达500人，注册运动员320人，其中32人入选国家集训队，28人入选河北省集训队。聘请芬兰北欧两项滑雪国家队前主教练亚尼·克林加担任宣化二中越野滑雪队主教练，提升冰雪运动人才培养水平。

（4）实施冰雪产业创新创业领军人才支持行动计划。联合北京体育大学体育商学院、黑龙江省冰雪产业研究院、意大利天冰公司等高校、企业，共同成立河北省冰雪产业技术研究院，整合冰雪产业领域的优势科技创新资源，开展产业共性关键技术研发、人才引进培养等工作。依托冰雪运动装备产业园，不断加大招才引智力度，累计签约天冰冰雪设备、瑞典万众之星等冰雪装备产业项目32个，注册落地冰雪装备生产企业27家，引进高层次经营管理人才5人、卓越工程技术人才15人、高技能人才50人。

二 百年未有之大变局下河北面临的国际国内人才发展新态势

（一）新一轮科技革命和产业变革深入发展，国际人才竞争同质化加剧

环顾当今世界，新领域不断取得重大原创性突破，新学科在新技术推动下孕育产生，新一轮科技革命全面展开；新兴颠覆性技术的不断涌现，也造就了人工智能、大数据等新兴业态的强势兴起，对全球产业结构产生了巨大的冲击。回看中国，虽已成为全球第二大经济体，但工业化水平仍处于"少数领跑、一批并跑、大批跟跑"的层次，90%以上的高端芯片等核心元部件高度依赖进口，关键核心技术极度缺失。随着我国已转向高质量发展阶段，对掌握关键核心技术的高端人才的需求更为迫切，我们与发达国家或地区的人才需求结构越来越接近，渐渐从人才的错位竞争向同质化竞争转变。

（二）国际力量对比深刻调整，不稳定性、不确定性明显增加，国际人才流动壁垒加剧

近年来，随着传统西方国家经济社会发展陷入低迷，世界经济重心逐渐向东方转移，呈现经济东升西降、南升北降的加速演进态势。国际力量对比的深刻调整，推动国际经济、科技、文化、安全、政治格局出现重大变化，不稳定性、不确定性明显增加，保护主义、单边主义上升，经济全球化与逆全球化并存，世界进入动荡变革期。以美国为首的西方各国，不仅采取各类措施阻挠欧美科技人才来华交流工作，甚至限制选择科学、技术、工程、数学等专业的中国学生赴美留学，国际人才流动壁垒层层加码，人才封锁渐成常态。

（三）新冠肺炎疫情对世界各国的影响广泛而深远，中国经济的率先复苏为引进海外人才带来利好

2020年，新冠肺炎疫情的全球大暴发加剧了国际格局和国际关系的大裂变，全球陷入经济衰退，国际贸易持续低迷，地缘政治风险加大，局部冲突时有发生。随着我国疫情防控形势持续好转和经济复苏，以及"一带一路"倡议的不断深入发展，中国在全球产业链和供应链中所处的地位将变得更加重要和不可替代。中国应在危机中育新机，靶向定位国际高精尖人才，为我国引进紧缺急需的战略科学家和领军人才，同时加速推动我国海外人才回流，打好这一"时间差"，为我国集聚储备大量优秀国际人才。

（四）国内人才竞争进入"抢人大战"的战略相持期，需尽早谋划新一轮抢夺重点和方式

2019年，与高质量发展重大决策相呼应的人才现象就是席卷全国的"抢人大战"，各地纷纷推出落户、租房补贴、安家费、创业贷款等人才吸引政策，扩大人才流入规模。脉脉数据研究院《人才流动与迁徙报告2020》相关资料显示，深圳和杭州超过北京和上海，成为全国人才流入的第一名和第二名，作为西部城市的成都和西安，则紧随北上广成为第六名和第七名，这与上述几个城市开放的人才流入政策不无关系。长三角、珠三角区域内人才多在区域内流动，呈现多中心格局，而河北所在的京津冀区域则形成了津、冀人才流向北京，而北京人才流向南方的局面。因此，无论是从全国来看，还是从京津冀区域来看，河北的人才都处于净流出的境地，需要在留住核心人才、引入急需人才方面推出新举措。

三　当前河北深入实施人才强冀战略面临的突出障碍与制约因素

（一）人才质量有待进一步提升

长期以来，河北省从业人员和人才总量在京津冀区域甚至全国都处于前列，但人才质量却亟待提升。从全省从业人员受教育指标来看，截至2018年底，河北省接受过大专以上高等教育的人员比例为11%（测算基数为6

岁及以上人口），在全国排第 25 位，北京和天津以 49%和 28%分列第一位和第三位（见表 3）。从体现核心创新能力的 R&D 人员全时当量来看，截至 2018 年底，河北省 R&D 人员全时当量为 48083 人年，在全国排第 15 位（见表 4）。由此可见，河北省在人才综合素质和核心人才素质提升上还需切实加大力度。

表 3　2018 年全国部分省区市 6 岁及以上人口受大专以上高等教育程度的比重

单位：%

地区	北京	上海	天津	河北	山西	内蒙古	江西	河南	湖北	广西
比重	49	32	28	11	16	19	10	9	16	7

资料来源：中国报告网。

表 4　2018 年全国部分省区市 R&D 人员全时当量

单位：人年

地区	北京	上海	天津	河北	山西	内蒙古	江西	河南	湖北	广西
R&D 人员全时当量	167304	98661	47684	48083	23363	12457	36628	63461	67474	22176

资料来源：《河北科技统计年鉴 2019》。

（二）人才工作理念有待进一步更新

1. 抓高端引领多，抓团队协同少

长期以来，省内人才政策的着力点主要聚焦在高精尖人才层面，从一直延续下来的高端人才、国家百千万人才、享受国务院政府特殊津贴专家、省管优秀专家，到各部门、各厅局评选的各类专家称号，不一而足，但实际上，绝大多数高精尖人才的工作是系统化的，是由不同层次、不同角色的团队成员合作完成的。而针对团队成员的评价与激励政策却不够细化，对中低端人才的发展关注不够，未来人才政策应在这方面有所突破。

2. 各地市人才政策趋同性强，符合地方特色的创新政策少

省内各地市在人才政策设计上一方面贯彻落实了国家和省内政策的精

神,另一方面学习了发达省市的经验做法,但这种标杆式学习往往导致出台政策的同质化现象,而不能根据各地市在经济地理、形象定位、资源禀赋等方面的不同优势,构建出如上海金融人才池、福建两岸人才交流、浙江"最多跑一次"人才服务体系等突出地方特色的人才政策体系,省内差异化的人才竞争格局有待进一步形成。

3. 对人才成长与开发规律的认识有待进一步深化

长期以来,在人才工作实践中,河北省仍或多或少地存在重使用、轻培养的问题,对人才的使用提倡"拿来主义",对人才成长的长周期性和不同成长阶段的开发规律认识不足,没有意识到人才生态环境对人才成长的重要性,对如何运用好政府和市场的力量更好地激发人才的创新创业活力缺少科学的谋划。

(三)人才工作合力有待进一步增强

1. 人才工作职能部门推动人才工作的主动性和责任感有所不足

当前,河北省、市、县三级均成立了人才工作领导小组,其设立意图是统筹部门职能,使原来分散化、碎片化的人才工作实现跨部门的合作整合,由组织部门负责牵头抓总。但在实际执行过程中,各职能部门对牵头部门的习惯性依赖较为严重,主动性和积极性发挥不够。如现实工作中,凡是带"人才"字样的文件和任务,都征求组织部门意见或要求组织部门作为责任部门牵头落实,组织部门被动承担起"无限责任",职能部门的职能作用发挥不充分。

2. 市县基层人才工作部门对人才工作在中心大局中的定位认识不够,缺少清晰的工作思路

在实际工作中,省市县三级人才工作部门存在"上热下冷""上忙下闲"现象,越到基层,人才工作领导机构工作内容越单一,发挥作用越有限。有些地市对国家和省级的人才政策了解不全、领会不透,对自身优势认识不足,开展工作缺乏创新思路。有些县级人才工作部门专业人员数量少、素质低,对人才工作多限于上传下达,特色人才工作开展乏力。

3. 企事业单位等用人主体的人才工作机制仍存在许多制约

在人才评价方面，适用于不同行业和不同类别人才的分类评价标准还有待进一步细化；在人才流动方面，与人才市场相配套的跨区域社会保障互联互通渠道尚未完全打通，外国人长期居留、非本地户口购房、子女入学等公共服务政策尚有待进一步突破；在人才使用方面，事业单位"能高不能低、能进不能退"的人才激励和退出机制还有待进一步完善。

（四）人才生态环境有待进一步优化

1. 经济发展相对落后

2019年，河北实现全省生产总值35104.5亿元，居全国第13位，与2015年的第7位相比又倒退了6位，被湖北、福建、湖南、上海、安徽、北京赶超；与周边省区市相比，河北省GDP在全国的位次落后于山东（第3位）、河南（第5位）和北京（第12位），辽宁（第15位）在后紧紧追赶。[1] 河北实现人均GDP 4.63万元，居全国第21位，比2015年下降1个位次，与周边省区市相比，只高于山西，不及北京的1/3。河北省三次产业比例由2018年的10.3∶39.7∶50.0调整为2019年的10.0∶38.7∶51.3，第三产业比重虽有所上升，但仍低于全国平均水平（53.9%），与京、津相比更是相去甚远，整体产业结构仍然偏重，经济发展相对滞后。

2. 高等教育相对薄弱

2019年，河北普通高校的数量为122所，在全国排第8位，仅次于江苏、山东、广东、河南、湖北、四川、湖南，但学校的层次与数量排名极为不符。[2] 2020年，全国137所"双一流"大学中，河北只有1所（河北工业大学）入选，且未进入前百名。[3] 由此可见，河北省普通高校的总量虽为

---

[1] 2019年国家和各省区市国民经济和社会发展统计公报。
[2] 《2019全国高校名单公布共计2956所 江苏省数量最多》，中华网，2019年6月18日，https：//news. china. com/socialgd/10000169/20190618/36420600_ 1. html。
[3] 《2021全国双一流大学排名（137所最新版）》，大学生必备网，2021年1月5日，https：//www. dxsbb. com/news/47700. html。

数不少，但综合实力与学科实力在全国拔尖的高校却寥寥无几，以至于省内高校在全国教育资源分配和招生等方面处于明显的弱势。长期的高等教育弱势，将不断拉大河北与其他省区市的教育差距，严重制约河北未来的人才培养能力和人才吸附能力。

3. 公共服务相对低端

以医疗和养老服务为例，《河北省 2019 年国民经济和社会发展统计公报》数据显示，医疗卫生机构床位数不足 43 万张，面对 7591.97 万的常住人口，床位数不足 6‰，与全国平均水平还有一定差距。在养老服务上，总体上服务模式较为单一，多数从业人员专业化水平较低，医疗、餐饮等配套产业链条缺失，具备医养结合条件的养老服务机构比重不高。与发达省区市纷纷建立国际化社区和国际连锁医疗机构相比，河北的公共服务尚有很大提升空间。

四 进入新发展阶段河北实施人才强冀战略的突破方向与优化路径

（一）围绕持续推动京津冀人才一体化，高站位布局全省人才工作

1. 深化京津冀三地人才工作统筹指导

进一步完善京津冀人才一体化部际协调工作机制，提升三地人才工作宏观谋划和顶层设计能力。围绕实施乡村振兴战略，三地同心协力，推动各领域人才深度参与，开展创业富民、乡村发展与治理、大学生村官能力建设等主题培训和实训，助力农村实用人才素质提升。三地人社部门协同配合，完善三地人才市场准入协同机制，推动人才职业资格和技术职称互通互认互用。三地立足区域定位，在联合引进、产业融合、信息共享等方面探索开辟合作平台。

2. 提升京津冀三地人才工作协同治理水平

发挥人才作为产业与资本流动聚集的核心载体作用，加强三地"放管

服"改革，提升政府治理体系和治理能力现代化水平，持续优化区域营商环境及人才发展环境。加大以教育、医疗为代表的公共资源配置引导力度，推动公共服务一体化、均等化，增强三地人才的政策优厚感和获得感，为区域人才集聚提供有力支撑。

3. 确立大事要事为京津冀一体化发展重心

持续将服务非首都功能疏解，雄安新区规划建设，筹办冬奥会、冬残奥会等大事要事，作为谋划和推动人才一体化发展的重中之重。组织京津两地教育、医疗、科技人才队伍赴雄安开展交流合作，助力人才特区建设。继续围绕服务冬奥会、冬残奥会，京冀两地选调干部充实冬奥组委会人才队伍建设，统筹京冀两地专业人才资源，开展赛事管理、场馆运行等培训，强化赛事服务人才培养，精准对接京冀医疗保障资源。

（二）围绕实施重点人才工程，着力推进重点领域人才队伍建设

1. 继续深入实施八项重点人才工程，持续夯实河北人才根基

八项重点人才工程是推动落实河北中长期人才发展规划的重要战略举措，持续开展十年来，为河北省打下了扎实的人才工作基础。进入新发展阶段，仍需坚持这一重要战略举措。围绕京津冀人才一体化发展规划持续推进京津冀区域人才合作工程，聚焦高端人才培养、科技领军人才和创新团队引进，深入实施高层次创新型人才开发工程和重点引智工程；以"技能大师"培养工程、民营经济组织人才队伍建设提高工程为抓手，壮大企业家队伍、高水平工程师队伍和高技能人才队伍。

2. 坚持可持续发展思路，稳定不可或缺的基层、小众人才队伍

当前，省内一些特殊领域、基层领域的人才队伍建设也不容忽视。如受国企高管限薪政策影响的金融人才队伍不稳定问题，地方院团艺术人才队伍青黄不接、后继乏人问题，艺术创作类人才、文博人才、图书馆人才源头培养不足问题，在此次新冠肺炎疫情中又凸显出来的公共卫生防疫人才紧缺问题，以及长期以来基层农村技术人才待遇低下问题，以上各类基层、小众人才队伍建设的焦点问题，都需要从关系全省各领域发展大局的高度来重新认

识，有针对性地予以扶持解决。

3. 着眼于科技自立自强，大力培育支撑河北省主导产业和新兴业态的关键创新人才

党的十九届五中全会提出，把科技自立自强作为国家发展的战略支撑，这对于河北省培育产业创新人才具有重要的指导意义。以数字经济新业态为例，当前河北省面临着顶尖数字人才匮乏、综合数字人才短缺、数字人才平台建设滞后等突出问题，需要在加快布局省内高校数字人才培养体系、引导企业实现数字化人才转型、建设雄安数字经济发展示范区等方面重点突破。

（三）围绕激发人才创新创造活力，更深层次推进人才体制机制改革

1. 不断健全以创新能力、质量、实效、贡献为导向的科技人才评价体系

进一步充实和完善科技人才评价体系的指标内容，从只重专利向重视创新能力、质量和实际贡献产出多重指标转变，尤其是与河北省主导和新兴产业密切相关的技术成果，更要注重其从创新链到产业链的转化实效，避免反复出现"科技经济两张皮"现象。科技主管部门和各科研部门应及时出台体现多重指标的科技人才评价新规，从制度层面引导科技人才的科研从实验室走向厂房。

2. 全力构建充分体现知识、技术等创新要素价值的收益分配机制

由于知识、技术等创新要素价值的内生性特点，其在传统的以物质投入占主导的收益分配机制中难以得到价值体现，对人才的激励作用有限。要更加重视知识、技术等无形智力资本对科技创新的重要作用，进一步完善科研人员职务发明成果权益分享机制，同时，实行股权、期权、分红等激励措施，全面增强对人才的吸引力和凝聚力。

（四）围绕最优人才生态建设，精心打造河北人才发展生态环境

1. 加强教育和科研平台建设

围绕实施创新驱动发展和科教兴冀战略，新建和提升教育和科研平台。

对接京津冀教育协同发展战略，组建京津冀高校创新发展联盟，在协同发展中引进用好京津优质教育资源；持续加大对省内高校教学科研的支持力度，集全省之力推动燕山大学、河北大学等省内骨干本科高校进入"双一流"行列；围绕院士制度改革，修订河北省院士工作站管理办法，提升院士工作站对地方科技创新和经济发展的实际贡献水平；加大企业内建立国家实验室和企业技术中心的力度，地方科技部门应给予项目上的重点支持。

2. 依托人才服务绿卡构建人才综合服务体系

进一步整合资源，完善省、市、县三级人才服务绿卡体系，争取做到省内人才全覆盖。实时关注人才在工作、生活中的新增需求，进一步细化人才服务项目，为人才提供住房、落户、子女就学、医疗保健、职称评定、周转编制、项目支持、旅游交通等传统服务和新增服务。对人才最为关注的住房、医疗、教育等优惠政策变化情况通过人才网站、电话通知、公众号发布等方式及时告知。做好人才服务专员的系统培训，打造一支素质优良的人才服务团队，为人才营造舒适的生活环境和良好的干事创业氛围。

参考文献

《中共中央关于制定国民经济和社会发展第十四个五年规划和二〇三五年远景目标的建议》，中华人民共和国中央人民政府网，2020年11月3日，http://www.gov.cn/zhengce/2020-11/03/content_5556991.htm。

《中共河北省委关于制定国民经济和社会发展第十四个五年规划和二〇三五年远景目标的建议》，河北新闻网，2020年11月17日，http://hbrb.hebnews.cn/pc/paper/c/202011/17/content_62369.html。

《2020年河北省政府工作报告》，中华人民共和国中央人民政府网，2020年1月15日，http://www.hebei.gov.cn/hebei/14462058/14471802/14471805/14867283/index.html。

人才队伍建设篇
Reports of the Construction of Talents Staff

B.2
河北省企业家人才队伍建设研究

罗振洲 李素峰 罗必佳*

摘　要： 企业家是社会财富积累最积极的因素，企业家精神是激发经济创新的重要源泉。当前河北省正处于经济转型和结构升级发展的关键阶段，加强企业家人才队伍建设，优化企业家精神显得尤为重要。本报告系统梳理了"十三五"时期河北省企业家人才队伍建设现状，指出河北省企业家人才队伍建设存在的短板与不足。基于此，提出"十四五"时期河北省人才队伍建设的若干建议，一是加强国际视野、高素质与高创新能力的河北企业家人才队伍建设；二是构建健全的政府服务平台，为企业家发展提供良好的社会成长环境；三是多层次、全方位消除河北省企业家人才队伍建设的阻碍因素；四

---

* 罗振洲，河北省社会科学院人力资源研究所助理研究员，主要研究方向为战略管理、工业经济、人力资源；李素峰，河北地质大学高级实验师，主要研究方向为资源环境经济学；罗必佳，河北科技师范学院物理系。

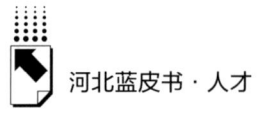

是营造政企一家亲的良好社会氛围;五是构建"服务意识—服务态度—服务质量"全面提升的政府服务体系;六是制定创新型人才引进政策,借助京津冀协同发展的战略机遇,依托高技术产业,打造新型河北形象。

关键词: 河北省 企业家 人才队伍建设 "十三五" "十四五"

改革开放以来,我国经济发生了翻天覆地的变化,富有创新意识、吃苦在前、享受在后、勇于担当的企业家层出不穷,企业家精神也由此诞生。优秀的企业家以及企业家精神正在成为我国经济高质量发展的重要保障;优秀的企业家以及企业家精神正在成为我国经济跻身世界经济快车道的强大动力;优秀的企业家以及企业家精神正在成为实现我国经济创新的重要源泉。正如习近平所指出的:"我们全面深化改革,就要激发市场蕴藏的活力。市场活力来自于人,特别是来自于企业家,来自于企业家精神。"① 由此可见,我国经济的发展离不开富有创造和创新能力的企业家,更离不开创新型企业家精神。

社会生产的劳动、资本、技术已经成为经济发展的强大动力。而作为社会生产的另外一个重要因素——企业家精神已悄然成为当前我国经济发展的强大推动力。诚然,在"双循环"发展背景下,企业家和企业家精神正成为助推河北经济高质量发展的强大动力。众所周知,河北省正在由经济大省朝着经济强省的目标努力,需要富有创新能力的企业家和企业家精神。调查报告分析发现,河北省企业家队伍建设参差不齐、企业家创新精神不足以及企业家建设步伐偏缓现象仍旧存在,这严重制约了河北省经济发展。为此,一方面我们应充分肯定企业家及企业家精神为河北省经济发展带来的正面的、积极的影响,另一方面我们也必须充分认识到河北省

---

① 摘自2014年11月9日,习近平总书记在亚太经合组织工商领导人峰会上的讲话。

企业家队伍建设过程中尚需加强的地方。这样才能激发企业家的潜能，以企业家精神为鼓舞，构建优秀的企业家队伍，助力"十四五"时期河北省的高质量发展。

一 "十三五"时期河北省企业家人才队伍建设现状

在"十三五"收官的关键期，课题组对河北省企业家协会进行了调研，了解"十三五"时期河北省企业家人才队伍建设的基本情况，为"十四五"时期更好地进行企业家人才队伍建设打下坚实基础。本次调研范围涵盖河北省11个设区市，调研时间为2015～2019年（其中2017年数据缺失）。

（一）"十三五"时期河北省企业家人才队伍结构特征

1. "中青年企业家"逐渐成为河北省企业家人才队伍的主力军

市场是企业活动的重要场所，中青年企业家是推动社会进步的强大动力。他们身上不仅洋溢着创新活力和敢于担当的精神，还体现出强烈的社会责任感，具有强烈的社会意识，是实现我国国际竞争力的主要力量。全社会应当密切关注中青年企业家的社会政治地位和政治参与程度。

中青年企业家是一个充满活力、敢于创新的特殊社会群体，从某种角度而言他们对河北未来的发展将起到非常重要的作用，这一特殊群体对其社会、职场地位及工资收入更为关注。由于年龄的特殊性，他们积极求上进、积极向党组织靠拢，表现出了对知识的渴望与追求，学历层次不断提升。与此同时，随着女性地位的不断提高，中青年企业家中女性比例呈现上升趋势，并在社会发展中发挥着重要作用。具体详见图1～图4。

由图1可见，2015年中共党员占比为83.9%，群众占比为14.5%，民主党派占比为1.6%，而到了2019年中共党员占比下降到61.3%，群众占比上升到30.3%，民主党派占比达8.4%。这足以说明中青年企业家队伍成员逐渐由单一化走向多元化。

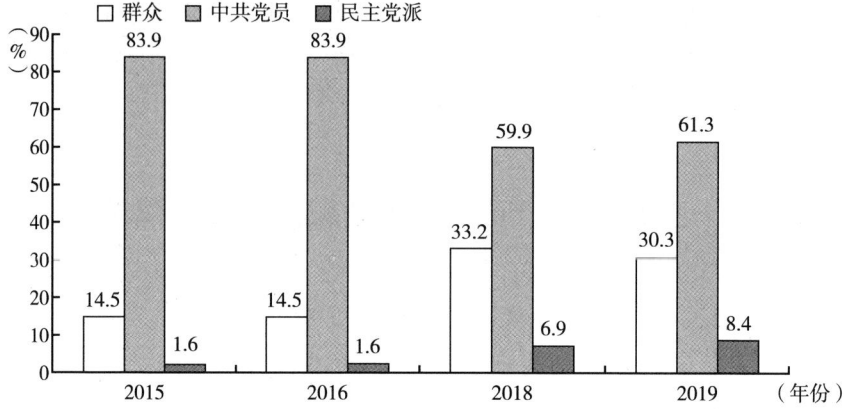

图1 中青年企业家政治面貌对比

资料来源:2015年、2016年、2018年、2019年河北省企业家调查报告。

由图2中可以观察到,中青年企业家中女性占比呈现逐年递增趋势,女性正在逐渐发挥其自身优势,推动企业朝着多元化的方向发展。

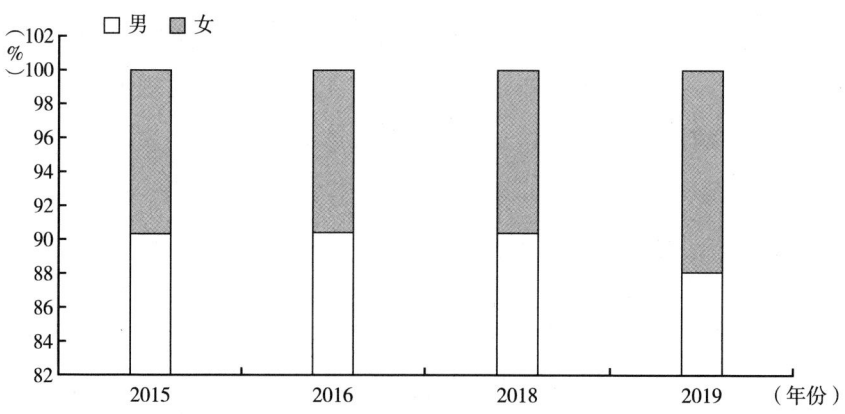

图2 中青年企业家性别比例

资料来源:2015年、2016年、2018年、2019年河北省企业家调查报告。

由图3可见,2015年35岁及以下的企业家占比为9.7%,36~50岁的企业家占比为32.2%,51~60岁的占企业家总数的47.6%,61岁及以上的占到了10.5%。到了2019年,这一数据发生了明显变化,35岁及以下、

36~50岁、51~60岁和61岁及以上分别占企业家总数的11.3%、45.1%、33.1%和10.5%。从年龄分布来看，呈现年轻化趋势，中青年企业家不仅经验丰富，而且精力也非常充沛，成为企业发展的重要支撑。

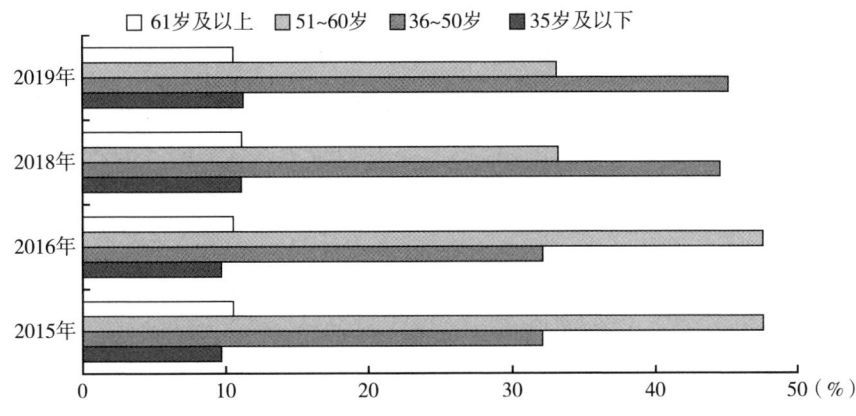

图3 中青年企业家年龄段对比

资料来源：2015年、2016年、2018年、2019年河北省企业家调查报告。

图4中呈现出的中青年企业家学历结构，2015~2019年大学本科、研究生及以上学历层次呈上升趋势，为企业发展提供更多智力支撑和保障。

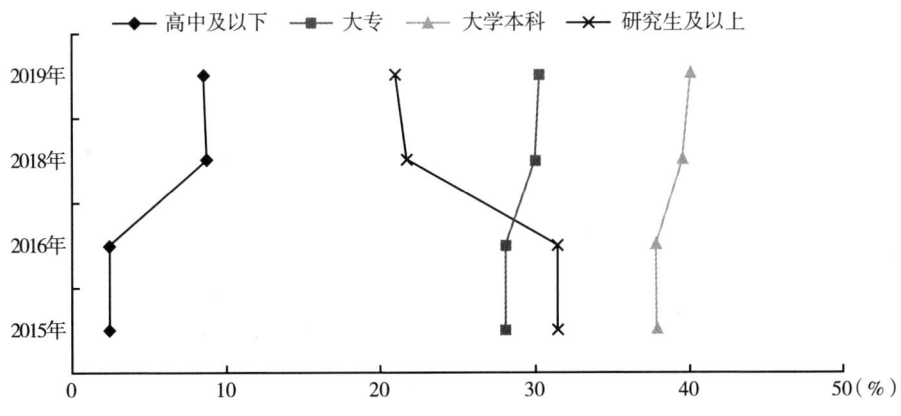

图4 中青年企业家学历层次占比

资料来源：2015年、2016年、2018年、2019年河北省企业家调查报告。

2. 企业家任职形式趋于市场化

伴随着日趋健全的企业制度和企业机制，企业也逐步建立起现代的人才选聘和经营管理机制，市场化的企业家任职方式逐渐走向成熟，如图5所示。

图5表明，"十三五"期间已经初步具备较合理的企业家任职模式。2015年、2016年、2018年和2019年四年间，主管部门任命形式分别占到了33.1%、32.3%、22.4%和26.8%，董事会选任（聘）任职的分别占到了44.3%、44.3%、31.0%和35.9%。自主创业方式任职的分别为21.8%、21.8%、44.4%和30.3%，而采取其他方式任职的则分别为0.8%、0.8%、2.1%和7.0%。可见，"十三五"期间企业家任职方式以自己创业和董事会选任（聘）为主。

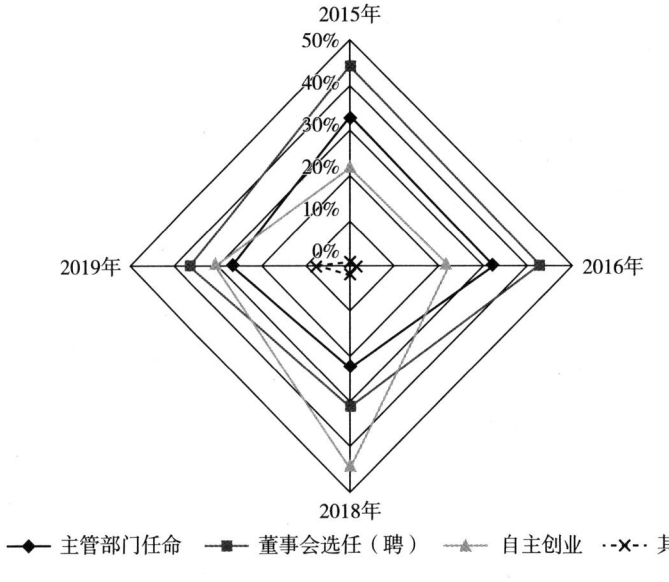

图5 企业家任职形式对比

资料来源：2015年、2016年、2018年、2019年河北省企业家调查报告。

3. 企业家任职时间比较稳定

任职时间稳定与否会对企业经营产生一定影响。丰富的企业家管理经验、稳定的任职期限以及长期的任职时间能够促进企业不断创新，获得更多企业成长空间（见图6）。

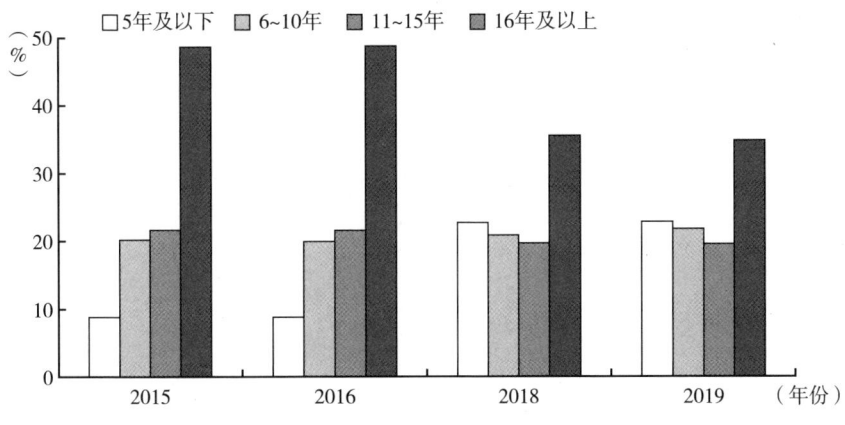

图6　企业家高管任职时间对比

资料来源：2015年、2016年、2018年、2019年河北省企业家调查报告。

调查显示，约7%的企业家任职时间不足1年，任职1~3年的企业家大概占总人数的14%，任职3~5年的企业家占总人数的17%左右，而62%左右的企业家任职时间超过了5年。从所有被调查的企业家来看，大概有35%的企业家曾经担任过或正在担任各个企业的高管，时间在10年以上。20%左右的企业家担任高管的时间在11~15年，6~10年的基本达到了22%，5年及以下的仅为21%左右。可见，企业家任职时间半数以上超过了5年，且担任高管时间在5年以上的在79%左右。

（二）进一步提升企业家能力和素质

丰富的组织协调与沟通能力、企业文化建设能力、风险管理能力、经营决策能力、创新能力是企业家应该具有的基本能力，除此之外，企业家还应具有较强的学习能力、战略管理能力、市场营销能力、资本运作能力、创新能力，同时还应具备人力资源管理能力、公关能力、技术研发能力、表达能力。表1全面反映了河北省企业家所具备的各项能力。

表1 企业家的能力与素质

单位：%

企业家的能力与素质	较为擅长的				应提升和掌握的			
	2015年	2016年	2018年	2019年	2015年	2016年	2018年	2019年
战略管理能力	15.5	15.5	15.0	16.7	22.2	22.2	18.8	16.1
资本运作能力	5.1	5.1	7.4	8.8	10.5	10.5	13.1	13.3
经营决策能力	18.3	18.3	17.8	17.5	12.8	12.8	13.9	8.0
市场营销能力	22.2	22.2	9.6	6.2	4.9	4.9	5.3	9.7
组织协调与沟通能力	12.3	12.3	12.6	3.5	3.8	3.8	3.1	3.6
企业文化建设能力	3.4	3.4	4.1	7.0	5.5	5.5	4.8	6.3
风险管理能力	4.6	4.6	5.4	9.6	10.5	10.5	9.2	11.6
人力资源管理能力	1.9	1.9	2.3	2.6	4.2	4.2	3.8	2.7
学习能力	4.8	4.8	10.4	7.0	5.2	5.2	5.5	5.4
公关能力	1.2	1.2	3.9	1.8	0.9	0.9	1.3	2.7
技术研发能力	2.7	2.7	3.4	7.9	4.7	4.7	5.2	3.6
表达能力	1.7	1.7	3.9	1.8	0.9	0.9	1.3	0.9
创新能力	6.3	6.3	4.2	9.6	13.9	13.9	14.7	16.1

资料来源：2015年、2016年、2018年、2019年河北省企业家调查报告。

由表1可见，2015年，河北省企业家中急需提升战略管理能力，占所有需要提升能力的22.2%；其次为创新能力，在所有提升能力中占据了13.9%；最后为经营决策能力，占据了12.8%。位于5%~10.5%尚需提升和掌握的能力包括资本运作能力、企业文化建设能力、学习能力和风险管理能力。低于5%的则分别为市场营销能力、人力资源管理能力、组织协调与沟通能力、公关能力和表达能力。

由表1可知，经营决策、创新和战略管理能力为河北省2016年企业家最应提升的能力，且分别占到了12.8%、13.9%和22.2%。位于5%~10%、低于5%以下尚需提升和掌握的能力基本与2015年持平。

2019年，河北省企业家最应提升和掌握的能力位居前三位的仍然为战略管理、创新和资本运作能力，分别占16.1%、16.1%和13.3%。

综上可见，河北省企业家的各方面能力均有较大的提升空间，这也为河北省企业家人才队伍建设提供了方向。

（三）河北省企业家精神特征显著

企业家是企业的重要组成部分，他们地位特殊，具有超凡能力，引领企业克服一个又一个困难，为企业创造巨大财富。企业家精神特征不仅能够较好地说明企业家群体的共同特征，还能够从某种程度上反映企业家的价值取向，正是这种企业家精神引领企业不断进步。具体如图7所示。

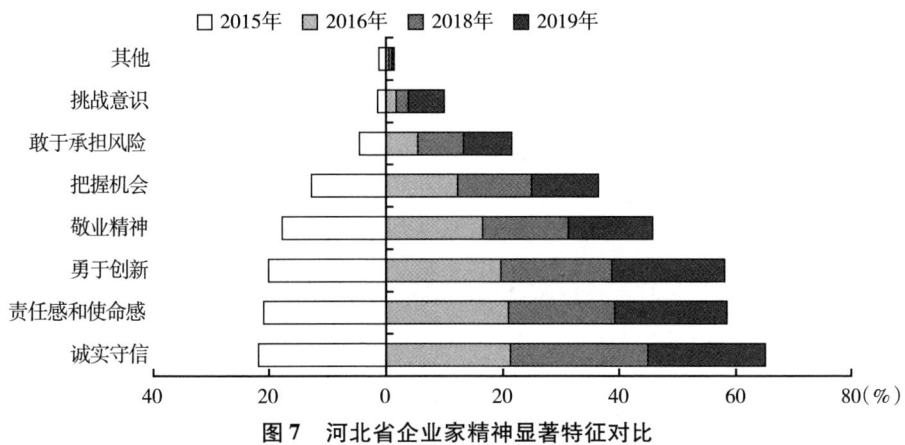

图7 河北省企业家精神显著特征对比

资料来源：2015年、2016年、2018年、2019年河北省企业家调查报告。

由图7可见，诚实守信、责任感和使命感以及勇于创新在2015年中分别为21.8%、20.9%和20.1%，2016年则分别占21.9%、21.3%和20.7%，2018年分别占23.7%、19.8%和19.3%，2019年则分别占20.3%、19.2%和19.2%，其他占比依次降低。

（四）道德素养鲜明、诚信意识先进以及社会责任突出为企业家最重要的特征

职业道德素质是当前企业家队伍建设的热点问题，已经成为衡量企业家队伍建设的一个重要标准，诚信意识和社会责任更是成为提升企业家队伍建设的重要抓手，与此同时，法制观念、敬业精神、责任心以及奉献精神也成为衡量企业家职业道德素养的重要指标，详见图8。

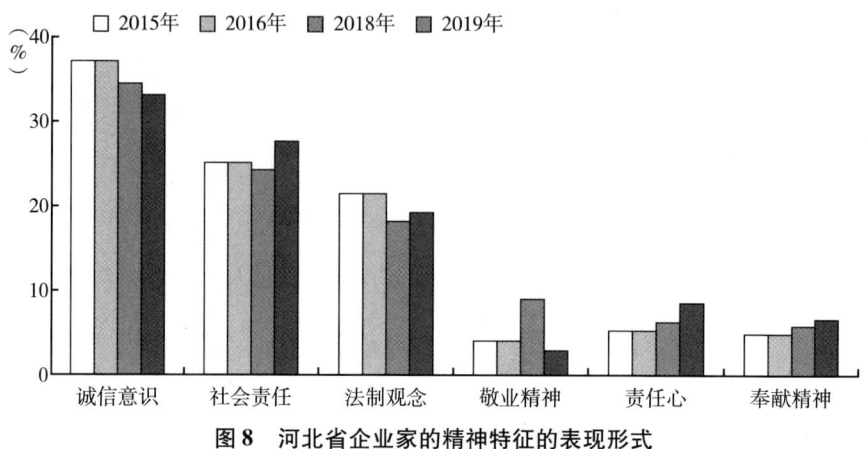

图 8　河北省企业家的精神特征的表现形式

资料来源：2015 年、2016 年、2018 年、2019 年河北省企业家调查报告。

对比 2015～2019 年数据发现，在所有企业家的精神特征中诚信意识和社会责任最为突出，但在企业家队伍建设过程中也不能忽视诸如奉献和敬业精神、法制观念和责任心。

（五）企业家工作压力呈现多元化趋势

当前企业竞争愈发激烈，作为企业重要主体的企业家，在企业家精神的激励下，长期处于高度紧张状态，承受着来自企业发展、市场竞争以及企业管理等多方面的压力。河北省企业家工作压力来源对比见图 9。

二　"十三五"时期河北省企业家人才队伍建设存在的短板与不足

（一）国际视野狭隘和整体素质偏低影响了企业家人才队伍建设

面对纷繁复杂的省内外环境，机遇与挑战并存。"十三五"期间传统的粗放式发展仍为河北省企业发展主旋律。基于此背景，提高企业家素质显得尤为重要。高学历尤其是研究生及以上学历在河北省企业家中的占比较低，企业家队伍整体素质偏低的现状仍未得到改变。调查发现，18.7% 的企业家

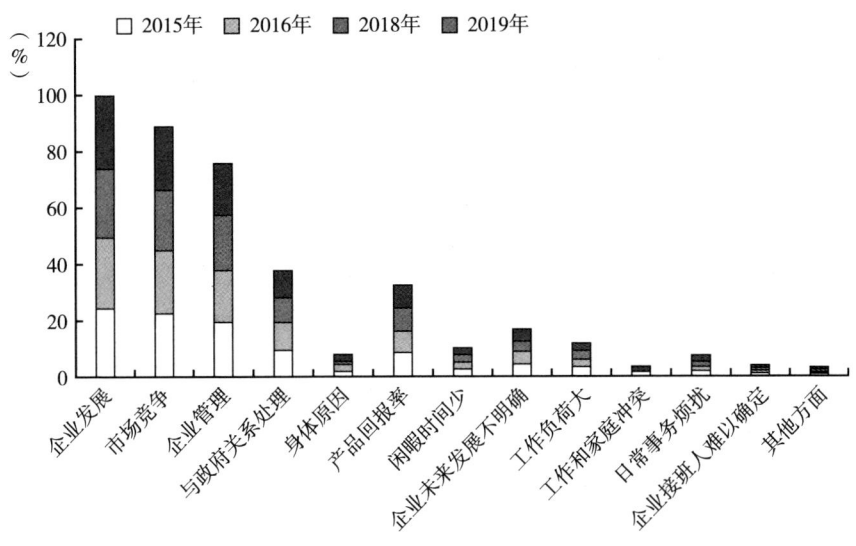

图 9　企业家工作压力来源对比

资料来源：2015年、2016年、2018年、2019年河北省企业家调查报告。

认为河北省企业家队伍整体素质较高，能适应企业发展的要求；56.6%的企业家认为河北省企业家队伍整体素质一般，基本能满足企业发展的要求；认为河北省企业家队伍整体素质参差不齐，需要进一步提高的占到了21.8%；认为比较差，难以适应企业发展需要的占2.9%。与此同时，通过对企业家的调研还发现，河北企业家存在视野过小、过窄等问题，严重影响了河北经济的发展速度和发展水平。

（二）企业家成长社会环境有待进一步改善

1.认可程度不足阻碍了企业家人才队伍建设的步伐

企业家社会地位成为影响企业发展的重要因素，当前河北省企业家社会地位仍没有得到全面认可，某种程度上降低了河北省企业发展速度，阻碍了河北省企业家队伍建设的步伐。表2以具体数据形式，分析了企业家对社会公平程度的认可程度。

由表2可知，2018年和2019年"认可程度比较合理"的占比是2015年和

2016年的近2倍,而"认可程度基本合理"则呈现逐年下降趋势,"认可程度严重不合理"总体占比较低。总体来看,企业家的社会认可程度仍然不足。

表2 企业家对社会公平程度的认可程度

单位:%

社会公平认可程度	2015年	2016年	2018年	2019年
认可程度比较合理	29.91	29.12	55.13	59.96
认可程度基本合理	62.15	62.93	35.79	31.10
认可程度非常不合理	4.82	5.14	5.27	5.63
认可程度严重不合理	3.25	3.92	2.18	2.15

资料来源:2015年、2016年、2018年、2019年河北省企业家调查报告。

2. 企业家激励机制不健全

企业家激励成为企业家成长的重要组成部分。对于一些资深企业而言,尤其关注社会认可程度、社会地位高低以及社会荣誉称号等精神激励形式。2019年现行激励机制很好地反映了社会贡献程度的企业家占比不足10.0%,有57.0%的企业家认为现行激励机制基本反映了企业家的社会贡献程度,有26.1%左右的企业家认为现行激励机制仅仅从某种程度上反映了他们的社会贡献水平,还有7.0%左右的企业家认为现行激励机制明显没有反映他们对社会的贡献。具体见图10。

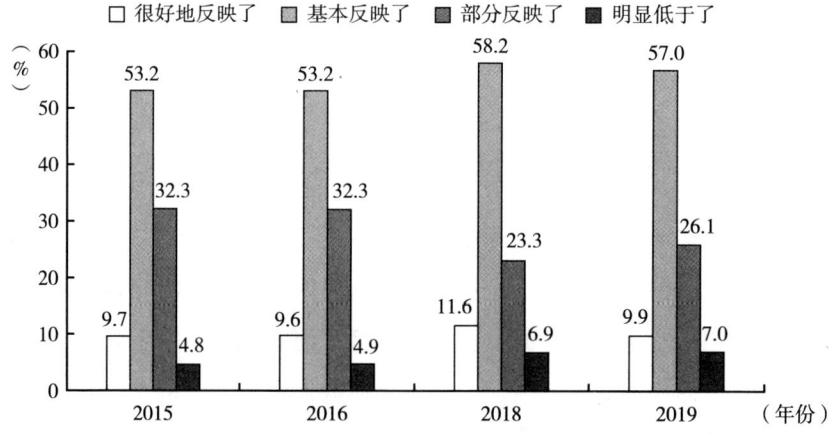

图10 企业家激励对社会贡献程度对比分析

资料来源:2015年、2016年、2018年、2019年河北省企业家调查报告。

（三）诸多不确定性因素阻碍企业家队伍的成长

企业家队伍在成长过程中对外界影响因素非常敏感。从某种程度而言，宏观经济政策与环境、国内外经济动态、社会环境、激励水平以及竞争企业的发展动态对企业家人才队伍建设均产生了一定影响。2015年体制和机制、宏观经济政策与环境、激励水平以及竞争企业发展态势在所有影响因素中分别占据了30.2%、23.2%、20.3%和14.8%；2019年这四项指标则分别下降了7.1%、0.2%、1.7%和5.6%。可见，政府正采取各种有效措施降低不确定因素对企业家人才队伍建设带来的影响。

（四）政企定期对话机制和企业网络服务平台尚不健全

如何促进企业家全身心谋划企业发展，成为当前政府和企业急需解决的首要问题。近年来河北省相继开通了企业家热线、搭建了企业网络服务平台、构建了政企定期对话机制、制定了政策听证会制度，但总体来看"十三五"落实效果不显著，各项功能尚未发挥作用。4年的调研数据发现，企业家对各种政策的需求和希望程度各异。希望通过政企对话机制实现企业和政府之间进行有效沟通的占到总调查人数的35.1%，而有27.5%的企业家则认为实现政府和企业交流可以运用网络服务平台，期望通过企业家热线、政策听证会以及其他形式的分别占总调查人数的18.7%、18.2%和2.5%。当谈到各种平台落实情况时，企业家均有一定程度的不满意，反应强烈的是政府定期对话平台和企业网络服务平台。

（五）服务意识、服务态度和服务质量成为职能部门急需解决的关键问题

"放管服"改革正在河北积极推进，但仍存在形式化现象。服务意识、服务态度以及服务质量等方面仍存在不同程度的问题，服务意识淡薄、服务态度不友善和服务质量不到位成为政府职能部门急需解决的问题。有些服务人员对企业发展存有个人偏见，孤立企业发展。职能部门在某种程度上对企

业家成长历程关注不够，导致企业家人才流失严重。与此同时，职能部门甚至存在办事拖沓现象，大大降低了服务质量和办事效率。

（六）企业家高素质人才引进机制仍需完善

河北省比邻京津，"两翼、四区、五带、多点"的发展格局基本形成。但与北京和天津相比，尤其是与北京相比，河北人才匮乏，加之发展的区位优势不明显，高素质人才集聚北京现象非常严重，高素质企业家人才更是不断涌入北京。总体来看，北京和天津的人才虹吸效应远大于人才向河北的溢出效应，使河北成为典型的企业家人才洼地。

近年来，河北省出台各种人才优惠政策，但与北京相比，子女教育、医疗、就业等存在先天不足，高素质企业家人才流失现象得不到控制，尤其是在高素质企业家人才引进方面缺乏资金、政策和体制方面的优势，这也恰恰成为河北省"十三五"期间高水平企业家人才引进的一大障碍。

三 "十四五"期间河北省企业家人才队伍建设的对策与建议

（一）加强国际视野、高素质与高创新能力的河北企业家人才队伍建设

坚决贯彻落实习近平总书记"涵养企业家精神"的重要指示精神，结合河北企业家队伍建设实际，形成人才与河北共生共荣、企业家精神与河北发展同频共振的人才发展理念。一是培养一批具有家国情怀、应变能力、创新意识以及实干品质的创新型企业家人才，坚持创新在河北省现代化建设中的核心地位，形成人才强省、创新驱动河北的发展战略；二是培养一批大胆探索、锐意进取的创新型企业家，构建精神鼓励与实际配套行动相统一的长效人才保障机制，为实现创新型河北做出突出贡献；三是培养一批具有博大

胸怀、宽广视野、国际格局独具特色的河北企业家队伍。既要立足省内，提高企业发展质量，转变企业发展方式，也要放眼国内外，提高企业生产和服务水平，为河北省产业向中高端发展做出贡献。

（二）构建健全的政府服务平台，为企业家发展提供良好的社会成长环境

按照中央部署，河北省认真做好"六稳"和"六保"工作，实现政府职能的改变：政府积极主动与企业联络，专人对接相应企业，切实解决企业面临的各种困难，借助企业家精神，千方百计激发企业家的创新能力，加快技术进步，拓展河北就业空间，为企业家发展创造良好的空间和氛围。作为京津冀重要主体的河北，抓住国内外大循环发展契机，充分利用国内与国外、省内与省外两种市场，制定符合河北实际的人才引进政策，吸引更多的高素质企业家落户河北，为繁荣河北经济保驾护航。

为解除企业的后顾之忧，政府要积极利用QQ、钉钉、微信以及微博等现代通信工具，保持与企业交流，了解困扰企业以及企业家的困惑，及时为其排忧解难，让优秀的企业家感受到不一样的河北，用他们的企业家精神激励河北企业在纷繁复杂的国内外环境中永葆青春。

（三）多层次、全方位消除河北省企业家人才队伍建设的阻碍因素

利用信息优势，政府针对不同类型的企业家实施不同的政策激励措施，及时传递国家最新宏观经济发展政策，利用国内外发展环境，激发企业家精神，引领企业快速发展。为企业发展营造良好氛围，培育企业家创新精神，积极尝试各种创新改革，改善企业经营现状，积极营造创新氛围、宽容暂时失败，为企业家创新提供良好的外围环境，实现河北大、中、小企业可持续发展。

准确把握分析当前国内外经济发展态势和发展环境，将相关信息及时快速地传递给企业家，利用企业家精神激发企业发展潜力，企业家根据国内外

经济形势及时调整企业发展战略。与此同时，政府为同类企业提供交流平台，取长补短、相互促进、有序竞争，利用河北省制度优势，完善公平、公开与公正的竞争环境，激发企业家的开拓创新潜力和创新精神。

（四）营造政企一家亲的良好社会氛围

良好的政企关系是促进企业发展的重要保障，政府职能部门与企业之间的良好关系是当前政府与企业之间最基本的关系。从政府角度来看，首先考虑为企业发展、企业家创新创业和企业家精神的传播创造良好的社会环境，始终本着全心为企业服务的立场转变现有服务职能，全方位加大对企业家创新创业支持力度，减轻企业负担，加快金融市场服务实体经济的改革步伐。

良好社会氛围的营造需要从现有管理机制与体制视角破除企业的限制，建立良好的政企关系，人人尊重企业家、人人关心企业家、人人爱护企业家，为企业家发展提供最有力的保障与支撑；良好社会氛围的营造需要政府有序引导、企业家协会积极行动，使企业家成为一种人人羡慕的高尚职业；良好社会氛围的营造需要政府采取有效措施，于困境中育新机，努力激发企业家潜在创造力，帮助企业突破发展困境，与企业同甘共苦，做企业发展的强大后盾。

（五）构建"服务意识—服务态度—服务质量"全面提升的政府服务体系

为切实转变政府服务职能，提升河北企业服务质量，为企业家发展提供良好的服务体系，政府应"加强服务意识""改善服务态度""提升服务质量"，为优秀的企业家发展提供坚强的制度支撑。首先，根据调研实际，以企业和企业家需求为政策导向，加强企业服务意识；其次，改善服务态度，从企业实际出发，为企业家发展提供有利创新平台、信息服务和资金支持；最后，加大对企业资金扶持力度，减税降费，鼓励银行支持企业发展实体经济，从源头解决企业资金问题。

（六）制定创新型人才引进政策，借助京津冀协同发展的战略机遇，依托高技术产业，打造新型河北形象

京津冀地区肩负着实现国家自主创新战略和区域协同发展的重任，这一优势与战略地位也成为京津冀科技创新协同发展的重要保障。为此，河北省借助京津冀协同发展这一战略机遇，构建多元化协作体系，围绕重点产业链布局创新链，引导北京创新资源布局河北。首先，利用京津冀科技创新协同发展的环境背景，制定有效的人才储备与发展战略，利用地理位置优势，制定独具特色的河北人才引进策略，更重要的是制定如何留住优秀企业家人才服务于河北的政策。其次，政府高度重视企业家人才队伍建设，从政策上给予倾斜，从方向上给予引导，从行动上给予支持，吸引更多国内外企业家尤其是北京优秀企业家落户河北、扎根河北，引领河北经济改革，实现河北经济高质量发展的宏伟目标。

参考文献

汪东进：《增强爱国情怀　践行企业家精神》，《学习时报》2020年8月31日。
蔡若夫：《企业家最重要的三种精神》，《梅州日报》2020年8月30日。
王凤杰：《弘扬企业家精神　推动高质量发展》，《中国铁道建筑报》2020年8月29日。
王忠禹：《弘扬新时代企业家精神推动企业高质量发展》，《企业管理》2018年第7期。
林善浪、宋时达：《为培育企业家精神营造良好制度环境》，《人民论坛》2019年第28期。
孟金睿：《企业创新行为探究——以伊利集团为例》，《河北企业》2020年第7期。
黄海艳、张红彬：《新时代企业家精神内涵及培育机制研究》，《国家行政学院学报》2018年第6期。
邓良：《产业转型期新型企业家培育问题研究——基于广东省非公有制经济"创二代"现状调查与培育引领问题的研究》，《经济体制改革》2014年第2期。
何欢浪、蔡琦晟、黄语嫣：《外资自由化、上下游产业关联和中国制造业企业创新

行为》，《世界经济研究》2020年第5期。

王保华、张继焦、吴玥：《硅谷的华人高科技专业人才：从学者到企业家》，《世界民族》2019年第4期。

王扬眉：《家族企业继承人创业成长金字塔模型——基于个人意义构建视角的多案例研究》，《管理世界》2019年第2期。

李兰、仲为国、彭泗清、郝大海、王云峰：《当代企业家精神：特征、影响因素与对策建议——2019中国企业家成长与发展专题调查报告》，《南开管理评论》2019年第5期。

罗振洲、李素峰：《河北省企业家人才队伍建设研究》，《经济论坛》2020年第9期。

陈尚金、赵玉珍：《"一带一路"背景下非公企业家队伍建设现状及对策——以江苏省连云港市为例》，《湖北经济学院学报》（人文社会科学版）2018年第15期。

程丰武：《新时代中国企业家成长环境研究》，硕士学位论文，江西财经大学，2018。

河北省企业家协会：《2015年河北省企业家调查报告》，2015。

河北省企业家协会：《2016年河北省企业家调查报告》，2016。

河北省企业家协会：《2018年河北省企业家调查报告》，2018。

河北省企业家协会：《2019年河北省企业家调查报告》，2019。

B.3 河北省数字人才队伍建设研究

姜 兴*

摘 要： 数字经济发展已进入"人才驱动"时代，但与河北省数字经济快速发展的现实和预期相比，河北省数字人才发展布局较为滞后，数字人才队伍建设与数字经济发展不平衡、不匹配的问题突出，加强河北省数字人才队伍建设、强化数字经济规模增长内生驱动力刻不容缓。本报告通过深入调研，分析了河北省数字人才发展存在的主要问题，从加强数字人才发展前瞻性、推进数字人才供给侧结构性改革、突出企业对综合型数字人才的开发主体作用、实施"数字领跑人才"工程以及加强数字人才平台载体建设五个方面提出了破解河北省数字人才发展困境的对策建议。

关键词： 数字人才 人才发展困境 人才发展规划

数字经济通过数字链带动产业链、创新流、人才链、资金链等发展，成为国民经济发展的新动能。2020年以来，发展数字经济被提到新的高度。《中共中央关于制定国民经济和社会发展第十四个五年规划和二〇三五年远景目标的建议》做出战略部署，"发展数字经济，推进数字产业化和产业数字化，推动数字经济和实体经济深度融合，提升公共服务、社会治理等数字化智能化水平"。毫无疑问，以互联网、云计算、大数据、物联网、人工智

---

* 姜兴，河北省社会科学院人力资源研究所副研究员，主要研究方向为区域人力资源开发。

能、5G等为代表的数字经济，无论是在保就业、保民生、保产业链供应链稳定，还是在促进经济增长方面都将成为稳中求进的"最有力保障"和"最大增量"。中国国际数字经济博览会永久落户河北，河北省（雄安新区）被授予"国家数字经济创新发展试验区"，标志着河北省已成为京津冀数字经济发展的新增长极。河北省第九届十一次全会提出大力发展数字经济，持续加大力度推动数字经济发展是河北省今后践行习近平总书记"努力在危机中育新机、于变局中开新局"，加大"六稳"工作力度、做好"六保"的必然选择。人才是技术的载体、创新的根本，而数字经济技术、创新支撑驱动的本质特征决定了掌握、运用和创新ICT（信息和通信技术，Technology Information and Communication）相关技能的数字人才成为数字经济高质量发展的第一驱动要素。因此，实现河北省数字经济持续快速发展，加强数字人才队伍建设成为关键。

一 数字经济发展已经进入"人才驱动"时代

（一）数字经济转型发展将数字人才需求推向新高度

当前数字经济发展正在经历两种转型，一是数字经济从单一的技术产业向技术与传统产业融合转型，数字技术在促进传统产业转型升级方面正在发挥着巨大能量，自动化、智能化、信息化发展成为引领传统产业高质量发展的新动能。二是随着大数据、云计算、物联网、人工智能、虚拟现实等新技术的不断突破，当前数字经济发展迈入从需求端向供给端转型的新阶段，数字经济发展重心正在从消费领域向生产领域加速扩展，渗透到设计、研发、生产、交易、融资、流通等各个环节，推动了企业核心竞争力的重塑和产业发展格局的重构。与服务业数字化主要依靠数量庞大的网上客户的"人口红利"不同，制造业领域的数字化升级更加需要"人才驱动"，数字经济的两种转型对数字人才无论是数量、质量还是结构上都生成了更高的要求。当前数字经济包含了多领域的知识、技术和产业，数字技术与其他技术交叉趋势不断深入，加之数字产品设计的高端发展趋势，使数字经济人才驱动发展显得更加重要。

（二）数字经济高质量发展要求筑牢数字人才基础

数字经济是人类生产函数的一场范式变革，数据作为数字经济的关键生产要素，推动着经济形态不断融合与颠覆，数字人才作为促进数字经济发展最大的创新力、竞争力的源泉，起着关键作用。随着全球主要国家和地区越来越意识到数字经济的发展能级、力抓数字经济发展的核心竞争力，全球对数字人才的需求呈几何倍数增长，数字时代的国际竞争在根本上就成为数字人才数量与质量的竞争。一方面，数字产业化快速发展，数字人才作为数字产业发展最大的创新力、竞争力源泉，以人工智能、数据科学、计算机科学、软件工程和电子工程等技术流学科为背景的典型数字人才与能够进行战略引领和技术突破的顶尖数字人才供不应求。另一方面，产业数字转型进程加快，数字新兴技术与各产业交融不断深入，产业、产品的数字化发展趋势明显，对数字人才的需求不只强调其拥有ICT技能，而是更加注重ICT技能与其他领域技能的融合使用，对涵盖ICT技能与多领域知识能力融合的综合型数字人才的需求快速增长。目前，我国数字人才呈南强北弱的局面，河北作为京津冀数字经济发展的相对薄弱端，对数字人才的聚集力也一直处于落后状态，河北数字经济发展正在面临来自数字人才不足的巨大挑战，且数字人才缺口随着数字经济外部竞争的加剧和内部发展的加速还将继续扩大。

二 河北省数字经济发展现状与预期

（一）河北省数字经济发展的现状

近年来，河北把发展数字经济作为做好"六稳""六保"工作的重要抓手和实施创新驱动战略、加快培育新动能的主攻方向，河北省数字经济得到了快速发展，2019年河北省数字经济增加值超过1.1万亿元，数字经济 GDP 占比超过 31%，增速超过 15%，数字经济发展基础得到全面提升。①

1. 信息基础设施水平位居全国上游

截至 2019 年底，河北省互联网省际出口带宽、光缆线路总长度、移动电话基站、互联网宽带接入端口、固定宽带接入用户数均居全国第 7 位，IPTV 用户数居全国第 6 位，全省行政村光纤宽带通达率、4G 信号覆盖率在 99% 以上，物联网终端用户数居全国第 10 位。② 5G 作为数字经济发展的重要引擎得到大力加强，截至 2020 年 8 月底，河北已建成 5G 基站 1.84 万个，11 个设区市、雄安新区、冬奥会崇礼赛区全部实现了 5G 信号的连续覆盖，在教育、医疗、钢铁、矿山、港口等领域实现了比较成熟的应用。

2. 数字产业化发展实现新突破

京津冀大数据综合试验区于 2016 年 12 月 22 日正式成立，经过三年多的建设，张家口、廊坊、承德、秦皇岛和石家庄五大大数据示范区初步建成，在线运营服务器规模突破 120 万台，长城汽车全球运营与决策中台、张家口智慧城市综合能源大数据云平台应用试点示范、"云上武邑"智慧城市、河北省承德市丰宁满族自治县智慧城市 PPP 项目等项目建设被评为"2019 年京津冀大数据综合试验区优秀案例"，张家口市"一带三区多园"的大数据发展格局初步形成，"中国数坝"驶入发展快车道。围绕科技成果产业化，通过强化政策支持、项目推荐、统筹推进，促进了中电科 13 所、54 所、中国船舶重工集团公司七一八所等数字技术领域领军科研机构的科技成果加快转化为现实生产力。腾讯、华为、浪潮、中兴等国内互联网领军企业与河北的合作进一步深化。在中国电子信息行业联合会发布的"全国电子信息百强企业"榜单中，河北风帆有限责任公司和中国乐凯集团有限公司连续多年入围。

---

① 《河北省工业和信息化厅党组书记、厅长龚晓峰：河北数字经济规模占 GDP 比重超过 31%》，百度，2020 年 9 月 19 日，https：//baijiahao.baidu.com/s? id = 1678233659605200389&wfr = spider&for = pc。

② 《河北省人民政府关于印发河北省数字经济发展规划（2020—2025 年）的通知》。

3. 产业数字化步伐加快

河北信息化与工业化融合发展指数逐年上升，2018年达到80。石家庄、邯郸分别于2014年和2017年入选国家电子商务示范城市，电子商务在各产业领域优化要素配置、降低风险门槛和增加就业等方面存在显著优势，并且大幅提升了农村电子商务水平，实现了电子商务与特色农业发展的更广范围融合，有力促进了农业农村发展。通过深入贯彻实施《河北省加快电子商务发展行动计划（2018—2020年）》和《〈河北省加快电子商务发展行动计划（2018—2020年）〉的推动落实方案》，进一步提升了河北省电子商务示范企业和示范基地建设水平，三年间共培育省级以上电子商务示范园区17个，2018~2019年认定河北省电子商务示范企业78家、示范基地44家。[①]

4. 社会数字化转型深入推进

政府信息资源共享和"互联网+政务服务"水平明显提升，"冀时办"正式上线运行，全省社保查询缴费、医保查询缴费、水电暖气缴费等近300项高频应用实现"指尖办"。

5. 高端创新平台建设力度加大

河北省现拥有数字相关领域国家重点实验室2家，分别是依托河北工业大学建设的省部共建电工装备可靠性与智能化国家重点实验室、中国电子科技集团公司第五十四研究所的卫星导航系统与装备技术国家重点实验室，其中电工装备可靠性与智能化国家重点实验室建设运行期5年（2018~2022年），是河北省首家获批建设的省部共建国家重点实验室。2018年、2019年共新建数字经济相关省级重点实验室12家，其中，省级学科重点实验室8家、省级企业重点实验室4家。

（二）河北省数字经济发展预期

《河北省数字经济发展规划（2020—2025年）》提出河北数字经济发展

---

① 根据河北省电子商务厅2018~2020年公示名单得出统计数据。

分两个阶段。第一个阶段是到2022年，基本形成以大数据产业、制造业数字化、服务业数字化、电子信息产业为支撑的数字经济发展格局。产业数字化转型成效显著，两化融合指数达到88，工业互联网平台达到130家，网络零售额突破3700亿元；电子信息产业支撑力增强，电子信息产业主营业务收入突破3000亿元；互联网普及率达到70%、宽带接入用户普及率达到99%、5G基站数量达到7万个。第二个阶段到2025年，河北省电子信息产业主营业务收入突破5000亿元，两化融合指数达到94，基本建成全国的数字产业化发展新兴区、制造业数字化转型示范区、服务业融合发展先行区，将雄安新区建设成我国信息智能产业创新中心和数字经济创新发展引领区。石家庄市出台了《石家庄市新媒体电商直播示范城市行动方案（2020—2022年）》，重点构建基地集聚区、产业链配套、产业应用、活动、人才五大支撑体系，力争到2022年末，将石家庄市打造成全国领先的新媒体电商直播示范头部城市。[①]张家口市发布《中国数坝·张家口市大数据产业发展规划（2019—2025年）》，力争到2021年，张家口绿色大数据服务器规模突破150万台；到2025年，绿色大数据服务器规模达到500万台，具备千万台级承载能力，张家口大数据产业实现全产业链、集群化发展，建成"中国数坝"。[②]

三 河北省面临数字人才队伍建设与数字经济发展不平衡不匹配的困境

与河北省数字经济加速发展的现实与预期相比，作为数字经济发展的核心驱动要素和基础支撑，河北省数字人才建设的现状不容乐观。由清华数据科学研究院、猎聘大数据研究院与大数据文摘共同发布的《2019数字经济

[①] 《石家庄市新媒体电商直播示范城市行动方案（2020—2022年）》，石家庄市商务局网站，2020年6月30日，http://swj.sjz.gov.cn/content-21-50668.html。
[②] 《建设"中国数坝"！张家口市出台大数据产业发展规划及实施意见（附全文）》，搜狐网，2018年4月1日，https://www.sohu.com/a/226936523_353595。

人才城市指数报告》中公布了我国数字经济人才指数 TOP 30 城市榜单,其中河北只有石家庄 1 市入选,排名第 24 位,并且与排名前列的城市得分差距较大,说明河北数字人才还不能实现与数字经济的协同匹配发展,这也成为制约河北省数字经济高质量发展的因素之一。① 《2020 中国数字经济发展指数白皮书》发布,2020 年中国数字经济发展指数平均值为 29.6,河北以 29.4 居第 11 位,与居首位的广东省 65.3 的评价值差距巨大。② 河北数字经济核心产业规模仍然较小,2018 年,河北数字经济核心产业增加值为 711 亿元,仅占 GDP 的 2.18%,特别是电子信息产业主营业务收入仅占全国的 0.86%,其中软件与信息服务业仅占全国的 0.43%,是广东的 2.47%、北京的 2.7%、江苏的 2.99%。③ 经调研发现,河北省数字人才队伍建设主要存在以下问题。

(一) 典型数字人才培养体系不完善,人才供给面临结构性失衡

典型数字人才是数字人才队伍的"基本盘",高校是典型数字人才培养的摇篮、供给的主力,数据资源化正在驱动市场发生颠覆性的变革,但河北省与之对应的高等教育体系布局还需进一步优化,高校对典型数字人才培养不仅总量不足,还存在一定的结构性失衡问题。例如,人工智能、数据科学作为数字经济中的热点学科,河北省重点高校中只有河北工业大学和河北师范大学两所高校分别开设了专门面向人工智能与数据科学的人工智能与数据科学学院和软件学院,现有在校人数 4000 余人,远远不能满足数字经济飞速增长所带来的百万级人才缺口。高校典型数字人才供给的数量与结构不能良好匹配以支撑河北省数字经济发展,随着河北省数字经济的快速发展,典型数字人才缺口将逐步扩大。

---

① 《数字经济人才就业城市哪家强?〈2019 数字经济人才城市指数报告〉重磅发布!》,搜狐网,2019 年 10 月 21 日,https://www.sohu.com/a/348476579_308467。
② 《赛迪顾问 |〈2020 中国数字经济发展指数白皮书〉发布!》,网易,2020 年 9 月 27 日,https://www.163.com/dy/article/fni56ha305118Sru.html。
③ 《河北省人民政府关于印发河北省数字经济发展规划(2020—2025 年)的通知》。

（二）顶尖数字人才稀缺，数字经济发展无龙头企业支撑

重大技术的飞跃、科技成果的产业化是数字经济时代积极培育"四新"经济的最大牵引力，可引领带动数字经济发展的顶尖数字人才成为数字经济内生发展的基础。截至2018年，河北省只有数字相关领域院士1人、国家"千人计划"专家9人、国家"万人计划"专家4人。[①] 顶尖人才匮乏、重大创新性成果和技术创新效率总体不高，导致河北省数字经济产业链条较短，缺少拥有关键核心技术的领军企业。中国电子信息行业发布的"2019年软件和信息技术服务综合竞争力百强企业"中，无河北企业上榜，富有活力与竞争力的数字经济产业生态尚未形成。

（三）综合型数字人才严重短缺，企业数字化转型"不会转、不能转、不敢转"问题突出

大数据时代，在创造性发展的助推力和不确定因素的倒逼压力下，企业应该转型为数字企业，以打破或创造新模式、新产品、新服务，多数企业已经意识到了数字化转型升级是企业生死攸关的大事，但大多企业都一定程度上面临"不会转、不能转、不敢转"的困境与挑战。河北省制造业数字化水平较低，制造业企业的数字化转型主要集中于各业务模块的独立应用，2019年河北制造业企业处于集成数字化以上的比例只达到12.6%，工业各行业数字化程度大相径庭；大多中小型企业数字化升级能力低下，尤其是生产型企业的数字化、自动化、智能化程度较低。通过调研发现，企业数字化转型是一场"持久战"，不仅需要前期调试，更需要后期运维，高校培养的单一专业人才已经不能满足企业数字化转型发展的需要，除资金、技术因素外，既掌握一定的ICT专业技术，又具备相关业务模块能力与知识储备，既具备数字化战略与考量，又拥有管理能力的综合型数字人才的不足成为企业数字化转型的桎梏，使得企业数字化转型之路顾虑重重。

---

① 根据河北省相关专家材料得出统计数据。

（四）数字人才平台载体建设落后，人才聚集能力不足

产业是聚集承载各类各层次人才的"磁石"，高能级研发平台是会聚顶尖科研人才的主要载体。河北省作为京津冀数字经济发展的相对薄弱端，数字经济核心产业规模较小，传统产业数字化水平也较低，2018年全省电子信息产业主营业务收入只占全国的0.86%，制造业企业信息化建设主要集中在自动化生产线改造、财务、办公、采购、销售等单项应用。① 截至2020年5月，河北省国家重点实验室数量为12家，其中数字信息技术相关国家重点实验室只有2家，相关学科国家重点实验室还处于空白状态。② 无论是产业平台还是高能级研发平台建设，河北省都处于相对落后的状态，对数字人才的聚集能力明显不足。

每当一个产业或经济形态兴起时，遭遇的最大瓶颈，往往都是人才短缺，以上问题暴露出河北省对数字人才发展布局方面还存在滞后问题，不能有效满足河北省数字经济快速发展的人才需求。数字经济"人才驱动"时代，数字经济领域竞争在根本上就成为数字人才的拥有量与存储量的竞争，面对数字经济转型与加速发展对数字人才数量与质量的更高需求，加强河北省数字人才队伍建设、强化数字经济规模增长内生驱动力刻不容缓。

四　破解河北省数字人才发展困境、加强数字人才队伍建设的建议

（一）加强数字人才发展前瞻性，以顶层设计规划引领河北省数字人才队伍建设

1. 确立数字人才优先发展格局

近年来，在"人才大战"中各省区市越来越多地考虑到了人才布局的

---

① 《河北省人民政府关于印发河北省数字经济发展规划（2020—2025年）的通知》。
② 《河北：新增2家省部共建国家重点实验室　总数达到12家》，百度，2020年3月28日，https://baijiahao.baidu.com/s?id=1662402850318042309&wfr=spider&for=pc。

重要性，深刻认识到招才引智和引领升级转型不是简单的"拉郎配"，而是强调人才与产业的匹配度，精准定向，增量提质。因此，人才队伍建设要具有长远性、前瞻性，必须根据长期人才需求制定培养人才目标，这样才能满足在不同发展时期对人才发展的不同需求，才能保证人才储备充足、人才供给充分。在数字人才竞争日趋激烈的今天，只有加快确立数字人才优先发展的战略布局，确保数字人才工作优先考量、优先支持、优先进行，才能使河北在加快发展数字经济竞争中赢得主动、赢得优势。

2. 制定"河北省数字人才发展规划（2020—2025年）"

以《河北省数字经济发展规划（2020—2025年）》为重要依据，基于河北省数字经济发展目标和布局的现实需要，制定与数字经济发展规划相配套的数字人才发展规划。以河北省数字人才队伍现状研究为基础，摸清数字人才底数，及时了解数字人才流动方向、技术缺口等情况，制定数字人才发展的主要目标，分析数字人才队伍建设的主要任务，以数字人才为第一资源，推动数字经济向高质量发展。

3. 推进相配套的数字人才发展体制机制创新

重点包括建立以需求为导向的数字人才引进与培养机制，做到更好地连接人才与经济发展，"定向"抛出人才橄榄枝。依据数字经济的发展规划与实施意见，从产业基础和创新环境等多方面因素着手，通过提升产业优势、搭建发展平台、提供良好的公共服务来聚集人才。推动重点领域项目、基地、人才、资金一体化配置，加大投入支持力度，加大对数字技术前沿研究的扶持，充分激发人才创新活力。积极创新人才发展政策，促进数字人才资源有序流动，大力引进、培养各类各层次数字人才。

4. 建立数字人才发展规划实施情况的监测、评估机制

构建人才发展评价体系，对数字人才队伍建设情况进行定期评估，并对数字人才发展与数字经济发展的匹配程度做出评价，以人才队伍建设水平度量数字经济的发展现状和监测人才规划的实施效果，以评价结果为基础进行人才政策的动态调整。以人才规划的制定和实施加快数字人才发展战略布局，下大力气补齐数字人才发展短板，保障人才供应不会断档。以科学的顶

层设计优化数字人才资源，促进数字经济与数字人才的协同发展，引领数字人才充分发挥其支撑与牵引作用，促进数字经济典型产业的纵向发展和激发数字产业与传统产业的深度融合。

（二）推进人才供给侧结构性改革，增强高校典型数字人才培养适应性

1. 优化布局高校学科体系，进一步提升高校典型数字人才培养能力

数字经济的竞争归根结底在于技术和人才储备，加大典型数字人才培养是数字经济长远发展的有力保障。通过加大投入、依托重大工程项目以及引导各类资源倾斜等措施，持续加大高校ICT相关学科的建设力度，拓展人才培育功能，支持高校在专业设置、师资力量、招生规模上向数字人才倾斜，重点支持已经拥有一定基础的河北工业大学人工智能与数据科学学院以及河北师范软件学院的人工智能与数据专业建设，加强典型数字人才培养，推动河北省高校数字人才培养结构适应数字化、智能化变革的需求；大力培养数字经济发展所需要的基础和前沿专业技术人才，为数字经济发展所需要的基础性专业技术人才提供充足的新生力量，以此做大做强河北省数字人才队伍的"基础盘"。

2. 创新数字人才培养模式，提升人才培养质量

高校要主动应变，根据人才的供需趋势与人才发展规划的指导，创新数字人才培养模式，更好地规划数字人才培养的具体目标与发展方向，集中师资力量加快ICT领域创新要素向人才培养转化，并主动根据数字经济发展的人才需求，积极开展"新ICT"研究与实践，重视ICT与其他各类学科的交叉融合，实行"ICT + X"的人才培养模式。创新产教融合、校企合作人才培养机制，突出需求导向和应用性导向，加强"双师型"教师队伍建设，软性引进企业中的高级数字人才，加大实践课程比例，并依据市场需求变化及时进行动态调整；推进教育模式、内容与市场需求的全面对接，大力改善目前高校对数字人才培养总量不足与结构性滞后的问题，促进人才培养供给与企业、产业发展的全方位融合。

（三）提高数字化意识，突出企业对综合型数字人才的开发主体作用

大数据时代，在创造性发展的助推和不确定因素的倒逼压力下，企业应运用数字经济适时转型，以打破或创造新模式、新产品、新服务。随着产业、知识、技术、技能的深度融合，高校培养的专业对口人才已经不能满足企业数字化转型发展的需要，既具备基础ICT专业技术，又拥有相关技能与知识储备，既具备数字应用战略与考量，又拥有相当管理能力的综合型数字人才需求呈现明显的上升趋势，而综合型数字人才的特点决定其必须在企业实际发展中加以甄选和培养。

1. 增强企业数字化发展与数字人才培养意识

依托工信厅定期组织开展企业高级管理人员数字化转型培训，通过专家授课、成功企业经验分享、现场交流诊断服务等活动引导企业高级管理人员认识企业数字化发展以及培养数字人才的重要意义，促使企业决策层坚定推行数字化转型与发展，强化企业数字化内生动力，增强企业数字人才引进和培养，尤其是综合型数字人才自我发展必要性的充分认知，提升企业数字人才开发主动投入意识，确立企业在综合型数字人才培养中的主体地位。

2. 引导企业建立综合型数字人才内部选拔培养体系

通过深入开展企业数字化发展培训，引导企业根据其数字化发展战略建立综合型数字人才企业自我开发体系，有计划、有效率地在企业内部选拔有数字化发展潜力的人才，实施数字知识更新工程、数字技能提升行动，有针对性地进行专门培训与企业内训，提高其学习融合能力以及增强其专业领域知识水平，转变人才发展路径，增加发展机会，开拓各职能人才的发展道路，有效培养熟行业、通管理、懂技术、善创新的综合型数字人才，为企业数字化战略目标的实现提供人才支撑。

（四）实施"数字领跑人才"工程，以"顶尖"培养"顶尖"

重大技术的飞跃，科技成果的孵化、产业化是数字经济时代积极打造

"四新"经济的最强推动力，可引领带动数字经济发展的数字顶尖人才成为数字经济内生发展的基础。国际市场对数字领域顶尖人才的竞争日益激烈，要注重引育并重。高层次数字人才大多集中在龙头企业、专门研究机构以及高校中，而顶尖数字人才不仅需要具备精湛的专业水平，更要拥有整合各类优秀资源要素实现技术成果产业化的能力，必须依靠产学研整合异质要素、融合优势资源进行联合培养。建议由省委人才工作领导小组办公室牵头，依托河北省院士等ICT相关领域顶尖创新创业人才组建导师团队，建立拔尖人才选拔培养机制，在省内高等院校、高层级科研机构和重点企业中选拔有实力、有培养前途的青年专业带头人作为省级"数字顶尖人才"培养对象，实施产学研联合培养。加强对省级"数字领跑人才"和优秀师生创新团队的稳定政策支持和资金扶持，整合顶尖导师队伍、研发平台载体和技术成果孵化、产业化资源，为"顶尖人才"提供锻炼提升的平台与机会，提高其专业知识、国际视野和市场眼光，全力支持产学研三方共同申请承担国家重大科技任务。依靠"顶尖"合力培养"顶尖"，力争取得一批在数字领域具有影响力的技术成果，实现顶尖数字人才的自主培养，有效支撑河北省数字经济高质量发展。

（五）多层次、多模式加强数字人才平台载体建设，全面聚集数字人才

1. 加强雄安新区国家数字经济创新发展试验区和京津冀大数据综合试验区建设

大力推动雄安新区大数据产业高质量发展，打造我国信息智能产业创新中心和数字经济创新发展引领区；纵深开展与北京、天津数字经济领域的错位融合发展，建设集数字成果创造、研发、孵化、产业化协同发展于一体的京津冀数字信息产业集群。以国家级平台建设为契机，提升京津冀数字经济协同发展水平，促进数字产业链上下游协同创新，加快发展区块链、量子通信等新一代信息技术产业，培育一批数字经济龙头企业，通过引进高能级平台、打造优势产业来深入开展与京津数字人才的交流合作、吸引京津数字人才，从产业基础、创新环境、发展空间、生活宜居等多方位综合施策搭建人

才聚集高地，实现数字人才建设的"马太效应"。

2. 加大基础设施和其他平台载体建设力度

大力支持河北工业大学和54所中2所数字信息技术相关国家重点实验室建设，重点支持中电科13所、中船重工718所、河北师范大学等重点实验室、技术创新中心、科研机构争创国家级科研平台，组建数字领域国家重点实验室体系，以高层级技术平台建设，加强省级重点实验室、技术创新中心等平台建设，提升对高层次数字人才的引进与培养能力。加强与国际国内顶尖企业的合作，聚集各类数字人才。以"数聚河北"工程为标杆，各级政府继续加强与华为、浪潮、中兴、华讯方舟、光启、润泽、富智康等已落户河北的国际国内顶尖企业的合作，持续引进全球数字领域领军企业，"栽下梧桐树"，会聚各类数字人才。加快高速宽带、无缝覆盖、智能适配的新一代信息网络建设，加强云计算中心、大数据平台等的支持与配备，加强5G基础设施建设以及5G技术的多领域应用，使5G发展走在全国前列。通过多层次、多模式建设数字经济平台载体，加快打造创新型数字经济优势集群，以产业集群及产业的极化效应与规模效应聚集更多高层次、能引领和支撑河北数字经济快速发展的优秀数字人才，实现由数字人才"低地""洼地"到"高地""领地"的转型跨越，为河北数字经济高质量发展提供有效的人才支撑和保障。

参考文献

《中共中央关于制定国民经济和社会发展第十四个五年规划和二〇三五年远景目标的建议》，人民网，2020年11月4日，http://cpc.people.com.cn/n1/2020/1104/c64094-31917780.html。

《河北省人民政府关于印发河北省数字经济发展规划（2020—2025年）的通知》，中国政府网，2020年4月19日，http://info.hebei.gov.cn//eportal/ui?pageId=6806152&articleKey=6920365&columnId=6806589。

刘鹤：《加快构建以国内大循环为主体、国内国际双循环相互促进的新发展格局》，《人民日报》2020年11月25日。

B.4
河北省医疗卫生人才队伍建设研究

王艳霞 刘雪辰*

摘 要： 全面推进健康中国建设是党的十九届五中全会提出的重大任务，在疫情防控常态化背景下，加快建设一支能够满足人民日益增长的健康服务需求的高水平医疗卫生人才队伍，是全面推进健康中国建设的关键一环。本报告对河北省医疗卫生人才队伍建设现状进行了调查分析，针对存在的问题，从加大政府财政投入，为医疗卫生人才队伍建设提供保障；加快公立医院薪酬制度改革，提高医疗卫生人才收入水平；全面实施公立医院编制备案制，激发医疗卫生人才活力；降低招录门槛，改进招聘方式，扩大基层医疗卫生人才选拔范围；制定向基层人才倾斜政策，推动医疗卫生人才下沉基层等方面，提出了加强河北省医疗卫生人才队伍建设的对策建议。

关键词： 医疗卫生人才 公立医院 基层医疗卫生机构 全科医生

党的十九大做出实施健康中国战略的重大决策部署，开启了健康中国建设的新征程。党的十九届五中全会提出全面推进健康中国建设的重大任务、重要要求和重大举措，为实施健康中国战略提供了行动指南。医疗卫生人才

---

* 王艳霞，河北省社会科学院人力资源研究所研究员，主要研究方向为区域人才开发；刘雪辰，石家庄人民医学高等专科学校助教，主要研究方向为基础医学、教育学。

是我国卫生健康事业发展的第一资源，是建设健康中国的重要支撑。随着健康中国战略的深入实施，医疗卫生人才的重要性愈加凸显，特别是在抗击新冠肺炎疫情过程中，医疗卫生人才始终奋战在第一线，为保护人民生命安全做出了突出贡献。在疫情防控常态化背景下，全面推进健康中国建设对医疗卫生人才提出了新的更高要求。目前河北省医疗卫生人才队伍建设还存在许多短板，医疗卫生人才不能充分满足人民日益增长的健康服务需求仍是制约健康河北建设的突出因素。因此，加快补齐短板，努力打造一支高素质医疗卫生人才队伍，是今后一个时期加快发展河北省卫生健康事业，全面推进健康河北建设面临的一项重要而紧迫的任务。

一 河北省医疗卫生人才队伍建设成效

本报告中的医疗卫生人才是指执业（助理）医师、注册护士、药师等卫生技术人员以及乡村医生和卫生员等。

（一）医疗卫生人才总量稳步增长

截至2018年底，全省共有卫生技术人员460616人，其中执业（助理）医师211038人，注册护士172831人。每千人口执业（助理）医师2.79人，每千人口注册护士2.29人。与2014年相比，医疗卫生技术人员总量增长了30.98%，执业（助理）医师增长了33.78%、注册护士增长了41.84%，每千人口执业（助理）医师增加了0.97人、每千人口注册护士增加了0.89人（见表1）。2018年，乡村医生和卫生员共72779人，比2014年减少了10740人。在医疗卫生人才队伍中，全科医生数量有较大增长，2018年全省全科医生总数为11292人，比2014年增加了2655人；每万人口全科医生数为1.49人，比2014年增加了0.32人。[①] 总体来看，河北省医疗卫生人才数量呈逐年增长趋势。

---

① 2015年、2019年《中国卫生健康统计年鉴》。

表 1　2014～2018 年河北省医疗卫生人才数量

单位：人

年份	医疗卫生技术人员	执业（助理）医师	注册护士	每千人口执业（助理）医师	每千人口注册护士
2014	351657	157755	121845	1.82	1.40
2015	372648	166872	132839	1.14	0.91
2016	393593	177430	143772	2.46	1.99
2017	425050	191900	158414	2.64	2.18
2018	460616	211038	172831	2.79	2.29

资料来源：根据河北省卫健委提供的数据整理。

（二）高校医疗卫生人才培养力度不断加大

1. 高等院校医学专业招生规模大幅度增加

截至 2020 年，河北省医学本科院校和开设医学相关专业的本科院校共 6 所，分别为河北医科大学、河北中医学院、河北大学、河北北方学院、华北理工大学、承德医学院，2020 年，6 所院校共招收医学相关专业本科生 11059 人，与 2014 年相比增加了 3526 人，增长了 46.81%。具体详见表 2。

表 2　2014 年、2020 年河北省本科院校医学专业招生数

单位：人，%

	河北医科大学	华北理工大学	河北大学	河北北方学院	河北中医学院	承德医学院	合计
2014 年	1396	1141	1221	1375	1200	1200	7533
2020 年	2253	2051	1205	1680	1950	1920	11059
增长率	61.39	79.75	-1.31	22.18	62.50	60.00	46.81

资料来源：根据各校官方网站公布的数据整理。

2. 农村订单定向免费医学生培养工作不断完善

为解决农村医疗卫生人才短缺问题，2010 年国家发改委等部门先后出

台了《以全科医生为重点的基层医疗卫生队伍建设规划》和《关于开展农村订单定向医学生免费培养工作的实施意见》，要求2010～2012年，通过订单定向方式，免费为乡村卫生院培养医学本科生，重点向全科医生倾斜。招录生源以农村学生为主，免费医学生毕业后到有关基层医疗卫生机构服务6年，中央财政支持为中西部每个乡镇卫生院培养一名拟从事全科医疗的本科医学毕业生。河北省免费医学生培养任务由河北医科大学、河北北方学院、华北理工大学和承德医学院承担，2010～2012年4所院校共招收农村订单定向免费临床医学生950人。2015年，教育部印发了《关于进一步做好农村订单定向医学生免费培养工作的意见》（以下简称《意见》），对免费医学生培养模式改革、毕业生就业安排、毕业后教育培训、就业履约管理、职业发展政策措施等提出了具体要求。此后，教育部每年下发相关通知，根据当年各地人才需求计划安排招生。河北省作为中央财政支持的省份，积极贯彻落实教育部《意见》精神，先后确定河北医科大学、华北理工大学、河北中医学院和承德医学院承担全省免费医学生培养任务。2015～2020年，4所院校共招收本科免费医学生778人。为加大农村医疗卫生人才培养力度，从2019年起，河北省开展了免费培养农村订单定向专科医学生工作，选定沧州医学高等专科学校、廊坊卫生职业学院等4所高职院校作为人才培养基地，所需经费由省财政承担。到2020年，共招收临床医学专业专科生572人。定向免费医学生毕业后充实到乡镇卫生院和村卫生室，将在一定程度上缓解农村医疗卫生人才供需矛盾，提升农村医疗卫生服务能力。

（三）医疗卫生人才培训走向制度化、规范化

随着健康中国战略的深入实施，加强医疗卫生人才培训制度建设成为我国卫生健康事业发展的重要内容。国家卫健委等部委相继出台了一系列政策，指导各地建立医疗卫生人才培训制度。河北省积极落实相关政策，先后制定了《关于建立住院医师规范化培训制度的指导意见》《住院医师规范化培训管理办法（试行）》《住院医师规范化培训招生实施办法（试行）》，建立起以三级甲等医院为主的培训体系，使医疗卫生人才培训逐步走向制度

化、规范化。从2016年起，每年招收2000多名住院医师开展规范化培训，到2020年，共培训住院医师10000多人。2017～2020年河北省住院医师规范化培训人数见表3。

表3 2017～2020年河北省住院医师规范化培训人数

单位：人

年份	紧缺专业									其他	总计
	全科	儿科	妇产	精神	麻醉	急诊	病理	重症	小计		
2017	350	130	170	30	50	52	25		807	1204	2011
2018	335	160	190	25	80				790	1210	2000
2019	350	150	190	25	90				805	1245	2050
2020	365	150	190	25	110	30	20	20	910	1165	2075

资料来源：根据河北省卫健委提供的数据整理。

全科医生是农村基层医疗卫生人才队伍的中坚力量，为加快全科医生培养步伐，2016年，财政部、人力资源和社会保障部等部门出台了《助理全科医生培训实施意见（试行）》，提出重点为农村乡镇卫生院培训助理全科医生。同年河北省卫计委等部门下发了《关于印发河北省助理全科医生培训实施方案（试行）的通知》，明确从2016年起，启动助理全科医生培训工作，重点向贫困县倾斜。据调查统计，2016～2020年，全省共培训助理全科医生1550名。

县级公立医院是农村群众看病就医的主要场所，为提高县级医院医疗服务能力和水平，河北省实施了县级医院骨干医师培训项目，该项目以县级医院急需专业或薄弱专科如心脑血管、肿瘤、儿科等为重点，对临床各专业主任医师和有3年工作经历的执业医师进行免费培训，到2018年底，共培训骨干医师3900多名。

通过规范化培训，河北省医师队伍业务素质得到全面提升，基层和部分专业医师短板不断补齐。

（四）京津冀医疗卫生人才交流合作取得阶段性成效

京津冀协同发展战略实施6年来，三地从医疗服务、公共卫生等方面，签订了一批合作协议、建立健全了合作机制、实施了诸多合作项目。一是开展项目合作。截至2019年底,全省400余家医疗卫生机构与京津开展了合作,合作项目突破500个。仅廊坊市就有32家一级以上医院与京津61家医院进行合作(北京50家,天津11家),其中建立医联体医院12家,开展院间合作20家,科室间合作9家,单纯专家坐诊15家。[1] 全省94家医疗机构与京津实现33项检验结果互认,79家实现20项医学影像检查资料共享。京津冀三地医疗卫生正在进入共享时代,越来越多的河北老百姓在家门口就能享受到北京、天津的优质医疗资源。据统计,河北到北京就诊患者已由2013年的940万人次减少到2018年的770万人次。[2] 二是加强人才培养。京津冀医疗卫生人才合作不断深化,通过派驻专家、坐诊会诊、专题讲座、临床带教等方式,为河北培养了一批带不走的医疗卫生人才。三是促进人才交流与合作。2018年,京津冀三地卫生计生部门共同签署《京津冀卫生计生人才交流与合作框架协议》,三地卫生计生部门在人才一体化建设方面搭建起长效协调机制,通过每年召开联席会议,建立联络员制度,加强规划对接,深化务实合作,持续推进京津冀卫生计生人才交流合作。

二 河北省医疗卫生人才队伍建设的短板

近年来河北省医疗卫生人才队伍建设取得了一定成效,但是,人才质量不高、结构不优问题依然严重,人才管理制度与机制仍不完善,突出表现在以下几方面。

(一)医疗卫生人才分布不合理

当前,河北省医疗资源配置还很不均衡,医疗卫生人才过多集中在大城市、大型医疗机构,而基层人才资源储备不足,医疗卫生人才严重短缺。

---

[1] 《廊坊32家医院与61家京津医院开展合作》,《北京日报》2020年11月8日。
[2] 《融入协同大局 书写发展新篇》,《河北日报》2020年9月28日。

从地区分布来看，全省11个设区市医疗卫生人才数量存在较大差别。2018年，河北省医疗卫生技术人员数量最多的是石家庄市，共有82202人，秦皇岛市医疗卫生技术人员数量最少，仅有21893人。石家庄市每千人口执业（助理）医师数为3.42人、每千人口注册护士数为2.97人，这两项指标均高居全省首位，而张家口市每千人口执业（助理）医师数仅2.32人，衡水市每千人口注册护士数只有1.72人，与石家庄市差距较大。2018年河北省各市医疗卫生人才数详见表4。

表4　2018年河北省各市医疗卫生人才数

单位：人，个

地区	机构数	医疗卫生技术人员	执业（助理）医师	注册护士	每千人口执业（助理）医师	每千人口注册护士
石家庄市	7563	82202	37438	32523	3.42	2.97
唐山市	9345	52432	22677	21790	2.86	2.75
秦皇岛市	3485	21893	9695	9248	3.09	2.95
邯郸市	10231	51361	23482	19464	2.46	2.04
邢台市	9405	39706	19902	13393	2.70	1.81
保定市	12687	67264	30808	24091	2.63	2.05
张家口市	6019	23282	10301	8386	2.32	1.89
承德市	4378	24105	10614	9062	2.97	2.53
沧州市	9268	44924	20909	16719	2.76	2.20
廊坊市	6221	29915	13556	10467	2.80	2.16
衡水市	6486	23532	11656	7688	2.61	1.72

资料来源：根据河北省卫健委提供的数据整理。

从机构分布来看，河北省一半以上的医疗卫生人才集中在公立医院，专业公共卫生机构人才数量最少。2018年，河北省公立医院卫生技术人员有236132人，基层医疗卫生机构卫生技术人员有127930人，专业公共卫生机构卫生技术人员有29820人，三类机构的卫生技术人员数分别占卫生技术人员总量的51.26%、27.77%和6.50%（见图1）。随着疫情防控进入常态化，加快专业公共卫生人才培养已成为当务之急。

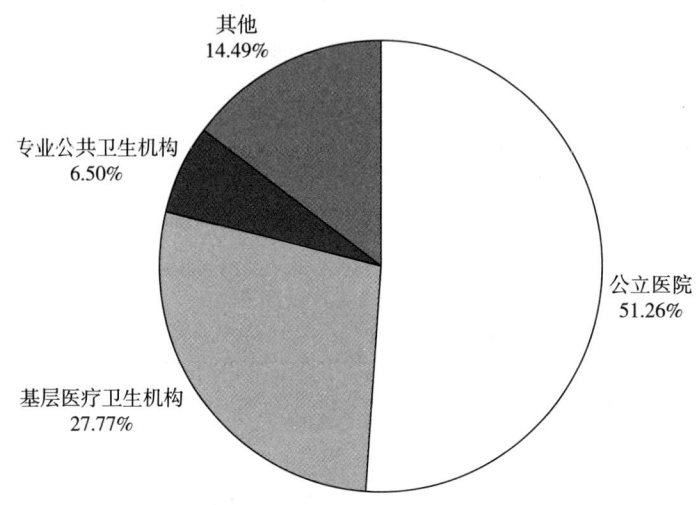

图1　2018年河北省医疗卫生人才机构分布

资料来源：根据河北省卫健委提供的数据整理。

从城乡分布来看，河北省城市医疗卫生人才密度远远高于农村。2018年，河北省每千人口执业（助理）医师数城市为3.8人，农村为2.2人，城市是农村的1.7倍；每千人口注册护士数城市为4.1人，农村为1.4人，城市是农村的2.9倍。① 农村医疗卫生人才不仅数量不足，专业水平也亟待提高。全科医生是农村医疗卫生服务发展的主力军，全科医生密度在一定程度上代表着农村医疗卫生人才队伍的专业水平。近年来，尽管连续开展全科医生培训，但河北省农村全科医生数量仍严重不足。截至2018年，河北省全科医生共11292人，仅是江苏的24%，广东的40%，浙江的43%；每万人口全科医生数为1.49人，比全国平均水平（2.22人）少0.73人，在全国各省排名中位于倒数第7名。② 《国务院办公厅关于改革完善全科医生培养与使用激励

---

① 《中国卫生健康统计年鉴2019》。
② 《中国卫生健康统计年鉴2019》。

机制的意见》提出，到2020年每万人口全科医生数达到2～3名，2030年每万人口全科医生数达到5名，河北省与这一目标还有一定差距。农村医疗卫生人才短缺，严重制约着农村医疗机构的服务能力和水平，导致乡村看病难、就医难，同时增加了城市医院的诊疗压力。2018年，河北省基层医疗卫生机构诊疗人次减少1037.64万人次，而医院总诊疗人数比上年增加1005.15万人次。[①]

（二）医疗卫生人才工作压力大，薪酬满意度低

河北省各级医院的医疗人员普遍存在工作时间长、工作压力大、工资待遇与工作量不匹配等问题。本报告课题组对河北省部分二、三级医院的医生进行了问卷调查，调查结果显示，加班加点已成为绝大多数医生的工作常态，近八成的医生需要加班，其中38%的医生一周加班1～2天，16%的医生一周加班3～4天，23%的医生工作日每天都加班。医生工作时间长，工作负荷大，68%的医生在2020年6月一个月中平均每天工作时间为8～12小时，另有20%的医生超过12小时。医生的工作量与收入不匹配，50%的医生认为收入和工作量不符，另有32%的医生认为严重不符，认为收入和工作量符合的仅占18%。有62%的医生对当前薪资不够满意，30%的医生满意度一般，非常满意和较满意的医生仅占8%。造成医疗卫生人才收入满意度低的主要原因是政府财政投入不足，医疗卫生机构总支出中人员经费占比较小，医疗卫生人才技术劳务性服务收费过低，缺乏合理的薪酬与补偿机制等。据统计，河北省医疗卫生机构总收入中，财政补助收入只占10.97%，而东部地区这一比例为13.91%；河北省医疗卫生机构人员经费支出占总支出的30.76%，占医疗收入的34.47%，而东部地区这两个比例分别为35.37%、42.25%。[②] 近期河北省技术劳务性服务收费虽有所调整，但仍然较低，如张家口市2018年调整后的城市公立医院市级普通医师、副主任医师、主任医师门诊诊察费分别为10元、15元、25元，住院诊察费为

---

① 《中国卫生健康统计年鉴2019》。
② 《中国卫生健康统计年鉴2019》。

17元；一至四级手术价格分别提高10%、20%、35%和55%，看似提升幅度较大，但由于此次调整的医疗服务项目价格的基准价很低（以2002年省物价局、省卫生厅《关于印发〈河北省医疗服务价格改革实施方案〉的通知》为依据），因此，调整后的价格仍不能真正体现医生的技术价值。

（三）医疗卫生机构人员编制数量不足，职称评聘难度大

据调查，河北省各级医疗卫生机构的人才编制数量普遍不足。为解决这一问题，河北省2016年、2018年先后遴选13所、37所公立医院开展创新公立医院人员编制管理试点，探索实行人员使用控制数管理，明确人员使用控制数核定标准，其中一级、二级、三级医院医生与床位比分别按1∶1.4～1.5、1∶1.5～1.6、1∶1.6～1.7的比例核定，控制数人员由原审批编制和新增备案编制两部分人员构成。调查显示，编制备案制较好地解决了试点医院编制不足、供需矛盾突出等问题，但对于全省8万多个非试点卫生计生机构来说，编制不足问题依然存在，县级及基层医院尤为严重。例如，某县级医院床位数由2008年的200多张发展到2020年的800张，但医院编制数却没有随之增加，依然是2008年核定的306人。目前，医院700多位专业技术人员中，一半以上没有编制，其职业发展严重受阻。由于编制的限制，编内人员人浮于事，甚至老化，而编外专业人员难以进入。得不到编制的优秀人才只好另谋他路，导致大量河北医学类硕士流向京津民营医院，而河北一些县级及基层医疗卫生机构却招不到医疗卫生人才。

县级及基层医疗卫生机构编制不足导致高、中级岗位少，基层专业技术人员晋升职称难度很大。由于事业单位实行岗位聘用管理，人员聘任结构由人社部门根据单位人员编制和单位级别核定，并未将编外人员纳入岗位管理的核定总数。卫生系统又实行职称评聘分开，形成职称取得人数多与聘任职数少之间的矛盾，大部分卫生事业单位取得高级职称的人数已经超过聘任职数。越往基层，这种矛盾越大。调查访谈中县级医院普遍反映，由于没有空岗或空岗少，省职改办严格控制职称申报人数。如某县级医院只有一个副高空岗，却有9人待聘，因此，该医院2020年获得的参评副高级职称的申报

名额只有6个，而符合副高申报条件的卫生技术人员却多达30人，随着时间的推移，这一矛盾会更加尖锐。职称评审受限，使部分科室出现高级专业人才青黄不接，甚至断档现象。由于职称聘任与个人利益直接挂钩，无法取得职称资格或取得资格不能聘任，直接影响到专业技术人员的工作积极性，这也成为基层卫生单位人员流失的原因之一。

（四）医疗卫生人才招聘难、引进难

医疗卫生人才招聘难、引进难是河北省县级医院及基层医疗卫生机构长期面临的困境，主要表现在以下几点。一是人才招聘成功率低。目前各地人才招聘均由市（县）人社部门统一组织，县级医院没有选人、用人自主权，医院看上的人进不来，公开招录的人用不上。许多优秀医学毕业生把县级医院作为"底牌"，通过公开招聘与医院签订聘用合同后，再转投其他地市级医院的现象时有发生。由于违约成本过低，违约率居高不下，公开招聘过后医院又无法自行补录，造成县级医院编制的浪费。二是报考人数不足。与县级医院相比，乡镇卫生院更加缺乏人才吸引力，在医疗卫生人才公开招聘过程中，市（县）人社部门尽管降低乡镇卫生院岗位报考条件，如学历要求由本科降至大专，开考比例由1:3调整至1:2，但有些职位如影像诊断、麻醉、检验等报名人数依然达不到要求，不得不取消该职位的考试。三是柔性引才效果不佳。医疗卫生人才下沉基层是河北省医联体建设的主要内容之一，但由于大型医院的医务工作过于繁忙，对口帮扶的医师无法长期驻守在县医院和基层，有的每周只能坐诊一次，不能有效解决基层群众就医难、看病难问题。基层医疗卫生人才招不来、引不进、留不住，成为河北省推进分级诊疗制度建设的主要障碍。

三 加强河北省医疗卫生人才队伍建设的对策建议

（一）加大政府财政投入，为医疗卫生人才队伍建设提供保障

当前，医药卫生体制改革已经到了一个重要节点和关键时刻，落实政府

对公立医院的投入政策成为深化公立医院综合改革的重要内容。随着新医改的不断深入,河北省公立医院已全部实施了药品零差价销售,全面取消了医用耗材加成,而药品和耗材收入一直是公立医院的主要收入,"以药补医"机制的破除,使公立医院失去了重要收入来源,加之新冠肺炎疫情发生以来,各级医疗机构全身心投入疫情防控,从人力、物力、财力各方面都付出很多,尽管很多地方政府财政也给了大力支持,但仍然难以弥补因为病员大量减少带来的业务收入损失,很多公立医院遭遇发展困境,甚至陷入债务危机,严重影响了医疗卫生人才的收入水平,医疗卫生人才培养、培训经费更是捉襟见肘。要破解公立医院改革发展困境,使其真正实现公益性,就要强化政府办医主体责任,落实政府财政对公立医院的投入责任,确保财政对公立医院的投入逐年增长,增长幅度不低于财政支出的增长幅度。一方面,省财政要设立专项资金,加大投入力度,不断提高财政补助收入在医疗卫生机构总收入中的比例,确保医药卫生体制改革深入推进。另一方面,要加大落实政府投入的责任,省政府可参照其他省区市的做法,出台"关于完善公立医院综合改革政府投入政策实施意见",明确政府财政投入的内容及方式,主要包括基本建设投资、大型设备购置经费、符合国家规定的离退休人员经费、人才培养经费、重点学科发展经费、承担公共卫生任务和紧急救治、支边、支农等公共服务补助经费等,明确各级政府承担的责任及投入比例,确保政府投入政策的权威性和可操作性。与此同时,出台"关于加强公立医院债务化解及管理工作的意见",破解公立医院发展的债务问题,保持全省公立医院持续健康发展,为医疗卫生人才队伍建设提供有力保障。

(二)加快公立医院薪酬制度改革,提高医疗卫生人才收入水平

河北省要创造性地落实习近平总书记关于"两个允许"的重要指示,允许医疗卫生机构突破现行事业单位工资调控水平,允许医疗服务收入扣除成本,并按规定提取各项基金后,主要用于人员奖励。要在总结全省试点公立医院改革经验的基础上,全面推行公立医院薪酬制度改革,建立现代医院薪酬制度。一是全面实施院长年薪制。按照河北省《关于进一步深化公立

医院综合改革的指导意见》，院长年薪标准以本院职工年均薪酬的3倍为宜，实行动态调整，院长年薪纳入同级财政支出，真正实现医院院长责权利相统一。二是建立符合卫生行业特点的绩效工资制度。要积极探索公立医院绩效工资总量核定办法，将绩效工资总量核定、调整与医务性收入占比挂钩。要提高医务人员经费支出占总支出和业务支出的比例，使之尽快达到东部地区水平。要加大二次分配比例，可借鉴重庆市经验，研究制订河北省事业单位二次分配管理意见，提高二次分配经费占公立医院净收入的比例。建议公立医院拿出医院收支结余的50%进行二次分配，重点奖励临床一线、关键岗位、业务骨干和做出突出贡献的人员。三是推行多元化薪酬支付制度，通过"养老保险＋职业年终奖""商业保险＋职位补助"等多种薪酬支付制度，从根本上增加医务人员的收入，并通过多种补助的方式，提高优秀医务人员的工资水平。

（三）全面实行公立医院编制备案制，激发医疗卫生人才活力

目前河北省公立医院编制备案制管理试点工作已取得一定成效，要在总结试点经验的基础上，加快推进公立医院编制备案制，赋予医院用人自主权，激发医疗卫生人才活力。一是在二级及以上医院全面实施编制备案制，根据河北省《关于创新公立医院人员编制管理试点的意见》和《关于扩大创新公立医院人员编制管理试点的通知》有关规定，按照医院床位数核定人员控制数，实行动态调整机制。要逐步统一审批编制和备案编制两部分人的身份，对审批编制人员"退休一个，核减一个"，最后达到全部实施备案制管理的目标。与此同时，要改革政府财政对公立医院的投入方式，目前河北省政府财政对公立医院编制方面的投入只考虑审批编制人员，随着时间的推移，审批编制人员会越来越少，但政府财政投入不能缩水，相关部门要抓紧研究制订与编制备案制相适应的财政投入政策，尽力减少公立医院的压力。公立医院对审批编制和备案编制两部分人员在岗位设置、收入分配、职称评定、管理使用等方面要给予同等待遇。鉴于当前两部分人员在养老保险方面还存在差异（审批编制人员享受事业单位职工养老保险，备案制编制

人员享受社会养老保险），建议通过为备案制人员增加企业年金的方式缩小差距；实行编制备案制管理的人员退休后可享受事业单位养老保险同等待遇，社会养老保险与事业单位职工养老保险之间的差额部分由各级财政予以补助。二是赋予公立医院用人自主权。实施编制备案制管理后，公立医院可以根据单位用人需要，自主制订人才招聘方案，报主管部门核准后，面向社会公开招聘医疗卫生人才。公立医院招聘高层次人才和紧缺专业人才，可采取直接考察的方式组织，并按相关规定公示招聘结果，并报同级人社部门核准。要改变公立医院用人管理方式，变固定用人为合同用人，变身份管理为岗位管理，解决长期以来编制内外人才身份、待遇不平等问题，促进优质医疗卫生人才的合理流动和多点执业。

（四）降低招录门槛，改进招聘方式，扩大基层医疗卫生人才选拔范围

鉴于基层教育水平相对较低，医疗卫生人才学历水平不高，人才供给缺口较大，为增加基层医疗卫生岗位公开招考报名人数，建议适当放宽人才招聘条件。对乡镇卫生院放开考生户籍、年龄等限制；为引进成熟实用型医疗卫生人才，对退休医务人员、取得执业医师资格和中级以上职称的，不做学历要求，并实行直接考核招聘入编；对全科、放射、影像、心理健康等基层急需、紧缺、实用型专业技术人员放宽学历要求，最低放宽至中专。改进基层人才招聘方式，采用定向招考方式，增加本地医疗卫生人才的招聘比例，有效解决留人难问题；采用单独招考、直接考察等方式，招聘在基层医疗卫生机构工作达到一定年限的编外人员，为其解决编制问题；对于基层急需的高层次医疗卫生人才，可特设基层高级岗位，直接聘用，以职称吸引人才。对放宽条件招聘的人员约定最低服务期限，并明确违约责任和相关要求，提高违约成本，以保持基层医疗卫生人才队伍的稳定。此外，河北省及各地市人社部门应积极组织县级及基层医疗卫生机构参加京津冀医学院校人才招聘会，通过免笔试、设置定向岗位等倾斜政策，主动招揽所需专业人才，切实解决县级医院和乡镇卫生院人才招聘难的问题。

（五）制定向基层人才倾斜政策，推动医疗卫生人才下沉基层

一是创新基层医疗卫生人才收入分配机制。鉴于当前河北省基层医疗卫生机构收入水平普遍低于当地其他事业单位，人才引不来，留不住，为提高基层人才吸引力，建议大幅提高基层医疗卫生人员绩效工资收入，基层医疗卫生机构可按当地事业单位平均绩效水平的2~3倍核定绩效工资总量，当地区县财政对所需经费要给予全额保障。允许基层医疗卫生机构自主确定奖励性绩效工资和奖金分配办法，合理拉开收入差距，体现多劳多得。要坚决杜绝区县卫生健康部门截留、挪用乡镇卫生院、农村卫生室财政拨款，保障乡、村医疗卫生人才工资、奖金按时足额发放。在此基础上，要不断增加基层补助、津贴种类，持续提高补助、津贴标准，逐步使基层医疗卫生人才收入达到县级医院同职级人员水平。此外，河北省可借鉴俄罗斯经验，制订"乡村医生"计划，设立乡村医生专项资金，对于具有医学专业大学本科、大专学历者，签订自愿到乡镇卫生院或农村卫生室服务5年合同的，分别给予5万元、3万元一次性资助，资助经费分别由省、市财政各承担50%，以此吸引医疗卫生人才到农村发展。二是职称评聘向基层倾斜。要研究制定"河北省基层卫生专业技术人员职称评聘办法"，在评价标准方面，降低乡镇卫生院、社区卫生服务中心（站）专业技术人员工作年限，中级资格考试可提前一年；通过中级资格考试的基层全科医生，不受岗位限制直接聘任；获得基层中级职称之后，继续在乡镇卫生院或社区卫生服务中心（站）工作10年的，可直接评定为副高级职称。把基层卫生技术人员的医风医德、看病数量、病案分析、医疗服务水平质量等作为评价的重要内容，取消论文、科研等申报要求。在评价方式上，可单独设立基层职称评审委员会或评审组，实行"定向评价、定向使用、定向聘任"。单独设立基层卫生专业技术高级职称，增加乡镇卫生院、社区卫生服务中心（站）高级职称比例，吸引高层次人才到基层发展。在人才聘用上，要向全科医生倾斜，对于具有高中级职称的全科医生，引进时可不受学历、资历和岗位的限制，长期在基层工作的全科医生评定基层高级职称后，可不受本单位岗位结构比例限制直

接聘用。三是加大全科医生培养力度。在继续实施国家订单定向本科医学生免费培养项目的基础上，持续实施河北省高职院校农村订单定向专科医学生免费培养项目，根据实际需要，不断扩大人才培养规模。要将定向免费医学毕业生全部纳入全科专业住院医师规范化培训、助理全科医生培训范围。四是健全对口帮扶机制。要逐步健全医联体内三级医院与县级医院对口帮扶机制，派驻帮扶团队，常驻开展对口帮扶服务，鼓励医联体内部基层医疗机构选派专业技术人员到上级医院进修学习。要把医师下基层服务作为其职称晋升的必要条件，推动医师下沉基层；加快推进县域医共体建设，在医共体内建立人才柔性流动机制。此外，还可借鉴邯郸"健康小屋"模式，由二、三级医院专家组织团队到社区卫生服务站和乡镇卫生院建立"健康小屋"，并以专家名字命名，方便社区及农村患者就近得到较好医疗服务，同时分期分批为基层全科医生提供系统、专业培训，有效提升基层医疗卫生服务水平。

参考文献

《六部委联合印发〈以全科医生为重点的基层医疗卫生队伍建设规划〉》，医学教育网，2010年4月1日，https：//www.med66.com/new/322a1290a2010/201041yuchan215447.shtml。

《河北省省委省政府出台〈关于进一步深化公立医院综合改革的指导意见〉》，河北改革网，2016年7月14日，http：//www.hbsrcr.com/index.php？m＝content&c＝index&a＝show&catid＝13&id＝456。

《省编委办等五部门印发〈关于扩大创新公立医院人员编制管理试点的通知〉》，衡水市机构编制网，2018年10月19日，http：//www.hebjgbz.gov.cn/hsjgbz/gzdt/101539630356876.html。

王艳霞：《引导人才向艰苦边远地区和基层一线流动》，《中国社会科学报》2020年7月15日。

方鹏骞：《多措并举破解基层医疗卫生人才短缺之困》，《人民论坛》2020年第10期。

王建强、苏静：《基于公益二类事业单位实行编制备案制的思考——以公立医院为例》，《产业与经济论坛》2020年第7期。

谢春鹰、袁鑫：《重庆市卫生人才队伍建设的探索》，《中国卫生人才》2017 年第 2 期。

张光鹏：《卫生健康人才发展 70 年》，《中国卫生人才》2019 年第 10 期。

王敏、黄显官：《我国医疗资源下沉及运行机制的对策研究》，《医学与法学》2017 年第 3 期。

人才培养篇

Reports of the Cultivation of Talents

B.5
河北省新建地方本科院校创新人才培养模式研究
——以邯郸学院为例

金光华*

摘　要： 国家经济腾飞、社会财富持续增长离不开人才尤其是创新型人才。高等教育的新生力量——新建地方本科院校承担着培养和造就适应地方经济发展的高素质创新型人才的艰巨任务。本报告以邯郸学院为例，系统分析新建地方本科院校在创新人才培养过程中的现状和存在的问题，从加大经费支持力度，提升硬件环境，提升创新人才的培养层次，壮大师资力量，完善其知识结构，强化创新创业理论研究，完善创新课程体系，开发和建设创新创业实践基地，提升创新成果的竞争力等方面，提出提升新建地方本科院校创新人才培养水

---

* 金光华，邯郸学院教育学院心理系副教授，主要研究方向为高等教育、教育心理学。

平的对策和建议，为河北省人才发展提供可资借鉴的教育改革经验。

关键词： 新建地方本科院校　人才培养　河北省

创新推动民族进步，创新促进国家繁荣，继党的十八大做出了实施创新驱动发展战略的重大部署之后，党的十九届五中全会上习近平总书记再次明确指出要坚持创新在我国现代化建设全局中的核心地位，并且把创新能力显著提升作为"十四五"时期经济社会发展的主要目标和衡量标准之一。目前我国经济社会发展不平衡、不充分的问题仍然突出，其中面临的一大挑战就是创新能力不适应高质量发展的要求。对此，有效的解决途径就是加强创新型人才的培养。

人才培养靠教育。面对时代的呼唤和要求，深入开展高校教育改革，迅速提升大学生的创新创业水平，已经成为当前和今后一个时期高等教育发展的首要任务。新建地方本科院校原本就是为了服务和支撑地方经济发展而建立的，因此应该为培养有地域特色的高素质创新型人才出力。

一　河北省新建地方本科院校创新人才培养现状

经过多年发展，新建地方本科院校的办学规模已经基本形成并稳定下来，到2020年，河北省新建地方本科院校将近50所，分布在全省11个设区市。这些学校，正在以立足当地经济建设、谋求特色发展、积极进取的姿态为高等教育人才的培养发挥着重大作用。下面以邯郸学院为例，对新建地方本科院校在创新创业教育过程中的现状进行阐述，分析存在的不足和原因，探寻改进措施，为河北省人才建设提供一定服务。

（一）科学定位发展目标与方向

高校发展的目标与方向正确与否取决于定位是否准确。河北省的战略发展目标之一就是"由教育大省向教育强省、人力资源大省向人力资源强省转变"。作为河北省高等教育的重要组成部分,新建本科院校人才培养的定位问题,将直接关系到河北地方经济和社会的发展。

河北省新建本科院校结合自身的办学基础和学科优势,已经陆续完成了发展目标和方向定位质的转变。在办学层次上,以本科为主,实现了从专科人才培养向本科人才培养的转变;在办学性质上,在保持过去优势专业的基础上由原来的单一性学科向多学科性、综合性学科过渡,同时积极打造特色专业;在学生的培养目标上,立足于区域经济建设和发展,强力打造本土化的人才,以满足地方行业、企业生产、服务和管理岗位的需求,以地方支柱产业为依托,提高学校产学研合作能力。

作为新建地方本科院校,邯郸学院是邯郸市唯一一所以师范类专业见长的全日制普通本科院校。因此,充分发挥师范类人才培养的优势,以各级各类师范型人才培养为中心和依托,辐射文史、理工、艺术、体育等多学科、多层次、多领域的人才培养是邯郸学院的办学方向和特色。

2004年邯郸学院经教育部批准升格为本科院校。升本以来,邯郸学院坚持"立足邯郸,服务社会,承文育师,融导产业"[①]的服务定位,全面实施"创和谐环境,抓内涵建设,重协同创新,走特色之路"[②]的基本战略,结合区域经济社会发展对人才需要的特殊性以及学院的办学基础,以立德树人为根本任务,积极培养各类应用型人才,努力为河北经济发展提供人才储备。发展到2019年,已经建立了近20个学院,本科层次的专业达到了57个,学科门类比较齐全,是冀南大地高等教育人才培养的重地。现有教职工1055人,专任教师758人,其中教授、副教授占38.52%,博士、硕士占82.06%。全日制本专科在校生14790人,成人学历教育在籍学生8994人。学院累计已经培养各类人才超过10万人,特别是培养和培训了河北省90%以上的特教师资、邯郸近70%的基础教育师资、80%的学前教育师资、

---

① 邯郸学院科研处编《邯郸学院》(内部刊物),2019,第1~2页。
② 邯郸学院科研处编《邯郸学院》(内部刊物),2019,第1~2页。

60%的中小学校长，邯郸学院已名副其实地成为邯郸市及周边省、市、社区各层次教师的孵化基地。

（二）积极组建创新创业机构及师资队伍

1. 创新创业机构

规范有活力的创新创业教育活动的开展，需要强有力的专业机构的支持、引导和管理。在不断把创新创业教育改革向纵深推进的过程中，河北省共有9所高校走在前列，被教育部评为示范高校，这些学校基本上都有自己独立的创新创业指导中心、创新创业学院、"大学生创业孵化园"等专门的机构。

与这些示范高校相比，新建本科院校的创新机构建设虽然有一定的差距，但也在积极组建中不断丰富起来。如唐山师范学院建立了大学生创新创业协会；邢台学院成立了创新创业教育学院，并在该学院的指导和管理下成立"守敬星空"众创空间，通过与地方政府、行业企业合作为广大师生创新创业提供平台；衡水学院2018年创业孵化园（众创空间）正式开园，引进项目同时鼓励师生大胆进驻园区，或开展科研工作，或进行实训活动，并且提供全指导和服务，极大地提高了师生创业的积极性。这些都是新建本科院校在创新之路上的积极探索。邯郸学院虚心借鉴示范高校的经验，积极推进本校创新创业机构的建设。2016年建立了创新创业教研室，隶属教务处，对全校大学生的创新创业教育活动进行教学管理。此外，建立了大学生创业基地——"创客空间"。在创客空间内注册运营的公司数量不断增加，2020年完成签约开始正式运营的已达5家，这些机构的入驻有力地推动了邯郸学院创新创业教育活动的进程。

2. 师资队伍

教师是人才培养的重要保障，创新创业教育的蓬勃开展无疑对高校教师提出了较高的期望。河北省新建本科院校的创新创业教师，大部分是在升本后引进的高级人才。原有的师资理论教学经验丰富，实践经验匮乏，学历层次不高，而引进师资在实践经验上有了很大的提升，学历层次较高，但是普遍教学经验不足。邯郸学院的创新创业教研室经过不断的建设和完善，现有任课教师30余名，分别来自各个专业院系，硕士研究生学历的人数达100%，博士研究生人数约6%，高级职称教师占比接近50%，年龄跨度在27~52岁，总体来看，有年轻且学历层次较高的特点。多数教师没有创业经历，实践经验普遍不足，创新创业的教学多是在课堂上进行演示。为此，邯郸学院一方面与企业联合建立创新战略联盟，聘请省内外知名双创专家进校做现场指导和培训，以讲座形式交流经验，使创新创业教育专任教师的综合素质在较短时间内得到迅速提升。另一方面着力培养现有教师。分期分批送教师外出进修提升，到企业和合作机构进行顶岗锻炼。截至2017年，邯郸学院赴行业、企业、政府机关脱产挂职锻炼或担任技术顾问的有61人，到企业、事业单位实践锻炼的有204人。在一定程度上改善了师资队伍数量不足、实践经验缺乏的现状。

（三）灵活设置教学评价体系

教学评价的目的是严格把关培养的学生的质量，同时也为了检验教学效果的优劣。科学规范、灵活多样的评价模式对优质创新课程的推进、学生学习积极性的维护、教学质量的提升都有着重要意义。

省内新建地方本科院校在培养和提升大学生创新素质的过程中，对评价模式尤其重视，具体表现在，对学习过程的关注胜于对学习结果的关注，重视多样综合性考核胜于传统单一的闭卷笔试考核，这些评价模式的革新基本上保证了考核的全面性和客观性。邯郸学院在教学评价体系方面也不断积极探索，逐步建立了形式多样的立体评价模式——"N+2"的考核模式。"N"是指学生的平时成绩，由任课教师根据课程需要设计至少包括3项以上的多样灵活的考核内容，要求每项辅以详细的评定标准。常用的考核方式有案例分析、专题文献综述、前沿研究小论文、个人反思、调查报告、小组情境表演、影视角色分析等多种形式。由于对N的设置类型、数量和形式不做过多条框限制，极大地发挥了教师的自主性和创新性，学生在完成这些平时作业的同时其创新思维也得到了训练和提升。

"2"包括期中和期末成绩。期中成绩以学习笔记为主；期末成绩主要是期末的考试或综合评定成绩，一般对考核中的理论与应用性题目有一定的比例规定。实践证明，"N+2"的考核模式，在促进学生素质提升方面有着明显的成效。

（四）合理构建创新课程体系

专业通常表现为一系列课程的组合，专业的设置往往体现了一个高等学校人才培养的类型和层次定位。培养创新人才，重点在于构建合理的创新课程体系。

河北省9所创新示范高校均在不同学期开设多门与创新创业教育相关的选修或必修课，在通识课中的占比相对较高，一门课程约2学分，创新课程体系相对比较完备。邯郸学院首届开设创新创业概论课程的是2015级本科学生，自此逐年丰富完善。在借鉴其他高校创新创业教育经验的基础上走出了自己的特色之路，目前主要设置了"规定+自由"双轨结合的创新课程模式。"规定"是指学院教务处在本科培养方案中设置了创新创业平台，该平台包括两个系列的多门课程，这是对各二级学院全体学生的双创课程做出的规定性必修要求。"自由"则是各二级学院在完成"规定"部分之外自主设置的本专业创新课程体系。总体来看，创新创业系列课程均已达到或超过4门，学分达到或超过6分。具体信息见表1。

表1　邯郸学院创新创业课程设置信息

单位：门，分

	"规定"课程		"自主"课程			
	创新创业能力系列	素质拓展系列	文史类学院	理工类学院	艺术体育类学院	教育学院
开课门数	1	2	1	1~2	2	1
学分总数	2	3	1	1~2	2	2

资料来源：由邯郸学院提供数据整理。

除了对创新创业系列课程做出明确要求外,邯郸学院对全部专业课程也进行了创新内容的渗透。例如,每一门专业课程,任课教师需要按照1学分对应8~9个课时的比例安排学生课下的自主学习任务,形式不限。目前已有阅读文献、验证性实验、拓展性小论文、读书沙龙、调查报告等多种不拘一格的自主学习形式或内容,学生们从形式多样的拓展安排中体会到探索的乐趣、思考的力量,促进了创新思维的发展。另外,每门专业课在教学文件的编制过程中,任课教师需要将教学目标分解为知识、能力、文化素质三项,并且要求结合授课内容进行创新创业教育设计,这些措施很好地推进了创新创业教育活动的开展。示例见表2、表3。

表2 "社会心理学"课程目标示例(节选)

序号	内容单元	知识目标	能力目标	文化素质目标
01	总论	掌握社会心理学的性质、科研方法、发展历程	把握学科特色	树立科学辩证唯物主义世界观,培养务实、独立的科研精神
02	社会化	掌握社会化、自我意识特征、影响因素	运用相关知识助人助己,适应社会	学习悦纳自己、适应世界,做遵纪守法的合格公民

资料来源:邯郸学院应用心理学本科"社会心理学"课程标准。

表3 "社会心理学"课程内容示例(节选)

序号	内容单元	基础性内容	提高性内容	拓展性内容		
				深度拓展	宽度拓展	创新创业规划设计
01	群体心理	社会助长与社会惰化的概念、特点	克服社会惰化的策略、去个性化出现的情景条件	典型群体心理产生的机制	分析群体心理带给社会和个体的影响	1. 从事社会机构及学校的心理咨询工作。2. 创建人际沟通技能指导和培训中心。
02	大众心理	流行、流言的概念、分类	流行产生的心理因素、流言制止策略	流行的社会作用、流言的价值	如何科学引导流行、流言	3. 创建流言控制中心,助力安定团结

资料来源:邯郸学院应用心理学本科"社会心理学"课程标准。

（五）积极搭建双创实践平台

创新创业教育是一个系统的工程，不是一个学校、一个部门能够单独完成的，它不仅需要学校内部各相关部门的配合、各相关专业的协同，更需要学校与社会相关行业的全方位联合。因此，高等学校的人才培养必须适应社会需求，无视时代发展和社会需求就会造成人才的巨大浪费，甚至会危及高校自身的生存和发展。双创人才的培养尤其需要体现应用性，因此实践平台建设必不可少，这是培养具备创新精神的高水平人才的必由之路。

河北省新建本科院校在国家投入资金不足、其他融资渠道少、自身在资金方面的造血功能差的困难条件下，努力挖掘各种可用资源和开发各种渠道，逐步完善双创实践平台的搭建工程。如石家庄学院、保定学院、廊坊师范学院等围绕当地优势产业的需求创办新兴应用型专业，保证了专业发展与实践基地的充分互助。衡水学院、保定学院、河北民族师范学院、唐山学院等利用学校的专业优势积极进行技术推广和技术成果转化，既帮助企业解决了部分制约区域经济发展的问题，又给师生创造了展示创新才能的平台和机会。邯郸学院则是依托地方文化进行建设，充分开发地方特色，在挖掘地方优秀文化资源、推动文化传承创新的过程中实现了有地方特色的实践合作。先后成立太极拳研究推广中心、中国高校首家太极文化学院，走出了一条传承创新太极文化之路，也为学生搭建了一条实践创新之路。除此之外，邯郸学院在大学生创新实践平台的搭建过程中，一方面，将学校已有的创新实验室资源向全体学生开放，指导学生选择自己感兴趣的实验题目进行验证或创新型实验，在实验中促使学生思维得到发散性成长、观察力大大提升，逐渐培养起学生对未知世界的积极探索精神。另一方面，创建了学校和企业联合指导毕业设计的新模式，这种毕业设计环节，有力地促进了学生毕业设计与生产实际课题的结合，提高了学生创新性解决问题的能力和水平，实现了毕业就能上手操作的培养目标。为了拓宽实践渠道，邯郸学院不仅积极与校外机构接洽，还先后与东软集团、国际数码及嵌入式技术认证机构、IBM 公司、奇虎360、中国科学院、清华万博等国内外一流大企业和科研机构建立了联系，开展了层次不等的一系列合作，还借京津冀一体化发展的东风，加强了与京津两地重点高校的交流与合作，先后与中国科学院、北京邮电大学、北京语言大学、北京化工大学等国内外一流科研机构、高校建立了不同层次的交流与合作，为学生开展创新创业活动搭建了更多的实践平台。

（六）有效提高创新创业竞赛活动学生参与度

创新创业教育活动的开展虽然需要教师的正确引导，但参与的主体是学生。在双创促发展的战略部署下，学生参加各类创新创业大赛的积极性和参赛成绩将直接显示出学校创新创业教育工作的水平和层次。

河北省自2015年举办首届"互联网+"大学生创新创业大赛以来，参与的高校逐年递增，报名参赛的学生作品数量从2015年的739项增至2020年的52000项，每年以一万多项的速度递增，这反映出省内大学生参与创新创业竞赛的积极性，同时也反映出各高校对此项比赛的重视程度。邯郸学院学生在专业教师的指导下，积极参与国家、省、市各级举办的创新创业活动竞赛，启动智慧、发挥特长，并获得良好的成绩。近年来邯郸学院参赛的获奖情况见表4。

表4 2008~2020年邯郸学院参加省市国家级创新创业竞赛成绩（部分）

单位：项

奖项	邯郸市创新创业大赛	河北省"挑战杯""创青春"系列大赛	国家级各专业创新大赛
特等奖/金奖		5	
一等奖	5	9	1
二、三等奖	8	77	6
合计	13	91	7

资料来源：由邯郸学院提供数据整理。

为了调动学生参加国家级、省市级创新创业竞赛的热情和积极性，邯郸学院创办了自己的"邯郸学院互联网+大学生创新创业大赛"，2017~2020年已经连续举办四年。学生的参与热情逐步提高,创新意识和创新能力得到极大提升。同时,经过学院层层选拔脱颖而出的创新作品,走出校门角逐省赛和国赛的竞争力也逐年提升(见表5)。对校内获奖项目的专业信息数据分析比较结果显示,创新创业活动的参与群体存在专业差异。理工类的创新项目在参与数量和获奖数量上都显著高于文史类和艺体类,教育类获奖数量最低,专业参与的不平衡性极为突出(见表6),这也提醒我们,在今后创新型人才培养上要重视学科的均衡发展。

表5 邯郸学院"互联网+大学生创新创业大赛"获奖项目信息

单位:项

届数(年份)	一等奖	二等奖	三等奖	合计
第一届(2017年)	16	21	20	57
第二届(2018年)	31	30	31	92
第三届(2019年)	12	30	72	114
第四届(2020年)	8	15	95	118

资料来源:由邯郸学院提供数据整理。

表6 邯郸学院"互联网+大学生创新创业大赛"获奖项目专业信息比较

单位:项

届数(年份)	获奖项目总数	文史类项目数	理工类项目数	艺体类项目数	教育类项目数
第一届(2017年)	57	2	47	5	3
第二届(2018年)	92	18	56	13	5
第三届(2019年)	114	26	70	14	4
第四届(2020年)	118	30	62	16	10

资料来源:由邯郸学院提供数据整理。

二 河北省新建地方本科院校创新型人才培养存在的问题及原因分析

高等教育大众化打破了传统的精英化培养模式,这为新建地方本科院校的发展带来了广阔的生机。当前新建地方本科院校的办学规模已经基本形成并稳定下来,人才培养也取得了一定的成绩,但在创新型人才培养过程中还存在一系列问题和短板,亟待研究和解决。

(一)办学资源不足

"省市共建,以市为主"是新建地方本科院校的办学特色,投资主体多为地方政府,受各地经济发展不平衡的限制,在投资力度上无法与老牌本科院校媲美,表现为学校在高层次人才的引进和安置、办学规模的提升方面能力不足,在教室和实验室的建设、实验器材的配备等硬件设施的完善方面也严重不足。

另外,这些学校一般建校时间短,文化氛围不够厚重,虽然有过去的优势学科做引导,但是本科教育的办学经验不足、办学力量普遍薄弱。教师的教学理念和教学方法、招收学生的层次和素质、学科建设等方面都不能满足当前的教育需要,尤其是制约了对创新型人才的培养。

(二)创新人才的培养层次不高,竞争力欠缺

2016年和2017年教育部共公布了200所"深化创新创业教育改革示范高校"名单,河北省的高校入选数量只有9所,新建地方本科院校榜上无名,这表明河北省新建地方本科院校在创新创业教育方面的竞争力还远远不够。如邯郸学院,其创新创业教育工作虽然已经蓬勃开展,但与办学历史悠久的老牌本科院校相比,培养的人才层次还不高,竞争力还不强。主要表现在学生的创新理念略显陈旧,创业的主动性略差,创新创业作品的科技含量低,作品设计无特色等方面。究其原因,一是思想认识和重视程度不足。进行创新创业教育,就是对大学生社会责任感和创新活力的教育,因此应当作为一种终身教育去实施,认识不到这一点,创新创业教育的结果必然呈现短视状态。邯郸学院大学生在求学期间创办的公司大多停留在生存型创业层面,科学技术含量低,没有充分挖掘邯郸地域优势开展特色创业;另外,随着学生毕业离校,最初辛苦创办的公司也就关门结束,这样的事件连年发

生，体现出学校在创新创业发展的持续性上没有给予足够的重视。二是办学底子薄弱。邯郸学院在师范类人才教育理论研究方面的积累比较雄厚，但在培养应用型人才方面还处于发展初期，在经费、师资队伍、办学硬件和管理经验等方面均存在严重不足，这限制了人才培养层次的提高。三是多头领导，力量分散。邯郸学院与创新创业教育相关的工作分别隶属于教务处、学工部的团委和各二级学院，由于没有一个综合机构进行统一协调管理，造成了各部门之间信息割裂、重复建设等人力、物力、财力的浪费，创新人才的培养无法达到最优化。

（三）师资力量不足，知识结构不合理

教育的关键在教师。搭建一支知识结构合理、人员稳定、年龄和职称有梯度分布的教学团队是推动双创教育开展的不竭动力。

河北省新建地方本科院校的前身均为专科层次，专科人才的培养以注重学生的应用能力为主，这与培养本科学生理论与应用并重的办学理念有一定的差距，长期的专科教学工作造成教师们习惯化的教学模式、思维习惯、教学方法，这些改变起来有一定的难度，对一些老教师来讲尤其困难。用专科全套模式应付本科教学已经成为制约这些地方本科院校人才培养的主要因素。

师资力量不足、任课教师知识结构不合理，在新兴的创新创业教育中表现得更为突出。一是缺少专职稳定的教师队伍。学校中从事创新创业教育的教师基本上是来自各专业的兼职教师，他们在各自的院系中还承担着繁重的专业课程教学任务，甚至还担任了行政事务，所以工作开展不够连贯，人员流动比较频繁。另外，教研室在管理上比较松散，没有活动专项经费和固定的教研室活动规划，难以培养有凝聚力的师资队伍。二是教师实践经验不足。如邯郸学院脱胎于师范专科学校，2004年升本后大量引进高学历教师，但是这些新引进的人才理论基础雄厚，创业实践经验不足，少数拥有创业经验的骨干力量很难改变大局。全校具备双师型资格的教师总数超过50%，但是真正把双师型技能落实到工作中的人数不足10%，远

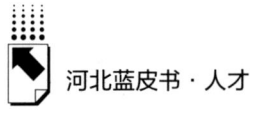

不能满足培养创新型人才的需要。三是校外教师资源不充足。虽然一些地方院校从校外聘请了专业技术人员担任客座导师，但每年外聘导师的人数基本维持在个位数，相对于一万多名大学生的指导需求来说远远不够。另外，由于没有制定规范长效的进校指导机制，没有明确的工作量指标要求，外聘导师利用不充分。

（四）教学机构组织松散，创新理论研究薄弱

河北省高校的创新创业教育理论研究起步比较晚。到目前为止，河北省出版的创新创业教育专门教材仅仅有十几种，理论基础薄弱的问题比较突出。现有研究多是做基础性的总结，研究体系缺乏完整性，这在很大程度上影响和制约了创新工作的实效。究其原因，主要有以下四个方面。一是组成创新创业教研室的各二级学院兼职教师，人事关系仍然隶属于各学院，所授课程也由各学院自己安排，教研室主任在人员调动、课程的分配上无权干涉。教研室没有独立的活动场所，没有固定的例会时间进行教学研讨，因此整个教研室的组织管理处于松散无序状态，想要通过共同研讨、互相启发，将教学经验升华为理论成果困难重重。二是教师精力和能力不够。如前所述，创新创业教师大多是从各二级学院遴选的兼职教师，他们往往还肩负着比较繁重的专业课教学任务以及系部的行政事务，因此完成授课任务之余基本无法再有更多的精力去做创新方面的理论探讨。另外，任课教师自身的创业经验不丰富，所以也就无法从理论高度进行分析探讨和概括提升。三是从思想上重视程度不够。部分创新课程教师仅把这类课程当作普通理论课程来对待，在授课、考核、结课的模式中循环，安于现状，没有做好扎根创新领域研究的思想准备。四是支持力度不够。目前学院尚未出台相关的政策对创新创业的理论研究成果进行专门的核准与奖惩，因此不足以激发教师们对创新创业领域探索的科研热情。

（五）课程体系设置不完善

双创大潮开始以来，各地的新建本科院校在省"创新创业教育改革示

范高校"的带动下,积极开设创新理论和创业指导类课程。目前河北省的新建本科院校基本上都已经构建起了以"创新"为特色的理论与实践课程体系,但仍然存在课程体系设置不完善等问题,主要表现在两方面。一是各个学校开设的创新教学内容雷同现象较重,并且没有区分低、中、高年级,尚未形成有规模、类型丰富、完整且有梯度的创新课程体系,缺乏特色。二是从学校内部看,创新类课程普遍起步晚、教学资料不丰富、课程与课时和学分明显偏少、创新理论与实践操作的比例不协调等问题比较突出,相对于多年办学积累下来的其他优势学科的建设,还有很大差距。像邯郸学院,虽从学校层面对学生应修创新课程的类别和学分提出了明确的要求,各二级院系也纷纷开设了创新思维训练、心理健康与创新能力等具有自己专业特色的创新课程,但是总体来看开课数量仍然较少,学分仅相当于专业课程学分总数的6%。其原因主要有两点。一是对创新创业课程的重要性认识不足。虽然在培养方案中将这类课程列为必修课程,也设计了线上线下的混合模式,但开课门数和学分占比和省内骨干本科院校相比有一定的差距。二是课程设置忽略了大学生年级差异。虽然大学生在人生观、价值观、人际交往等方面基本相近,但由于兴趣、需要、个性特征、未来奋斗目标和理想、自身发展任务、自我管理能力的差异等,不同年级的大学生对待创新创业有着不同的认识、理解和需求,实践和操作能力高低不等。但现有创新创业教育课程没有依据这些差异体现出一定的纵向延伸梯度,没有协调好创新创业课程与各专业课程之间的衔接关系,造成创新培训中纵向和横向的诸多漏洞,无法充分发挥创新创业教育在大学生素质培养中的作用。

(六)实践效果不显著

与重点老牌本科院校相比,即使部分学校抓住了地区优势产业的需求得以发展,注重挖掘地方优秀文化资源、推动了地方文化的传承创新,但是传统的"重理论、轻实践"思想认识依然影响着诸多新建本科院校对待实践的态度。实践课时无法保证,时间紧迫时就让位给理论课程,实践时间随意压缩或者取消;指导教师数量严重不足,一人指导十几个甚至几十个学生的现象颇为常见，这些问题都阻碍着实践教学质量的提高和人才培养目标的实现。究其原因主要有以下两点。一是实践活动经费不充足。有些院校虽然对参加创新创业竞赛活动有专项经费支持，但对常规授课的实践活动基本上没有经费补贴，致使创新实践活动难以持久开展。实习经费不足，导致实践实习指导教师的待遇过低，指导教师积极性不高，这也在一定程度上影响着创新课程的实践效果。二是校内实践基地不完善，校外新基地开辟困难，已有基地利用率较低。一些院校校内的实践基地数量有限、硬件设施不齐全，设备维修跟不上，无法满足各院系学生长久的使用，也无法满足专业实践中的拓展提升需求。如邯郸学院目前已经建立了师范和非师范两大类型的实习基地和就业基地，相比而言，师范类实习实践基地比较成熟，包括幼儿园、中小学在内的教育机构实践体系已基本完善，然而非师范类学生的实践基地数量少、分布分散，层次参差不齐、部分基地利用率较低，没有充分发挥其在创新人才培养中的积极作用。师范类实践基地的建立主要是学校与机构的洽谈，而非师范类的实践基地则大多是依托各系主任和教师的个人人际关系建立的，个人社会关系网的有限性影响了实践基地的开辟，造成实践基地数量少且不稳定、分布分散、与专业需要对口性差，不能满足实训的需求。由于缺乏经费支持，师生外出的安全问题和出行交通问题无法保障，任课教师不愿费时费力地奔波到现场进行实践教学，更愿意选择在校内或课内演示，造成校外实践基地资源的闲置和浪费。

（七）高层次竞赛获奖成果少、种类单一

由于办学资源不足、指导师资缺乏实践经验、经费投入不足，河北省内的新建本科院校在创新创业竞赛中，参报项目数量、进入决赛数量、获奖层次等方面无法与实力雄厚的老牌本科院校相比。例如，创新创业类赛事中的"挑战杯""创青春"竞赛中，邯郸学院虽然连续多年获得河北省优秀组织奖，获奖作品数量也多达百余项，但是仅有3项入围国赛。这主要是因为学生团队不固定、科研方向不稳定，指导教师精力和能力有限。学生创新团队通常是在参赛前临时组建，磨合度和配合度较差，无关内耗较多，难以形成最佳合

力。学生团队的科研方向多而杂，特色项目少，精品不多。在教师方面，创新团队指导教师多为兼职，院系内部繁重的工作导致他们没有更多的时间和精力对学生的课余创新活动进行指导，同时教师自身实践经验和参赛经验的匮乏也限制了指导效果。虽然每年大赛前会邀请专家进校做1~2次指导，但是有限的指导次数难以真正提升作品质量，参加国赛时缺乏竞争力。

此外，各个二级院系重视度不等，宣传和支持力度不等，学生对创新创业活动的参与度与付出度存在差异，致使参赛作品专业不平衡，全面开花概率较低。

三 提升新建地方本科院校创新人才培养水平的对策和建议

（一）加大经费支持力度，提升硬件环境

新建地方本科院校要提升和改善办学的硬件环境，吸引和留住高层次人才，扩大招生规模，提升办学层次，就必须加大办学经费的投入。可以通过以下三种途径实现。一是争取政府加大支持力度。新建本科院校的办学定位主要是服务地方经济发展，因此在学科建设、教学科研的立项和成果推广等方面必须与地方主导产业、文化特色等结合起来，联合打造地方名片，并积极为地方政府提供决策参考和智力支持，在促进地方经济腾飞的同时，也能够获得地方政府给予的更多的政策性扶持。另外，积极协助地方政府分析各产业发展的趋势，探索新的资源分配机制，按学校类型明确合理需求，制定财政拨款的标准，促进整个社会各行业的协调发展，时机成熟时还可以设置专项资金，协助新建本科院校顺利完成转型。二是积极寻求企业界的支持，利用高校科研团队人员和技术优势大力开展联合技术开发，为企业创收的同时也赢得更多的引资机会。三是充分利用学校现有的学科优势资源，鼓励教师和研究人员投身社会，积极开展各类人才培训，在完成提升民众基本素质的任务基础上实现创收，依托智力劳动获取经费。

（二）提升创新人才的培养层次

首先，提高重视程度。新建地方本科院校要改变重专业轻创新、重理论轻操作的不当做法，切实把大学生创新教育摆在重要位置，在条件允许的情况下建立专门的创新创业学院，配备独立的办公场地、师资队伍、实习基地，明确责任主体和考核目标。其次，积极同国家和省内创新示范院校进行合作与交流，借鉴和学习先进经验，在时机成熟时可以采取联合培养模式，实现提升人才培养层次的目的。最后，建立校级层面的管理机构，统筹管理与创新创业有关的全部事项，集中下属各部门的力量形成合力，这不仅可以节约人力、物力、财力，还可以降低因多头领导带来的资源内耗，减少因部门沟通不畅引发的信息割裂。

（三）壮大师资力量，完善其知识结构

一是新建地方本科院校根据各自办学特点，制订创新专业的师资人才队伍建设的近期和远期规划，建立稳定的专职创新创业师资队伍，并根据环境的变化动态调整教师队伍，确保创新创业师资的水平、质量和稳定性。二是打造"双师型"教师队伍，实现知识结构的合理化。采用多样化、灵活化的培训手段，依据教师年龄和发展潜力进行分组，加强对部分教师的重点培养，建立一支本领过硬的教师队伍。三是积极引进外援。不同于其他课程，创新创业教育既要有专业理论知识，又要有实践经验。因此教师队伍需要高校教师、科研人员、合作企业的管理人员或技术人员的共同参与。要加强与企业合作接洽，依据需要聘请在创业方面有经验的成功者做学校实践的兼职教师，发挥他们在技术经验和人脉资源方面的优势，弥补学校创新创业教育的不足。四是树立全员教师的创新意识。高校创新工作的推进不只是少数创新创业教师的任务，更是全体老师的责任。为此学校需要出台相关政策，进一步明确责任范围，制定明确的奖惩规则，让每位教师都认识到自己应承担的义务，在自己的教学活动中主动去灌输创新的意识、培养创新的精神、播撒创新的种子、结合教学内容植入创新的元素。与此同时，通过课内和课外

的宣传等工作,让全体学生认识到,接受创新创业教育不只是解决当前的就业,更是一种信念的建立,是事业心和社会责任感的培养。

(四)强化创新创业理论研究

新建地方本科院校要加强创新创业理论研究,首先,需要相关教师调整思路,不能把创新创业教育当作一门或几门课程,而应当将其看作一个系统工程,一个需要长期挖掘和深入研讨的科研项目。其次,组建教材编写组。在借鉴和学习其他高校经验的基础上进行创新创业教育教材编写,突出地方特色,满足学生的学习需求。最后,加大学校支持力度。从学校层面出台相关科研奖励政策,鼓励相关教师进行创新创业理论的全方位深入研究。从课题立项、结项、成果转化、资金奖励等多方面实行政策扶持,鼓励教师积极投入理论研究,多出成果,出好成果。

(五)完善创新课程体系

第一,重视创新创业系列课程建设。新建地方本科院校从设备的配置、实践活动的安排、讲授内容的统筹规划、考核方式的探索、网络资源的利用等方面进行资料的收集和整合,组建专门的课程建设团队开展工作,并注意团队人员职称、年龄、专业的搭配。第二,修订培养方案和教学计划。要借鉴省内外经验,依据院校的实际情况全面修改完善本科学生的培养方案和教学计划。针对不同专业进行开课数量以及学分等系统化的设计,构建通识教育、基础理论和实践技能配套的立体课程体系。积极为学生打造能够学习扎实基础理论知识的平台,同时还要给学生提供足够数量的观摩场地、一定频率和一定规格的实战机会,促进学生在实际操作中积累经验,为以后实现创业经验的延伸拓展打好基础。另外,拓宽创新创业教育形态,充分利用现代教育技术平台,将优秀的网络教育资源引入创新的课堂教学中,借助现代教育手段为学生提供多样的自主学习途径。第三,课程系列的排序要考虑大学生的年级差异。低年级以创新精神的培育、创新创业理论的学习为主,高年级以创新创业实践为主。四个年级设置不同的要求,教学内容逐级加深,教学模式由课内逐渐过渡为课内课外相结合，考核方式从理论到实践成果检验，坚持逐步递进的原则，不断完善改进，逐步形成有年级梯度、有专业联合、纵横交织的完善育人体系。

（六）开发和建设创新创业实践基地

首先，给予公关支持。新建地方本科院校从学校层面对开辟新的实践基地给予充分的政策和资金、公关支持。可以由各院系提供对实践基地的具体要求细节，学校公关团队进行校外洽谈，多渠道开辟新的实践基地，满足学生创新创业教育活动所需。其次，给予经费支持。在财政拨款中划出专项经费，完善校内实践基地建设、增加设备、扩大场地等，满足学生创新实践的常规使用，保证活动的长久性。建立明确的工作量评定机制，对走出校门的实践活动进行一定的经费补贴。鼓励教师走下讲台、走出校门，积极参与业界沟通，开展产学研合作，提升和积累实践经验。最后，增加实训课时，提高实践基地的利用率。在培养方案中增加课时安排，坚持"以赛带创"思路，适当增加参赛奖励份额、提高参赛置换学分的比例，以便提升学生参与实训与竞赛的积极性，真正提高实践基地的利用率。

（七）提升创新成果的竞争力

首先，建立大学生创新创业团队，由校级创新综合管理机构直属管辖。新建地方本科院校各院系从大学一年级学生中招募选拔学生组建创新创业团队，团队成员毕业前才能退出，以保证团队在一定时期内的稳定性和连续性。各团队必须制定规章制度，对成员的责任和义务、每周活动的时间和时长、合作与分工、校内外指导教师等进行明确规定，从而保证在平时训练中达到最佳配合度，降低临时组队带来的风险，提升作品的竞争力。其次，确定团队科研创新的主攻方向。在综合师生的兴趣、特长、保障条件等因素的基础上，明确每个团队的方向，在一个领域内深挖深钻，提高作品的深度，进而增加作品竞争力。再次，建立校内和校外联合指导机制，确保学生创新活动的连续性和有效性。另外，提高校外联合企业公司技术人员进校指导的频率，以实际可见的创业效果激励引导学生参与创新活动。最后，在继续完善"以赛带创""以赛促教"机制的基础上，适当增加院系专业之间的对抗赛，打破专业创新成果的不平衡状况，调动全体师生的参与热情，将创新活动延伸到每一个层面、每一个专业、每一位师生。

参考文献

《中共十九届五中全会在京举行》，《人民日报》2020年10月30日。

于海：《河北省高校创新创业教育存在问题与对策》，《河北农业大学学报》（社会科学版）2019年第2期。

宋根壮：《新建本科院校人才培养质量社会评价研究》，《教育观察（上半月）》2015年第7期。

康秀平、杨文龙：《河北省新建本科院校人才培养质量调查分析——基于社会评价的视角》，《教育观察（上旬刊）》2015年第4期。

周燕、王岩、武艳艳、王帆：《河北省高校创新创业教育现状、问题及对策研究》，《河北农业大学学报》（农林教育版）2018年第1期。

李松林：《地方新建本科院校向应用技术大学转型的多重困境》，《河南工程学院学报》（社会科学版）2016年第3期。

陈树玉、单巨川：《京津冀协同发展中高校创新人才如何培养》，《人民论坛》2016年第20期。

周叮波：《欠发达地区新建应用型本科高校经管类专业校中企的建设模式创新与实践探索——基于工商管理学院经管类专业应用型人才培养的视角》，《商业经济》2018年第5期。

高晓松：《创新创业能力培养视角下的大学生就业指导模式构建》，《智库时代》2019年第47期。

吴绍萍：《对师范教育实践特质的"追寻"——由师范院校转型引发的思考》，《现代教育科学》2017年第10期。

刘丽萍：《浅谈新建本科院校就业指导全程化存在问题及解决措施》，《科技创业月刊》2015年第5期。

黄馨平、胡红霞、毛中晗：《"双创"背景下大学生创业政策议程分析——基于多源流视角》，《武汉职业技术学院学报》2020年第1期。

B.6
河北省中医药人才培养问题及对策研究

张亚宁*

摘　要： 河北省是中医药大省，中医药人才培养是中医药发展的关键，然而河北省的中医药人才培养一直比较薄弱，缺乏一流高校的有力支撑，培养类型与客观需要存在一定的错位，民间中医药人才尚未得到有效利用，中医药文化教育尚未得到应有重视等问题比较突出，已经成为河北省中医药事业发展的瓶颈，加强中医药人才培养刻不容缓。本报告通过深入调研，分析了河北省中医药人才培养中存在的主要问题，从建设全国一流中医药高校、有的放矢培养行业人才、系统培养民间中医和加强中医药文化宣传等方面，提出了加强河北省中医药人才培养的对策建议。

关键词： 中医药人才　人才培养　中医药院校

习近平总书记指出："防治新冠肺炎疫情过程中，中医药发挥了独特作用，在国际上引起了广泛关注。要强化中医药特色人才建设，打造一支高水平的国家中医疫病防治队伍。"[①] 河北是中医药大省，中医药资源丰富，历史底蕴深厚，拥有良好的基础条件和民间基础，发展中医药对河北省推进健

---

* 张亚宁，河北省社会科学院人力资源研究所助理研究员，主要研究方向为人才学、人才结构与产业结构。
① 习近平总书记2020年6月2日下午在京主持召开的专家学者座谈会上的讲话。

康河北战略至关重要。但在河北省中医药事业快速发展过程中,中医药人才培养缺乏一流高校的有力支撑,培养类型与客观需要存在一定的错位,民间中医药人才尚未得到有效利用,中医药文化宣传尚未得到重视,这些是当前亟待解决的问题。

一 加强中医药人才培养的现实意义

中医药人才在抗疫战役中所做出的重要贡献已经得到了党和人民的充分认可,而中医药人才培养是中医药人才队伍建设的基础,对中医药事业发展起着至关重要的作用。为了筑牢中医药发展的基础,近年来无论是国家还是省级层面出台的中医药支持政策中,加强中医药人才培养的政策一直占据着重要的地位。

1. 公众对中医药服务的需求持续加强

中医药因为能够在疾病预防、治疗及康复的整个过程中发挥积极作用,公众对其需求越来越大。截至 2019 年末,全国中医类医疗卫生机构总数达 65809 个,比上年增长了 8.3%;全国中医类医疗卫生机构床位数达 132.9 万张,比上年增长了 7.7%;全国中医药卫生人员总数达 76.7 万人,比上年增加了 5.2 万人,增长了 7.2%;全国中医类医疗卫生机构总诊疗人次达 11.6 亿人次,比上年增加了 0.9 亿人次,增长了 8.6%,全国中医类医疗卫生机构出院人数为 3858.9 万人,比上年增加了 274.2 万人,增长了 7.6%。[1] 截至 2020 年底,河北省拥有三级中医院 26 家、二级中医院 165 家,中医院床位数由 2015 年的 3.8 万张增至 2019 年的 5.5 万张,年诊疗量由 1895 万人次增至 2647 万人次,[2] 中医药服务的可及性明显增强。随着人口老龄化趋势的日益明显,老龄人口对中医药健康教育服务、慢性病管理、中医药预防服务的需求量也将大幅增长,再加上人们对中医药的正确认知度

---

[1] 《2019 年我国卫生健康事业发展统计公报》。
[2] 《河北举行中医药传承创新发展新闻发布会》,国务院新闻办公室网站,2020 年 12 月 1 日,http://www.scio.gov.cn/xwfbh/gssxwfbh/xwfbh/hebei/Document/1693943/1693943.htm。

和接受度持续不断增长，可以预测未来公众对中医药服务的需求将会持续大幅增长。

2. 战"疫"亮剑，中医药人才广获认可

2020年，中医药在抗击新冠肺炎疫情的战役中取得了显著的成效，充分展现出传统中医理论的优势所在，在新冠肺炎疫情防控阻击战中，中医专家很快确定了疫病的发病机理，筛选总结了能够充分体现中医药疗效优势的"三药三方"，同西医一起做出了重大的贡献，他们展现了救死扶伤、大爱无疆的职业精神，是当之无愧的抗疫英雄。特别是张伯礼院士提出必须将发热的、留观的、密接的、疑似的"四类"人员隔离开来，并对其采取"中药漫灌"的方式，取得了非常好的效果，此外他还率领医疗团队进驻江夏方舱医院，以中医管理为主，实现中医药全覆盖，最终"零转重、零复阳，医护人员零感染"。由于对抗疫的突出贡献，张伯礼被授予"人民英雄"国家荣誉称号。河北省中医药人才在抗疫过程中也充分展现了河北的深厚中医药文化底蕴。吴以岭院士为抗击非典而研发的连花清瘟胶囊入选《新型冠状病毒感染的肺炎诊疗方案》第四版至第七版，在我国和国际对抗疫情过程中发挥了重大作用。国医大师李佃贵亲自参与诊疗，并就中医药对新冠肺炎的认识、诊断、辨证治疗和护理将息提出了指导性意见。河北省以神威药业集团、以岭药业等企业为代表的中医药生产企业也加班加点组织生产疫情防控药品，一些企业仍坚持生产，日常也是满负荷开工，全力保障疫情防治药物的生产和配送。为弘扬中医药人才的职业精神和抗"疫"精神，由河北省卫生健康委、河北省中医药管理局指导，河北省医师协会主办，长城新媒体集团承办了河北省2020年中国医师节庆祝会议暨第一届"河北医师奖"颁奖典礼，中医医疗机构47人荣获"最美抗疫者"荣誉称号，中医医疗机构4人荣获"河北医师奖"。

3. 疫情防控常态化，中医药人才利剑再出鞘

经过河北省各界人士团结一心、艰苦努力，截至2020年底，河北省新冠肺炎疫情防控形势总体稳定。但是，必须认识到由于当前国外疫情形势仍然严峻，导致我国境外输入性的新增确诊病例持续增加，并且国内本土病例也在多地重新出现，特别是2021年初以石家庄藁城区为中心的疫情再次肆虐。在此情况下，做好疫情防控工作仍然面临很大挑战，中医药人才必须继续发挥重要作用，致力于巩固前期抗疫成果，总结成功经验，研究常态化防疫下及时发现、快速处置、精准管控、有效救治的中医药防疫模式与防疫机制；在中医理论体系指导下，加强循证医学研究；对一些确实有效的中药，进一步加强有效成分及药理机制的研究，在临床实践中进一步提高疗效；继续加强疫情防控中药产品研发，做好防疫药品生产储备工作。

二 河北省中医药人才培养现状

（一）中医药人才的分类

本报告根据前人研究，从不同的需求角度，将中医药人才划分为不同的类型（见表1）。

表 1 中医药人才分类

划分角度	人才分类	主要人才
产业需求类型	中医药医疗卫生服务人才	中医师
	中医药医疗产销人才	中医医疗器械、药品产销人才
	中医药保健品产销人才	中医药保健食品、用品产销人才
	中医药健康管理服务人才	中医健康管理师
	中医药健康养生养老服务人才	中医康复保健人才、中医养老护理人才
人才需求类型	实践型人才	中医师
	创新型人才	中医药研发人员
	复合型人才	中医药数据分析人员
人才需求层次	高端人才	中医师、中药研发人员
	中端人才	中医健康管理师、中医康复保健人才
	低端人才	中医技师

资料来源：参考胡孔法等人研究重新分类得到。

第一，按中医药产业需求类型来划分，主要包括以提供医疗卫生服务为主的中医药医疗卫生服务人才；以药品、医疗器械、医疗耗材产销为主的中医药医疗产销人才；以保健食品、健康产品产销为主的中医药保健品产销人才；以健康监测评估、咨询服务、调理康复等为主的中医药健康管理服务人才；以提供养生养老服务为主的中医药健康养生养老服务人才。

第二，按人才需求类型来划分，主要包括以中医药应用为主的实践型人才，以知识技术、产业产品等创新为主的创新型人才，以学科交叉、将新知识新技术运用于健康产业的复合型人才。

第三，按人才需求层次来划分，主要包括从事中医药医疗服务和健康产品研发等的高端人才，从事中医预防保健、康复养生、健康管理、中医药服务贸易等的中端人才，从事中医药健康旅游、美容、足疗、药膳等的技术技能型低端人才。

（二）河北省中医药人才培养不断加强

河北省中医药人才的培养途径主要为院校教育、毕业后教育、继续教育、师承教育等。其中，院校教育是河北省中医药人才培养的主要方式，目前已基本建立了形式多样、层次丰富的中医药学历教育体系。河北省共有13所医学院校，其中本科院校6所，2020年共计划招收中医药相关专业本科生1972名，其中河北中医学院占全省中医药专业本科生计划招生量总数的41.4%，① 是全省唯一一所专门培养中医药人才的本科高校。以河北中医学院为主的河北省医学本科院校已经认识到其存在的学科建设水平有待提高、经典典籍学习不足、重理论轻临床、中西医课程比例不合理等突出问题，并针对这些问题对专业设置、课程体系设置、培养模式做出了优化。针对学科建设水平有待提高的问题，河北中医学院将本科专业由18个扩增至24个，其中6个学科入选了河北省与国家中医药管理局共建中医药重点学科，博士、硕士学位授权点也有所增加，分别达到了24个、28个；针对经典典籍学习不足的问题，在日常教学中特别增加了国学和中医药经典典籍的课时比例，并常态化组织全校学生开展四书五经等国学典籍、中医四大经典等医学典籍的学

---

① 根据各校官方网站公布的数据整理得到。

习诵读,邀请相关专家、学者进行培训讲座,依托专业社团组建经典领诵班,结合各学科专业特色组织日常经典诵读,举办中医经典诵读大赛等,充分激发学生学习经典的兴趣和积极性;针对中西医课程比例设置不合理问题,对课程设置进行了调整,"先中后西",优先安排中医类专业课程,突出中医特色,加强了中医基础理论学习,提高了中医课程所占比例,强化了中医药专业主体地位;针对院校人才培养中的临床经验不足问题,建立了早跟师、早临床学习制度,并采用师承教育与院校教育相结合的模式,推行"扁鹊实验班"的成功模式,丰富了学生的临床经验。2016~2020年5年间,累计完成了中医住院医师规范化培训招录进岗3283名,结业1160名;通过实施国家和省级五大高层次中医药人才培养项目,培养了中医、中药、中医护理、西学中及创新骨干人才1293名;实施杏林千人培养工程等项目,培养了2070名中医药技术骨干和近万名基层实用型人才;连续8年举办了中医药专家学术经验讲习班;抓好中医药继续教育,年均培训中医药人员3万人次。①

随着国家和河北省中医药事业的不断发展,河北省持续发力,中医药人才培养工作驶入了"快车道"。近年来,河北省出台了《河北省贯彻〈中医药发展战略规划纲要(2016—2030年)〉实施方案》《关于加快推进中医药产业发展的实施意见》《关于促进中医药传承创新发展的若干措施》等一系列中医药扶持政策,根据政策内容河北省持续加强中医药人才培养工作,取得了显著成效。"名医入冀计划"取得一定成效,王世民、张大宁、石学敏等院士在河北建立了工作站,为河北省培养高端人才增添力量。2019年,组织实施了国家中医药传承与创新"百千万"工程,新遴选了74名中医、中药、中医护理、西学中及创新骨干人才;强化人才培养平台建设,新建了2个全国、11个省级名中医传承工作室,新增了11家中医临床教学基地,在北京中医药大学建立了河北省西学中人才培养基地;持续加强继续教育,连续举办了5期中医药专家学术经验讲习班,遴选了70名基层中医临床技

---

① 《河北举行中医药传承创新发展新闻发布会》,国务院新闻办公室网站,2020年12月1日,http://www.scio.gov.cn/xwfbh/gssxwfbh/xwfbh/hebei/Document/1693943/1693943.htm。

术骨干到京津沪知名中医院临床进修；提升院校实力，河北中医学院更名河北中医大学工作取得实质性进展，省第七人民医院正式划转为第二附属医院。①

三 河北省中医药人才培养中存在的问题

河北省是中医药大省，中医药文化历史悠久、氛围浓厚，中医药企业众多，中医药产业发展势头强劲，但相对而言中医药人才培养却一直比较薄弱，在很大程度上制约着河北省中医药事业的发展。为改善这种局面，河北省在中医药人才培养方面做了诸多工作，取得了许多成绩，然而，中医药人才与中医药事业发展的供需矛盾依然突出，人才培养的结构、层次、规模等仍不能匹配中医药事业发展的速度。

（一）中医药院校实力欠缺，无法形成有力的人才培养支撑

河北省共有6所本科医学院校，无一所为"211工程"、"985工程"或者"双一流"高校，其中实力最强的当属河北医科大学，但是该校的中医学院早在2013年就独立建制成为河北中医学院，其他5所综合实力不足，且除了河北中医学院外，都是以西医为主，因此河北省中医药院校整体实力不尽如人意。为探寻制约中医药院校发展的关键问题，本研究重点对河北中医学院进行了调研。

（二）教师资源紧张

截至2020年5月底，河北中医学院生师比为15.13∶1，按国家规定生师比应在16∶1以下，尽管符合国家生师比要求，但是已接近上限，就目前来说，教师资源并不充足。该校"十四五"规划提出，2020～2025年，全日制在校生将达到12000人，自2014年至今平均每年新引进教师30余

---

① 《河北：中医药人才培养进一步优化》，国家中医药管理局网站，2020年1月15日，http://www.satcm.gov.cn/xinxifabu/gedidongtai/2020 - 01 - 15/12416.html。

人，按目前的招聘速度，生师比将随着招生人数增加逐年加大，有可能突破16∶1的比例，教师资源短缺问题将愈加严重。

（三）建筑和土地面积薄弱，硬件设施尚不完备

该校存在生均建筑面积不足的问题，图书馆建设有待提高，学生公寓面积不足，无体育馆及大学生活动中心。校园土地面积不足，用于主体办学的杏苑校区和橘泉校区占地面积仅为37.06万平方米，而根据《河北省高等学校设置"十三五"规划》，该校"十四五"规划全日制在校生为12000人左右，其中研究生2000人左右，按此测算，其占地面积尚不能达到国家规定的办学标准，尚有300余亩的空缺。

（四）学校附属医院难以满足临床教学需求

该校仅有河北省中医院、河北省第七人民医院两所直属附属医院，其中河北省第七人民医院为二甲西医综合医院，尚不具备承担临床教学任务的条件；而以西医为主的河北医科大学有5所直属附属医院，其中4所均为三级甲等综合性医院。与河北医科大学相比，该校附属医院从数量到实力均有一定差距，很难满足日常临床教学的需求。

（五）人才培养与客观需要存在一定的错位

人类健康服务需求在不断变化，这就要求中医药人才培养必须顺应时代，才能更好地发挥中医药的作用，服务社会经济发展。调研发现，目前河北省中医药人才培养与客观需要仍存在一定的错位，主要表现在以下几点。

1. 中医药预防人才培养缺位，制约中医药"治未病"作用的充分发挥

目前，我国已经有多个省市认识到治未病的重要作用，出台了一系列的政策推进治未病工作。反观河北省，治未病理念在广大城乡居民中还不够普及，治未病的重要性还未得到充分重视，相关专业人才培养还不能提供有效的人才支撑。调研发现，在河北省本科专业医科院校中，仅河北中医学院开设有中医养生专业，河北省三级中医医院尚未全部开设治未病科或治未病中

心,且治未病科的医师多是"半路出家",由针灸、内科、康复等科室调入,科班培养的治未病专业人士比例很低,相关专业人员匮乏。

2. 人才培养尚未跟上中医药健康产业发展脚步

河北省提出健康服务业总规模在2020年达到0.4万亿元,2025年达到0.6万亿元,2030年达到0.8万亿元的发展目标,接下来的2021~2025年健康产业发展将进入深化加速阶段。① 为推进中医药健康产业发展,河北省中医药管理局联合河北省民政厅、河北省卫生健康委确定三河市燕达金色年华健康养护中心等5家单位为首批河北省中医药健康养老基地。在此背景下将中医药优势与健康管理相结合,大力发展河北省中医药健康产业正当时,这就要求加强相关人才培养,为之提供有力的人才支撑。但是在调研中发现河北省中医药学科专业设置尚未跟上健康产业发展步伐,专业上仍以中医学、中药学、针灸等传统专业为主,本科医学高校中仅有河北中医学院在近三年开设有产业急需的中医养生学和健康管理与服务专业,每个专业仅招生40人左右,其他相关紧缺的中医康复学、养老护理等专业至今未开设。此外,中医药人才培养中长期忽视中低端人才培养,导致了多数健康产业从业人员缺少正规的中医药教育或培训,严重制约着产业发展。

3. 中医药科技复合型人才培养尚需持续探索

随着大数据等信息技术在中医药领域的应用,中医药临床数据分析的重要性逐渐体现出来,中医药临床数据中蕴含整个中医辨证论治思维过程中的宝贵知识,具有数据量巨大、数据类型多样、数据关系复杂等特征,对这些数据进行深入分析与挖掘,对促进中医药创新发展具有非常重要的现实意义。在全国中医人工智能装备高峰论坛上,国医大师唐祖宣院士指出,人工智能时代已经到来,应抢抓中医药发展的重大机遇,推进中医药人工智能的发展。因此,培养充足的以学科交叉、将新知识新技术运用于中医药实践中的科技复合型人才是中医药能够持续紧随科技发展步伐、与时俱进的基本保证。而调研结果表明,河北省高校的中医药人才培养过程中,中医药数据分析人才培养尚

---

① 《河北省人民政府关于贯彻〈"健康中国2030"规划纲要〉的实施意见》。

未得到重视，能够利用人工智能技术挖掘中医药数据、辅助鉴别中药、辅助中医诊断、拓展中医药健康服务领域的相关复合人才培养模式尚在探索当中。

（六）门槛重重，民间中医难入"正规军"

民间中医作为扎根传统、传承千年中医药技术的第一线，是中医药桂冠上的明珠，而目前民间中医药人才大多没有经过专业医学学习和培训，只能"游离"于合规的执业医师队伍之外。为发掘民间中医人才，使真正有技术的民间中医能够合法地提供医疗服务，避免人才浪费，国家卫计委在2017年发布了《中医医术确有专长人员医师资格考核注册管理暂行办法》，2018年开始，各省区市都相继开展了中医医术确有专长医师资格考核工作，但是该考试却出现了报名通过审核率和考试通过率双低的现象。

1. 通过报名审核存在若干门槛，报名审核率低

各省区市通过报名考核的条件略有不同，如河北省规定需两名以上执业医师出具的证明其掌握独具特色、安全有效的传统医学诊疗技术的材料，这一点就使得相当多的报名人员无法通过审核，中医药大省广东省曾出现报名初审通过20000名，最终仅140人通过审核的情况，广西壮族自治区、山东省、陕西省也有类似情况出现。

2. 考核通过率低

根据国家中医药管理局的数据，截至2020年7月7日，已有20个省区市完成了第一批中医医术确有专长人员医师资格的考核工作，全国仅有近3800人通过了资格考核，很多省区市通过率不足10%。

长期无法取得合法行医资格，就导致一些靠家传、自学等院校教育方式外掌握传统中医技能的民间中医缺少合法的行医途径，造成民间中医的培养动力不足，培养规模有限，老中医的医术未能得到及时传承，很多特色诊疗技术濒临失传。

（七）中医药传统文化教育匮乏，中医"有缘人"难寻

自19世纪末开始，我国教育体系中对传统文化教育的重视程度远低于

西方科学文化教育，因此导致一代代中国人对传统文化不够了解，这是导致中医药长期以来深陷困境的重要原因。再加上近代以来在持续不断地对"中医科学与否"的争论中，西医药学掌握绝对话语权，使部分国人对中医药产生怀疑甚至抵触，不相信中医药能治病、能治好病，导致中医药人才的流失及西化。

1. 中小学中医药教育尚未得到全面落实

自2017年以来，包括河北在内的多个省区市都在不断落实中小学进一步丰富中医药文化教育工作。然而调研显示，河北省仍有很多学生还未接触到中医药文化，一些学生对中医药文化存有负面想法甚至抵触情绪等。原因在于各市、各学校对中医药文化教育的落实有很大差距，落实到各地区各学校的措施又有所不同，一些学校仍处于与中医药文化"绝缘"的状态。部分学校力求开设与中医药传统文化相关的选修课，但也存在课时严重受挤压、人才配备不完善、中医药课程的教学水平参差不齐等问题。

2. 中医药科普知识宣传未得到充分重视，中医信任度遭遇挑战

调研表明，对中医存在质疑的人不在少数，其中以年轻人、学历较高者居多，不信任中医的原因主要集中在"中医理论无法被科学验证""阴阳五行学说更像是玄学而不是科学"等；根据《中国青年报》的一项调查，被问到"如果得病是否首选中医"时，仅有27.7%的被调查者表示会首选中医；调研表明生病了首选西医而不是中医的原因主要集中在"中医见效慢，更适合调理身体"等。这些对中医药的认识大多存在误区，其存在正是由于中医药科普知识宣传未得到充分重视。

四 强化河北省中医药人才培养的对策建议

（一）全力打造河北中医学院，重铸昔日辉煌

1. 增加财政支持，强化教师队伍建设

加大引才力度，增加人才引进的资金投入，提高人才引进竞争力，充分

补充教师队伍;提升教师待遇,对于能力较强的教师可采用年薪制等激励手段,激励人才,留住人才;加强教师培养,提高教师培养经费额度,提升教师队伍科研、教学水平。

2. 由附属医院入手,提供更多临床实训资源

加强河北省第七人民医院建设,提升医院综合实力,使其能够承担学校日常临床实训工作;合理增加附属医院数量,建议政府协调,再为河北中医学院划拨一所直属附属医院,为学生提供更多临床实训机会。

3. 提供更多土地资源,提升学校硬件水平

针对学校建筑面积指标紧缺的问题,增加土地资源供给,支持学校开展科研楼、中药材种子种苗繁育中心、中药配方颗粒技术创新中心、大学生活动中心等建设,为教学、实训、学生活动等提供更充裕的场地;支持河北省中医药科学院异地新建,充分发挥校院协同科技创新和中医药人才培养优势,为河北省中医药发展提供智力支撑。

(二)着眼实际需要,有的放矢培养行业人才

1. 根据产业发展需求,统筹规划、分类指导

建立河北省中医药人才数据库,鼓励院校及研究院所开展中医药人才相关研究,以产业发展需求为导向,根据数据库数据定期追踪和分析河北省中医药人才供需状况,开展人才需求预测,尤其是中长期预测预报,政府部门定期发布急需紧缺中医药人才目录,为人才培养规划提供科学依据。

2. 加强中医养生等"治未病"相关专业的人才培养

增加高校相关专业设置和招生规模,鼓励医院对针灸等相关科室中对治未病比较擅长或者有志于此的中医师进行重点培训,充实专业的治未病医师队伍。参照天津、广东等地做法推进中医药家庭医生服务,并对家庭医生实行全覆盖的治未病培训,明确提供治未病服务的最低比例。由河北省中医院治未病中心牵头成立"治未病联盟",为医务人员提供良好的研究、培训及信息交流平台,加强治未病人才的培养和交流互动,促进学术水平不断提高。

3. 多渠道培养中医药健康产业人才

依托应用型本科人才培养，通过产学研联合培养的方式，输送中医预防保健、康复养生、健康管理、中医药服务贸易等中医药健康产业人才；发挥中医药职业学校的"枢纽"作用，以促进就业为导向，推进中医药健康服务和教育培训相融合，规范并加快培养具有中医药知识和技能的中医药健康旅游、美容、营养、育婴、药膳等技术技能型中医药健康人才；聚焦中医药健康产业职业工种，引导社会资本与高校资源联合开展中医药适宜技术、中医药养生方法等特色技能培训，加大养生、养老、康复、美容等健康服务紧缺人才的培养。

4. 探索中医药数据分析人才的有效培养模式

采取在项目中培养与高校培养齐头并进的方式，尽快补充河北省中医数据分析人才队伍。一是以项目为依托，引导河北省有数据分析研究优势的河北工业大学、河北省科学院等高校、研究院所与河北中医学院、河北省中医院等中医药高校、医疗机构展开深入的科研合作，利用人工智能中的神经网络算法、深度学习模型等对医学影像、图形、文本等多元数据进行分析，针对疾病与药物的内在关联性、药物之间的关联性、医学影像中的数据分布特征、中医症状、中药、穴位等核心要素的分布特点等内容进行多角度挖掘，在项目研究过程中，培养中医药数据分析人才。二是鼓励河北省6所医科高校尽快设置中医药数据分析相关专业，不断调整和优化培养方案，通过体系化的数据分析和中医药理论知识学习、校内实训、校外项目实践等多元化的模式对学生进行培养，以期取得较好的人才培养效果。

（三）系统培训民间中医，莫让明珠蒙尘失去传承

1. 顶层设计，提高民间中医培训水平

由中医药管理部门牵头，教育部门配合，充分利用高等院校丰富的教师资源和教学经验，为民间中医编写统一的培训教材、制定科学的培训内容和教学方法。

2. 加大资金投入，支持高校开办正规的民间中医培训班

通过设立民间中医培养专项基金支持高校与中医院联合定期举行针对民

间中医的培训班，从《中医药法》政策解读、医患沟通、中医四诊、针灸推拿技术、中医专长综述、中医基础知识学习、中医技能学习、中医答辩和应试技巧等方面进行系统讲授，完善民间中医知识架构，提高民间中医理论水平和临床水平，协助其达到通过中医专长资格考试的知识水平，使其能够持证上岗，通过合法的途径行医，从而将其纳入规范管理的范畴。

3. 搭建官方信息交流平台，畅通管理部门与民间中医交流渠道

搭建河北省官方管理的网上民间中医信息发布和交流平台，宣传中医药政策、听取民间中医意见和建议、交流临床经验，为民间医生获得资质提供一定的帮助。

（四）加强中医药文化宣传，营造中医药发展氛围

积极开展中医药知识宣传活动，提升城乡居民中医药健康文化素养，通过中医药知识专题讲座、举办中医药养生知识培训、中医药知识竞赛及制作横幅、宣传标语等形式，大力宣传中医药文化、普及中医药知识和宣传中医药在预防、医疗、保健、养生以及慢性病治疗等方面的实际功效，不断提高民众对中医药的认可度。

（五）积极利用新媒体加强中医药科普宣传，增加年轻人对中医药的了解

引导媒体的宣传报道，采用网络、手机App、微信、微博、制作短视频、网络授课等年轻人常用的宣传方式，向年轻人加强科普宣传，提高年轻人对中医药的关注度，增加年轻人对中医药的了解，使其接受中医治疗，信赖中医，选择中医医院就诊。

（六）进一步落实中医药文化进校园，普及中医药文化从娃娃抓起

教育部门应引导各类中医药专业教师或医师走进中小学，开设第二课堂普及中医药文化知识；鼓励中小学组织学生和家长参观中医药大学、中医药

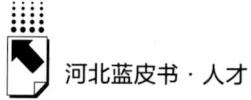

博物馆和观摩体验中草药种植活动等，强化互动交流，增强学习互鉴。让中医药教育资源更好地普及开来，在全社会营造出重视中医药的良好氛围，在人们心中特别是青少年心中播下学习、继承、发扬中医药的种子，切实为培养中医药人才夯实基础。

参考文献

《2019年我国卫生健康事业发展统计公报》，新疆维吾尔自治区卫生健康委员会网站，2020年6月18日，http://wjw.xinjiang.gov.cn/hfpc/zhgl10/202006/5ea0ebd480a141c29841525d3c5271ef.shtml。

《河北举行中医药传承创新发展新闻发布会》，国务院新闻办公室网站，2020年12月1日，http://www.scio.gov.cn/xwfbh/gssxwfbh/xwfbh/hebei/Document/1693943/1693943.htm。

《河北：中医药人才培养进一步优化》，国家中医药管理局网站，2020年1月15日，http://www.satcm.gov.cn/xinxifabu/gedidongtai/2020-01-15/12416.html。

丁玉斌、刘宏达：《大数据时代高校创新创业教育的挑战、问题与对策》，《学校党建与思想教育》2018年第21期。

胡孔法：《大健康时代中医药信息工程应用型创新人才培养模式的研究与构建》，《时珍国医国药》2017年第3期。

刘钰涵、胡芳：《人工智能时代创新型中医药数据分析人才的培养模式研究》，《学校党建与思想教育》2020年第16期。

潘成清：《创新创业教育融入高校人才培养体系建设研究》，《学校党建与思想教育》2018年第3期。

B.7
产业转型背景下河北省技能人才需求预测及培养路径研究

饶立昌 邢明强 梁高杨*

摘　要： 技能人才在河北省产业转型中扮演着重要角色。本报告分析了技能人才数量和结构现状，以及产业结构和就业结构转型的现状，从三次产业、具体行业和新业态发展三个方面对技能人才需求进行定性定量预测分析。依据定量预测结果，发现产业结构转型对技能人才数量需求呈明显上升趋势，且对高技能人才的需求占比逐渐增长。依据定性和定量分析结果，从加强技能人才储备、不断提升技能人才素质、顺应转型趋势培养重点行业人才等方面提出对策建议。

关键词： 技能人才　产业转型　技工院校　新业态

习近平总书记强调，"实体经济是中国经济的重要支撑，做强实体经济需要大量技能型人才"，并鼓励广大青年走技能成才、技能报国之路。技能人才在河北省推动实体产业经济转型过程中同样发挥着重要作用，因而在产业结构转型背景下对河北省技能人才进行需求预测并对技能人才培养进行积极探索，具有一定的实践意义和重要价值。

---

* 饶立昌，河北省人力资源社会保障科学研究所所长，主要研究方向为人力资源管理；邢明强，河北省人力资源社会保障科学研究所副所长，主要研究方向为劳动关系；梁高杨，首都经贸大学博士研究生，主要研究方向为劳动经济学。

一 河北省技能人才现状

（一）河北省技能人才数量现状

2010～2019年河北省技能人才数量呈上升趋势，可大概分为三个阶段。（1）缓慢增长阶段（2010～2013年），技能人才数量从2010年的384万人增长至2013年的410万人，3年间约增长26万人，年均增长8.67万人。（2）平稳增长阶段（2013～2017年），从410万人增长至585万人，4年间约增长175万人，年均增长43.75万人。（3）快速增长阶段（2017～2019年），从2017年的585万人增长至2019年875万人，2年间增长290万人，年均增长145万人。具体详见图1。

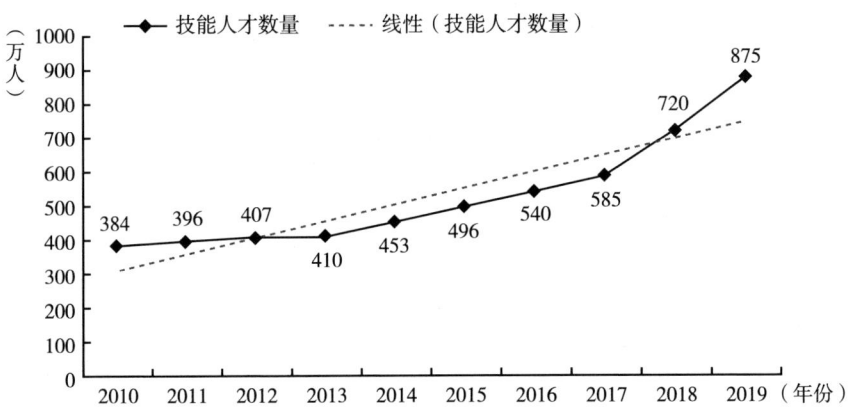

图1 2010～2019年河北省技能人才数量

资料来源：根据河北人社网及河北省人社厅职业能力建设处资料整理。

（二）河北省技能人才结构

2010～2019年河北省技能人才结构变化呈现以下特点。一是在技能人才总量上，中、低技能人才占比较大（2019年占比约72.11%），高技能人才占比较小（2019年约占比27.89%）。二是河北省技能人才质量逐渐提升。河北技能人才总量中高技能人才占比逐渐增加，从2010年的25.52%逐渐提升至2019年的27.89%。具体详见表1。

表1 2010~2019年河北省技能人才结构

单位：万人，%

年份	技能人才	高技能人才	高技能人才占比	中、低技能人才	中、低技能人才占比
2010	384	98	25.52	286	74.48
2011	396	102	25.76	294	74.24
2012	407	105	25.80	302	74.20
2013	410	109	26.59	301	73.41
2014	453	119.25	26.32	333.75	73.68
2015	496	132.5	26.71	363.5	73.29
2016	540	146	27.04	394	72.96
2017	585	160	27.35	425	72.65
2018	720	196	27.21	524	72.79
2019	875	244	27.89	631	72.11

资料来源：根据河北人社网及河北省人社厅职业能力建设处相关材料整理。

（三）技能人才在就业总人数中的占比

2010~2019年河北省技能人才数量在就业总人数中的占比逐渐扩大，从2010年的9.93%逐渐上涨至2019年的20.29%。技能人才数量在就业总人数中的占比情况发展可分为三个阶段：一是2010~2013年，占比基本维持在9.9%左右；二是2014~2017年，占比逐渐提升，从10.78%提升至13.85%；三是2018~2019年，占比提升显著，从16.76%提升至20.29%。说明技能人才数量增速高于就业总人数增速，劳动力市场中劳动者的技能水平逐渐提升。具体详见表2。

表2　2010～2019年河北省技能人才数量在就业总人数中的占比

单位：万人，%

年份	技能人才	就业总人数	技能人才占比
2010	384	3865.14	9.93
2011	396	3962.42	9.99
2012	407	4085.74	9.96
2013	410	4183.93	9.80
2014	453	4202.66	10.78
2015	496	4212.50	11.77
2016	540	4218.20	12.80
2017	585	4223.95	13.85
2018	720	4296.10	16.76
2019	875	4313.42	20.29

资料来源：2010～2019年《河北经济年鉴》及河北省统计局数据。

二　河北省产业结构转型现状

（一）河北省产值结构转型

2010～2019年河北省三次产业产值变化情况。第一产业产值基本保持缓慢稳定增长；第二产业产值在2010～2017年呈上升趋势，2017年后则开始下降；第三产业产值上升趋势明显（见图2）。

2010～2019年河北省三次产业产值基本情况如下。

首先，从产业产值增长情况来看，第三产业产值增速最快，平均增速为15.96%；其次是第一产业产值平均增速为3.73%；第二产业产值增速最慢，平均增速为2.70%。

其次，依据三次产业产值结构占比情况，近五年第一产业占比基本稳定在10%左右，第二产业产值占比逐年下降，2019年降至最低值38.73%，第三产业产值占比逐年增加，2019年增至最高51.24%。

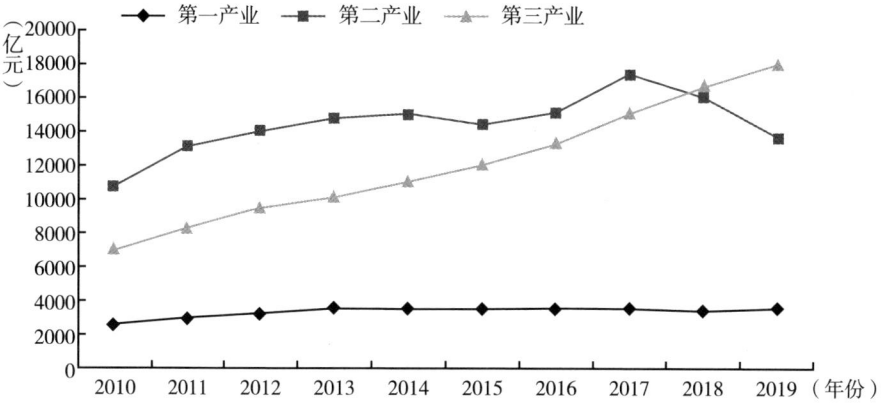

图2 2010～2019年河北省三次产业产值变化

资料来源：2010～2019年《河北省国民经济和社会发展统计公报》。

综上，河北省三次产业产值增长趋势为第一产业基本保持稳定，第二产业产值逐渐降低，第三产业逐年增高。具体详见表3。

表3 2010～2019年河北省三次产业产值及占比

单位：万元，%

年份	各产业产值			各产业产值占比		
	第一产业	第二产业	第三产业	第一产业	第二产业	第三产业
2010	2562.8	10705.7	6928.6	12.69	53.01	34.30
2011	2905.7	13098.1	8224.4	11.99	54.06	33.95
2012	3186.7	14001.0	9387.3	11.99	52.68	35.32
2013	3500.4	14762.1	10038.9	12.37	52.16	35.47
2014	3447.5	15020.2	10953.5	11.72	51.05	37.23
2015	3439.4	14388.0	11978.7	11.54	48.27	40.19
2016	3492.8	15058.5	13276.6	10.97	47.31	41.71
2017	3507.9	17416.5	15039.6	9.75	48.43	41.82
2018	3338.0	16040.1	16632.2	9.27	44.54	46.19
2019	3518.4	13597.3	17988.8	10.02	38.73	51.24
平均增长率	3.73	2.70	15.96			

资料来源：2010～2019年《河北省国民经济和社会发展统计公报》。

（二）河北省就业结构转型

三次产业就业人数变化趋势为，第一产业和第二产业就业人数均呈递减趋势，第三产业就业人数呈增长趋势。

2010~2018年第一产业就业人数从1464.21万人逐年下降至1360.10万人，年均减少13.01万人；第二产业就业人数，2010~2016年呈明显递增趋势，从1250.85万人增长到1439.74万人，年均增长31.48万人。但2016~2018年连年下降，从1439.74万人缩减至1367.70万人，年均减少36.02万人。第三产业就业人数2010~2018年从1150.08万人连续增长至1468.40万人，年均增长39.79万人。

从产业就业人数占比来看，2010~2018年第一产业就业人数占比呈下降趋势，从37.88%下降至32.41%；第二产业就业人数占比，2010~2014年从32.36%增长至34.21%，2014~2018年从34.21%下降至32.59%；第三产业就业人数占比，2010~2018年从29.76%连续增长至34.99%。

综上，2010，~2018年河北省就业结构呈现特点为：第一产业就业比例递减，第二产业就业占比先增后减，第三产业就业占比递增，目前各产业占比均在1/3左右，三次产业就业人数占比差距较小。但可以预见的是，第一和第二产业就业人数将逐渐减少，劳动力就业逐渐向第三产业倾斜。

表4　2010~2018年河北省三次产业就业人数及占比

单位：万人，%

年份	各产业就业人数			各产业就业人数占比		
	第一产业	第二产业	第三产业	第一产业	第二产业	第三产业
2010	1464.21	1250.85	1150.08	37.88	32.36	29.76
2011	1439.63	1319.83	1202.96	36.33	33.31	30.36
2012	1426.27	1400.79	1258.68	34.91	34.28	30.81
2013	1404.49	1438.07	1341.37	33.57	34.37	32.06
2014	1398.88	1437.79	1365.99	33.29	34.21	32.50
2015	1387.83	1437.43	1387.24	32.95	34.12	32.93
2016	1380.33	1439.74	1403.88	32.68	34.09	33.24
2017	1366.90	1396.58	1443.18	32.49	33.20	34.31
2018	1360.10	1367.70	1468.40	32.41	32.59	34.99

资料来源：2010~2019年《河北省国民经济和社会发展统计公报》和《河北经济年鉴》。

三 河北省技能人才需求定性分析

技能人才需求数量与结构随着经济社会发展和产业结构调整而动态变化，目前河北省经济社会正处于转型时期，产业结构自2018年起由"二、三、一"模式逐渐过渡到"三、二、一"模式，传统劳动密集型产业逐渐向资本、技术密集型产业转移，需要不断通过技术创新、技术引进、更新设备、改进工艺流程和研发新产品等途径，推动产业转型升级，而技能人才是支撑产业转型升级的基础性人力资源，在产业结构向高级化方向演进的过程中，需要大量技能人才尤其是高技能人才不断补充到人才队伍中去，并在三次产业间进行合理的分配、流动，因此，未来技能人才需求总量将大幅上涨。

（一）河北省三次产业状况分析

分产业来看，未来河北省第一产业产值将继续维持稳定增长，但所占比例呈明显下降趋势，目前河北省正在着力构建与水资源承载力相匹配的现代农业体系，以及粮经饲统筹、农牧渔结合、种养加一体化的复合型现代农业结构，标准化、现代化将成为河北省第一产业未来发展的重要趋势，随着农业生产机械化、信息化水平的提高，未来河北省将以现代都市农业、特色高效农业为发展方向，实际生产实践中将更多地运用机器替代劳动，因此第一产业吸纳的就业人数总体上呈下降趋势，然而对具有一定农业理论知识和掌握现代化农业设备操作技术的技能人才需求数量将相对有所增加。第二产业总体发展趋势与第一产业一致，即产值将维持增长，但所占比例下降，在今后发展中将着力于提升技术创新水平和结构优化调整，逐步由资源利用高消耗、高污染的粗放发展模式转向集约高效、环境友好的发展模式，在这一过程中，部分传统行业的技术工人由于不适应未来产业发展需求将逐步被淘汰，因此，对于普通劳动者的需求稳中有降。而众多高新技术产业以及先进制造业等行业的快速发展，使得具有先进生产技术和一定科技创新水平的技能劳动者的需求量将增加，特别是能够适应数字化、信息化、自动化设备的高技能人才。对于第三产业，随着产业增加值和产业从业人员的快速增长，未来各个行业对各类技能人才的需求均会相应地增加，第三产业的快速发展必将吸纳更多劳动力就业，包括新增就业人员以及第一、第二产业转移就业人员。特别是现代服务业的发展是结构调整的重点，同时也是具有发展潜力的新的经济增长点。一方面，传统优势服务业将不断发展壮大，将增加处于生产和服务一线岗位的中、低技能人才需求。另一方面，由于科技的进步，与数字化、智能化、信息化等先进技术密切相关的新兴服务行业不断涌现，人才岗位分布特点也将更多集中于富含知识和技术水平的高端服务业岗位，为此，将更多地增加对高技能人才的需求。

（二）相关具体行业分析

分行业来看，河北省工业转型呈现新产业发展与传统产业升级同步加快，制造业向中高端迈进的发展态势，通过分析近年来河北省第二产业内部各行业产业增加值和从业人员数量的发展趋势，可以预测制造业、建筑业以及电力、热力、燃气及水生产和供应业将增加对技能人才的需求，其中需求增长较快的为电力、热力、燃气及水生产和供应业，而采矿业所需技能人才数量将有所下降。从第三产业的行业增长情况来看，对技能人才需求数量较大的主要集中在批发和零售业，交通运输、仓储和邮政业，住宿和餐饮业，居民服务、修理和其他服务业。随着人民生活水平的提高以及对环保、卫生等公共服务领域的重视，水利、环境和公共设施管理业，卫生和社会工作，公共管理，社会保障和社会组织等行业成长迅速，因而可以预测未来对技能人才的需求也将有一定程度的增长。此外，大数据、人工智能、互联网等领域的快速发展，使得信息传输、软件和信息技术服务业，科学研究和技术服务业，教育、文化、体育和娱乐业等现代服务行业有了更大的发展空间，并且衍生出许多新兴服务行业，伴随着产业结构的转型升级和岗位科技含量的提升，各行业对技能人才尤其是高技能人才的需求数量将会进一步扩大。

根据2019年河北省急需紧缺职业（工种）目录，农业行业缺口较大的是农作物植保员和农机修理工。第二产业职业种类缺乏最多的是制造业技能人才，主要包括机械加工制造、工装工具制造加工、电工电子行业、化工行业、冶金行业、食品制造业等行业从业人员，此外，采掘业和建筑业也缺乏相应技能的从业人员，如矿山救护工、采掘电钳工、混凝土工、钢筋工等技能人才。服务业缺口比较大的主要有商业服务人员、仓储人员、金融行业从业人员、会展业从业人员、住宿及餐饮服务人员、生活照料服务人员、美容美发服务人员、保健服务人员、社会服务和居民服务相关人员。而高新技术产业则是电子竞技运营师、物联网安装调试员、工业机器人系统操作员以及信息通信网络运营管理人员等技能人才紧缺。由于2022年北京"冬奥会"分会场将在河北张家口举办，因此，河北省冰雪产业相关技能人才也面临紧缺局面，主要有社会体育指导员、体育场地维护工、制雪师、制冰师、冰雪器具维护工等。

（三）新兴业态发展的需求

新的一轮科技革命和产业革命孕育了新产业、新业态、新模式，京津冀协同发展战略、雄安新区规划建设等重大战略以及冬奥会筹办任务在河北省的实施，为河北省新业态的发展带来强大动能，互联网、大数据、人工智能等先进技术与实体经济深度融合，催生出以数字经济、共享经济、平台经济等为代表的大量新业态、新模式。河北省发改委牵头研究制定了《河北省服务业新业态新模式项目谋划建设指南》，对大健康、云服务、新型电子商务等十大领域的发展方向提出了具体要求，可见，新业态作为一种新动能已成为河北省经济社会发展的方向和重点。从目前河北省新业态的发展趋势来看，大健康、云服务、在线娱乐、在线医疗、网络教育等领域发展势头强劲。产业的发展离不开人才的支撑，新业态、新技术、新结构不仅对河北省技能人才的数量提出了新需求，而且对人才的专业能力、创新能力、社会适应能力等提出了新挑战。

共享经济依托大数据分析、智能移动终端等信息技术对海量的分散化、闲置资源进行整合与重新配置，使得供需双方得到更加快速、精确的匹配，近年来共享出行、共享租住、共享物品、异业联盟合作等新兴业态呈现井喷式发展，以"多雇主化"为特征的人才共享新模式开始蓬勃兴起。长期来看,共享经济一方面将催生出更多新的经济形态,对相关的技能人才产生需求。如融合了线上服务、线下体验及现代物流的新零售,作为一种全新的商业模式,催生了诸如数据分析师、算法工程师、机器人饲养员等大量新兴岗位,未来相关行业的技能人才需求旺盛。此外,员工共享新模式将会得到进一步发展。以新零售为代表的各类企业纷纷组建人才发展联盟,联合培养、储备人才,共享、共用人才,大大提高了人才资源配置效率。共享经济催生出的新业态和新就业形式不仅对技能人才的综合素质提出了更高的要求,从业人才需要掌握多种职业技能,尤其是与互联网相关的知识和操作技术,而且将从根本上改变技能人才的培养模式与管理方式,未来河北省技能人才培养应充分考虑共享经济背景下的新业态对技能人才需求产生的变化,并适时调整人才培养方式、方向和目标。

四 河北省技能人才需求定量预测

依据2010~2019年河北省的产业产值结构、技能人才数量、劳动就业、行业发展等数据,主要依据灰色预测模型和神经网络模型对河北省技能人才需求进行预测分析,预测分析结果如下。

(一)河北省技能人才需求的数量和结构

2019~2025年,中、低技能人才需求量占比将从79.90%逐渐下降至65.50%,高技能人才需求量占比将从20.10%逐渐提升至34.50%。2025年河北省技能人才需求量结构为:中、低技能人才约占65.50%,高技能人才约占34.50%。

依据表5,根据实际值与预测值对比结果,河北省技能人才需求量结构呈现中、低技能人才需求量占比逐渐下降,高技能人才需求量占比逐渐提升的趋势。说明随着产业结构转型,对高技能人才需求的占比有明显上升趋势。预测到2025年,中、低技能人才需求量与高技能人才需求量的比值约为1.9:1。

表5 2019~2025年河北省技能人才需求预测结果

单位：万人，%

年份	技能人才需求总量	中、低技能人才需求量	中、低技能人才需求量占比	高技能人才需求量	高技能人才需求量占比
2019	1251.604	1000.49	79.90	251.114	20.10
2020	1301.047	1002.50	77.10	298.547	22.90
2021	1370.641	1003.50	73.20	367.141	26.80
2022	1042.378	642.60	61.60	399.778	38.40
2023	1432.247	1010.50	70.60	421.747	29.40
2024	1520.945	1023.50	67.30	497.445	32.70
2025	1700.314	1113.50	65.50	586.814	34.50

（二）河北省技能人才需求量在就业总量中的变化

本报告运用MATLAB 2019软件，并依据BP神经网络模型对河北省技能人才需求量和就业总量分别进行了预测，结果详见图3。依据预测结果发现，河北省技能人才需求量在就业总量中的占比呈递增趋势（由于预测模型方法本身的局限，软件在预测过程中会赋予随机数列作为训练集，预测结果可能会出现波动。图3中的2022年预测结果波动较大，故参考价值较低）。

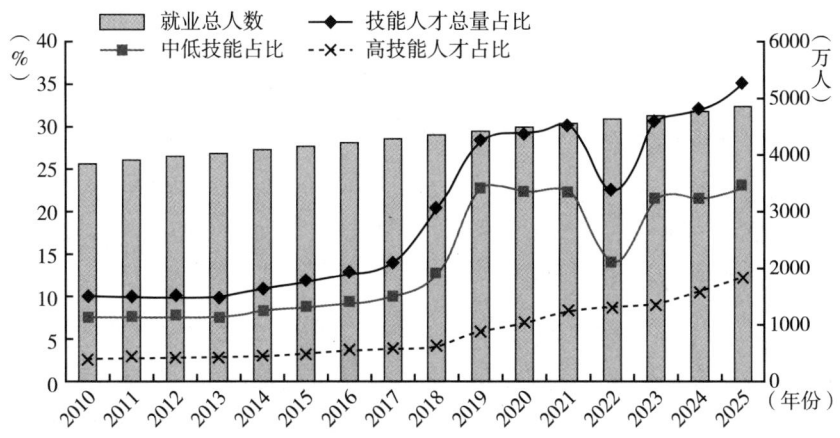

图3 2010~2025年河北省技能人才预测量占就业总量比例

2019～2025年预测结果详见表6，观察河北省技能人才预测值占就业总量的比例发现：2019～2025年就业总人数中技能人才需求量占比由28.33%递增至35.15%，中、低技能人才需求量占比从22.64%递增至23.02%，高技能人才需求量占比从5.68%递增至12.13%。

表6　2019～2025年河北省技能人才需求预测值占就业总量比例

单位：万人，%

年份	就业总人数	技能人才需求量占比	中、低技能人才需求量占比	高技能人才需求量占比
2019	4418.2	28.33	22.64	5.68
2020	4485.5	29.01	22.35	6.66
2021	4553.7	30.10	22.04	8.06
2022	4623.0	22.55	13.90	8.65
2023	4693.4	30.52	21.53	8.99
2024	4764.8	31.92	21.48	10.44
2025	4837.3	35.15	23.02	12.13

五　加强技能人才培养的对策建议

（一）继续加强河北省技能人才储备

现阶段河北省每年新增的技能人才培养数量与未来产业发展所需要的技能人才年增长量间存在较大差距，河北省的各技工院校、就业训练中心和民办培训机构等技能人才培训主体需要继续加大对技能人才的培养力度，以满足未来产业发展对技能人才的大量需求。

一是加大技工院校支持力度。河北省技工院校要进一步扩大招生规模，充分发挥技能人才培养主渠道作用，提高技能人才供应量。从年招生数及在校生数情况看，2009～2018年，河北省技工院校每年招生人数在3.8万～6.4万人波动，在校生数范围在10万～17万人，而且自2010年开始，在校生数总体呈现下降趋势,充分说明了现阶段河北省技能人才的储备数量严重不足,未来河北省应进一步扩大技工院校招生规模,扩充技能人才储备数量。

二是加大就业训练中心培训力度。就业训练中心要不断提升培训质量,提高结业人数、就业人数占比,加大对劳动预备制学员、失业人员、农村劳动者、在职职工等各类人员的职业技能培训。

三是扶持培养民办培训机构。2010~2018年,河北省民办培训机构数量稳定在800~900家,培训人数从27万人上升至52万人。但按照对河北省未来技能人才需求数量的预测,当前的培训规模远不能达到未来所需要的技能人才需求数量,因此,在此基础上,河北省应继续扩大民办培训机构数量,提升民办机构培训能力,满足河北省产业转型升级对技能人才的新需求。

(二)不断提升河北省技能人才素质

河北省产业结构的调整和转型,对技能人才的素质提出了更高要求,未来技能人才的培养不仅要注重规模扩大,还要追求质量提升和结构优化。河北省技能人才队伍表现出"初级技工多,高级技工少;传统型技工多,现代型技工少;短训速成多,系统培养少"的结构性矛盾,而且技能人才的整体年龄结构和知识结构呈现"双重老化"的趋势,越来越难以适应河北省产业结构调整对技能人才素质、能力提出的新要求。因此,河北省应进一步提升技工院校教育水平,夯实技能人才培养基础,同时,要有效发挥就业训练中心、民办培训机构等在技能人才培育中的重要作用,不断提升技能人才能力水平,优化技能人才素质结构,满足河北省产业转型升级对技能人才提出的更高要求。

1. 提升技能人才教育和培训质量

首先,要建立以市场需求为导向的技能人才培养体系,适应未来产业发展需求。要改变目前技工院校对技能人才培养目标定位不清晰、专业课程设置狭窄且界限分明,不能根据市场需求及时调整更新专业、课程设置的状况。其次,要进一步壮大技工院校和职业培训机构的师资队伍。要进一步改革教师资格和编制制度，建立适应职业教育办学要求的教师资格标准和职称评审办法；完善教师培养培训制度，提高教师业务水平；落实职业院校用人自主权，招聘最适合自己办学特点和发展方向的教师；调整绩效工资制度，在核定职业院校绩效工资总量时，向承担职业技能培训工作的单位倾斜，在职业院校内部分配时，向承担技能培训工作的一线教师倾斜，保障其合理待遇，提高教师的从业积极性和主动性。

2. 探索技能人才培养新模式

在产业转型升级背景下，新的生产方式和服务模式不断涌现，产业链条逐渐由低级向高级扩展延伸，技能人才的培养模式也应当根据外部发展环境和需求条件变化做出与时俱进的调整，积极探索更加贴合产业发展需求的技能人才培养新模式。一是积极推动多元办学，学校应当加强自身管理体制和办学模式改革，全面提高教育教学质量，在河北省产业转型升级背景下，新的技术、生产工具和生产方式层出不穷，技能人才培养应当突出强调培养学习者的先进设备操作技能和创新能力，培养适应高端化和智能化制造业、现代化农业和服务业发展的创新型技能人才。二是企业应科学规划、系统安排员工队伍建设，及时向职业院校提供最急需的人才需求和人才质量评价，从而更好地指导职业院校制订人才培养计划，及时调整人才培养方案，培养与市场需求相一致的技能人才队伍。三是应充分发挥政府推动和市场引导作用，通过制定行业企业参与技术技能人才培养培训的税收优惠、财政补贴等政策，促使企业和职业院校成为技术技能人才培养的"双主体"。四是进一步改革完善"双师型"师资队伍。校企合作模式的顺利施行需要与之相匹配的"双师型"师资队伍，即校内导师与校外导师联合培养、一体化育人，形成理论教学与实践教学相结合的人才培养模式。

3. 加大财政投入力度，完善技能人才培育制度和政策法规

首先，要进一步加大财政投入力度，全面改善技工院校和各类培训机构的办学条件，广泛应用现代信息技术，使培训场地、设备水平更加适应河北省产业转型升级的要求。具体要做到，合理划分各级政府对职业教育投入的责任和比例，实施现代职业教育质量提升计划和中等职业教育基础能力建设

项目，推进职业院校标准化建设。支持企业设立技能人才培养基地和技能人才工作室，发挥其在技能人才培养中的领军带头作用。其次，构建高技能人才培养的一体化管理制度，不断提升技能人才培养的效率和质量。目前，高职院校和技工院校隶属于不同的管理部门，导致在管理过程中各自为政，出现重复办学现象，影响办学质量。有关部门应加大政策宣传力度，提升政策公众知晓度，帮助企业、培训机构和劳动者熟悉了解、用足用好政策，共同促进职业技能培训工作的开展。

（三）顺应转型趋势，重点行业人才重点培养

技能人才需求与产业行业发展趋势密切相关，在河北省产业转型升级背景下结合产业和行业发展趋势对技能人才的需求数量及结构进行合理预测，以进一步推动技工院校、就业训练中心、民办培训机构与企业的有效合作，整合各自优势资源，实现各方能力互补，不断扩充技能人才储备数量，提升技能人才素质，优化技能人才结构，为推动河北省产业结构转型升级提供有力的人才支撑。

1. 顺应三次产业结构转型的技能人才需求

依据河北省三次产业结构和就业结构发展趋势，第一产业产值所占比例基本保持稳定，第二产业产值所占比例呈下降趋势，第三产业产值所占比例呈上升趋势，就业结构基本与产业结构保持一致。第一产业对具有一定农业理论知识和掌握现代化农业设备操作技术的技能人才需求数量将相对有所增加，第二产业对高端岗位的复合型技术技能人才会有更大的需求，第三产业的快速发展必将吸纳更多劳动力就业，特别是现代服务业是结构调整的重点，同时也是具有发展潜力的新的经济增长点。未来河北省技能人才的培养需要顺应河北省三次产业结构的变化趋势，围绕先进制造业、战略性新兴产业、现代服务业以及循环农业、智慧农业、智能建筑、智慧城市建设等产业，开展相应的技能人才培养。

2. 满足重点行业发展的技能人才培养

未来河北省技能人才培养的专业和方向要向先进制造业、信息技术产

业、现代服务业等重点领域拓展。要扩大第二产业中制造业，建筑业，电力、热力、燃气及水生产和供应业以及第三产业中批发和零售业，交通运输、仓储和邮政业，住宿和餐饮业，居民服务等服务业的技能人才培养规模。此外，要促进大数据、人工智能、互联网等新兴服务行业的高技能人才培养。同时，应重视加强技能人才特别是急需紧缺技能人才的培养工作，增强培训的针对性，以达到快速、精准缓解相关行业技能人才急需紧缺的困难局面。河北省各技能人才培养主体应以技能人才急需紧缺目录为培养依据和工作重点，凝聚力量、协同合作，围绕市场急需紧缺人才实施有计划、有针对性的培养。

（四）满足新业态需求的技能人才培养

随着新业态大数据、人工智能等先进技术与实体经济深度融合，催生出了以数字经济、共享经济、平台经济等为代表的大量新业态、新模式。将对技能人才培养产生新的需求，可从加强校企合作和完善技能人才教学体系两方面积极应对。

1. 技能人才培养需要积极与新业态对接

各高校、技工院校、就业训练中心以及其他民办技能培训机构应积极与企业对接，了解新行业、新业态的新职业、新岗位需求，使技能人才培养与新业态实现精准对接。同时各学校应依据新行业、新业态需求缺口，尽快构建专业设置与调整的动态机制，坚持开放办学，主动与新经济业态对接、与产业互动，精准对接人才需求。

2. 依据新业态及时调整技能人才教学培养体系

技能人才培养应多方参与、设置多层次专业课程，与新业态发展需求相配。在教材编写上，提升行业企业专家、技术人员对新业态人才培养相关教材的参与度。教师队伍应邀请来自新业态行业、企业的教师、教育顾问和实践指导教师，形成双师双能教师团队。及时回应社会和产业对人才的诉求，调整人才培养模式，重构适合需求的课程体系，使之能够快速响应新技术、新经济、新业态的需要。

参考文献

《国务院关于印发"十三五"促进就业规划的通知》，中国政府网，2017年1月26日，http://www.gov.cn/zhengce/content/2017-02/06/content_5165797.htm。

康振海主编《河北农业农村发展报告（2018~2019）》，社会科学文献出版社，2019。

《河北省产业结构呈现三产升一产平二产降良好态势》，《河北日报》2019年5月6日。

裴云：《高职教育中"高技能人才"认知若干视角》，《中国职业技术教育》2014年第24期。

杨克：《中国制造业多元制技能人才培养模式研究》，博士学位论文，武汉理工大学，2009。

何应林：《高职院校技能人才有效培养研究》，博士学位论文，南京师范大学，2014。

宁高平、王丽娟：《新时期技能人才培养培训机制研究》，《宏观经济管理》2019年第8期。

杨丽莉：《新型学徒制——技能人才培养的体制创新》，《创新创业理论研究与实践》2018年第22期。

陈彬、吕维勇：《河南省社会发展对高端技能型人才需求的预测》，《市场研究》2012年第10期。

田楠：《基于多因素灰色模型的技术技能型人才需求预测与分析——以天津市为例》，《职业技术教育》2014年第19期。

《中华人民共和国职业分类大典》，中国劳动社会保障出版社，2008。

B.8
关于推进河北乡村振兴战略人才培养调查研究

王建强 靳静*

摘　要： 党的十九届五中全会和河北省委第九届十一次、十二次全会都对乡村振兴战略做出安排部署，乡村振兴中人才振兴是关键。本报告从河北实施乡村振兴战略中的人才振兴入手，总结成绩，分析了当前河北乡村人才振兴面临的宏观方面的困难和问题，提出了加强乡村人才队伍建设综合管理与宏观管理等七项具体对策建议。

关键词： 乡村振兴　乡村人才　河北人才

党的十九届五中全会、中央经济会议、中央农村工作会议和河北省委第九届十一次、十二次全会都对乡村振兴战略做出安排部署，特别是中央农村工作会议提出要举全党全社会之力推动乡村振兴，促进农业高质高效、乡村宜居宜业、农民富裕富足。新时代实施乡村振兴战略，是中央基于如何有效把握城镇化与逆城镇化两者相互关系而做出的重大战略决策，这一战略决策，除了要让城镇反哺农村之外，振兴乡村农业，让农业"有奔头"也是关键一招。而无论采取哪种方式，人才振兴非常关键，在五个具体路径中非常重要。近年来河北不断加大乡村人才振兴工作力度，始终高度重视这一工

---

* 王建强，河北省社会科学院人力资源研究所研究员，主要研究方向为人才制度与人才开发；靳静，河北日报报业集团人力资源部副主任、高级经济师，主要研究方向为人力资源管理。

作,在加强农村带头人培育、鼓励科技人才下乡、支持人才返乡创业等方面,以人才振兴助推其余四个振兴,取得了不菲的成绩。当前,全省正处于实施乡村振兴战略和打赢脱贫攻坚战的关键期,人才支撑作用尤为重要。我国农业生产方式的发展变化,迫切需要农民适应当前发展状况;应对农村有劳动能力的青壮年向城镇转移的现状需要解决农业土地上劳动力短缺问题;应对农村生产力和生产关系变革,进一步激发农村生产活力,迫切需要解决培养造就一大批现代农业经营主体问题,这些要求使得人才振兴更加迫切。但乡村振兴中人才因素的制约仍是一道门槛,需要付出巨大的努力才能跨越。

一 河北实施乡村人才振兴现状分析

(一)基层党组织建设成效显著

健全完善领导干部包联、选聘第一书记到村任职、省直工作队驻村帮扶工作长效机制,实现建档立卡贫困村全覆盖。选派优秀干部到村任职挂职,助推乡村振兴。开展基层干部"百千万"培育计划,每年组织村党支部书记参加正规化学历教育。邯郸推动实施"万名优秀青年培育工程",每村培育2~3名优秀青年,累计培训乡村党员21.8万人,培训优秀青年1.27万人。承德市在全市深入开展"脱贫攻坚党旗红"活动,通过实施"致富先锋"工程,使1341名党员致富带头人创办领办专业合作社1158个,辐射带动6.3万贫困群众;通过实施"能人返乡"工程,吸引近1900名在外创业有成人员回乡创业,其中有53人被发展为党员、136人进入村"两委"班子、23人当选村党组织书记,树起了一面面带领农民脱贫致富的鲜红"党旗"。

(二)加强农业科技人才建设

依托国家和河北省有关人才工程项目,大力培养和引进农业科技人才。紧紧围绕乡村振兴打造特色优势农产品专项创新团队,覆盖特色优势产业;

适应三次产业融合、全产业链打造的要求，设立急需专家岗位，鼓励支持青年科技骨干以创新团队成员身份，参加团队工作，加强交流合作，进一步扩大农业科技创新人才范围，精心打造一流创新团队；开展有关农技推广方面的培训，培养有关农业技术人才。如邯郸市依托现代农业培训基地，围绕蔬菜、果品、特色畜禽产品等9类、15个特色优势农产品，对基层农技推广骨干进行知识更新培训；围绕产业扶贫、优势特色产业发展，在贫困地区以及其他有需求的地区，招募一些特聘农技员。组织特聘农技员按照增强农技服务供给、支撑农业特色优势产业发展、带动贫困农户精准脱贫等要求，有针对性地开展农技指导、咨询服务和政策宣讲，为贫困地区培育一支热爱农业农村、助力脱贫攻坚的特聘农技员队伍。唐山市以农技推广补助项目县为重点，对县、乡两级农技人员开展知识更新培训，全市每年培训基层农技人员300人以上；通过省级调训、市级集训和县级就地培训三种模式，对基层农技人员开展分级分类培训，进一步提升基层农技人员的专业技能和实操水平，使其成为本地区、本领域重大农业技术示范推广的骨干力量。

（三）注重对新型职业农民的培育

近年来，中央资金在河北省的投入连年增加，先后有130多个农业县被农业农村部和财政部确定为新型职业农民培育工程项目县，累计投入资金近5亿元，培训20.4万人，建立起一支高素质农民队伍。一是建立相关培训制度，在国家相关规划框架内编制本省培训规划。二是教育培训体系不断完善，聘请省内外农民教育培训的专家和骨干教师，对"农民教育培训课程体系""农民培训管理规范"实施更新，满足产业农民和农业经营主体带头人的教育培训需求。加强平台建设，认定农民培训和实训教学基地341个，其中省农广校、石家庄市农科院、青县司马庄绿豪农业专业合作社、正定泽润农业科技有限公司等7个基地被农业农村部确定为全国新型职业农民培育示范基地。农广校体系已经成为农民教育培训的支撑力量，承担的农民教育培训任务占比在60%以上，以多种方式广泛积极参与农民教育培训工作，构建起了多元培训体系，其中仅邯郸市 2019 年开展的农业科技大培训活动，就培训农民 10.3 万人次，培育新型职业农民 4600 人。三是培训模式方法更加有效。建立了特殊的培育模式，有效提升其综合素质、生产技能和经营管理能力。同时鼓励各地组织职业农民跨省区开展交流实训，提升发展理念。推广应用云上智农手机 App，引导和鼓励农民在线学习、在线服务、在线考核，全面提高信息化应用水平。"搭建合作平台共推农民教育培训案例"等 9 个典型案例被评为"百个农民教育培训发展典型案例"。

（四）壮大了新型农业经营主体

近年来，农民合作社和家庭农场在延伸产业链条、开展集约化生产、带动农民持续稳定增收等方面的作用愈发凸显，壮大了新型生产经营主体队伍，带动了当地农业发展和农民增收。调查显示，农民合作社中农村实用人才占总人数的 28%，其中种植和综合经营人员分别占 43% 和 24%。年龄方面青壮年占比大，31~50 岁占 72%，高中学历占比为 28%。全省 22 个调查点对普通农民就新型农业经营主体作用发挥情况的调查显示，新型农业经营主体对当地发展起示范带动作用明显的农民占比达到了 73%，这说明新型农业经营主体队伍在河北乡村振兴战略实施中发挥了示范引领作用，受到广大农民的欢迎。

（五）在助推全省脱贫攻坚进程中培育了大批脱贫带头人

近年来，河北新型职业农民培育项目在 62 个贫困县投入资金 1.4 亿元，培育新型职业农民和脱贫带头人 6.5 万人，新型职业农民和农村实用人才已经成为现代农业发展和脱贫攻坚的重要支撑。2017 年河北省农业农村厅与 28 个项目县签订了任务书，实现了全省 62 个贫困县新型职业农民培育工程全覆盖，开展产业扶贫带头人培训，突出示范引领和帮扶带动作用。对有劳动能力的贫困户，通过开展产前、产中、产后短期技能培训服务，提升其自我脱贫能力，取得积极成效。

二 河北实施乡村振兴战略人才制约因素

当前乡村振兴战略中推进人才振兴取得了不小的成绩，乡村人才在发挥引领和带动作用过程中的成效非常显著，但仍然存在一些不尽如人意的情况，主要表现在乡村青壮年流失严重、乡村人才技能提升需求迫切、乡村专业技术人才后继乏人、乡村产业和就业扶持政策还需强化等。

（一）基层缺乏聚集人才的吸引力

基层特别是乡村吸纳人才的普惠性和长效性政策措施不足。尽管国家和全省近几年不断出台有关鼓励人才向基层流动的政策文件，但由于基层基础设施和公共服务相对落后，特别是工资、薪金、编制等人才最为关注的问题与城镇差距较大，除特殊人群，例如扶贫人才、驻村工作队、大学生村官等可享受一次性特惠政策且有服务基层年限外，要想将大批人才留在基层，需要制定保障所有乡村人才职业与事业发展、待遇水平提高、生活工作环境改善的普惠性、长效性措施，以吸纳人才扎根基层，这方面恰恰显得不足。在调研中乡村人才普遍反映，其职业发展空间有限、职业发展机会相对较少，遵循人往高处走的规律，许多有能力的人才都流失了，特别是乡村青壮年人才流失严重，这已成为阻滞乡村人才振兴和发展的主要障碍。

（二）乡村专业技术人才短缺严重

调研发现，全省乡村大专以上学历专业技术人才比例严重不足，后继乏人。以乡镇卫生人才为例，现阶段，基层医护人员发展空间小、待遇低、工作量大、职称晋升限制多，乡镇卫生院对大学毕业生和专业技术人才吸引力有限。调查显示：全省乡镇卫生院本科以上学历人数约占6.96%，具有副高级以上职称的不足2%，普遍存在人才"引不进，留不住"现象，既受编制限制招聘人才难，又存在现有人才不断流失的现象，如专业技术较好的基层医疗服务人员多流向私立医院或自行开设私立诊所，导致专业技术人才队伍逐渐萎缩，出现人员素质整体偏低、人才断档等问题。全省大部分基层都存在专业技术人员严重短缺的问题。

（三）乡村人才能力评价缺乏科学有效的标准

现行人才能力评价序列远远不能反映乡村人才的职业类别，现行人才能力与水平评价的指标要素及相关标准不尽合理。乡村专业技术人才在职称评聘方面与城镇专业技术人才相比有许多天然缺陷，如农技推广人才、乡村教师、医护人才的课题、论文等职称评审条件限制较多，人才评价不科学，是导致人才不愿意到乡村去，乡村人才流失严重的重要因素。以基层农技人才为例，基层农技人才多数是面向基层农民群众进行业务指导、技术推广和提供服务的，他们大部分是直接下到田间地头工作，职称评聘极大地受到评聘条件和岗位设置的限制。以岗位为例，按照全省专业技术职称岗位设置相关规定，省、市、县三级的中高级设岗比例是逐级下降的，如省级农业事业单位的正高岗位设置比例为≤15%，市级单位≤8%，县级单位≤5%，乡级单位≤3%。农牧业工作的重点在基层，无论是上级部门的工作安排，还是具体业务的监督与指导，都需要大量的基层农技人员来具体落实，因而基层岗位设置应该占较大部分比例才对，但全省现行的市、县、乡三级专技岗位设置比例，尤其是高级岗位的设置比例，与现有基层农技专业人员的岗位需求严重脱节，尽管现在规定比例可上浮2~3个百分点，但仍然远远不能满足需求，基层农技人才很难获得相应的职称待遇。在职称评定上，不像基层卫生专业技术人员在取得中级职称后在艰苦边远地区农村连续工作满10年的才可直接取得副高级职称（其他类人才连这样的待遇都没有），这些人才不能安心待在基层，极易影响农业技术推广，有的农技人才千方百计要调离，甚至辞职。

（四）乡村人才成长激励保障不足

乡村人才的收入普遍不高且存在差异，有些基层企业和部分事业单位的专业技术人才缺乏合理的甚至是必要的收入保障，部分权益缺乏有效保障。如特岗教师,"特岗计划"政策是政府促进教育均衡化,提高农村教育质量的具体体现。河北省2010年出台了《河北省特岗教师管理办法(试行)》,近年来在补充农村教师队伍,扩充大学生就业途径,加快城镇一体化进程等方面作用明显。但另一方面,特岗教师工作的区县都属于贫困县,且任教学校一般地处偏远,工作及生活条件相对较差。同时,在调研中发现,个别县只发放中央财政拨付的工资性支出,而不发放地方性补贴,如绩效考核津贴等,造成了部分特岗教师与正式教职工"同工不同酬"现象;个别县特岗教师的入编手续进展缓慢甚至根本就入不了编。这些弱化"特岗计划"政策的地方行为直接影响着特教岗位的稳定性。调查显示,有近半数的特岗教师有离职倾向。这直接关系到全省农村教师队伍整体素质和农村中小学教学质量的提高,需引起高度重视。另外,基层一线人才的政治待遇普遍不高,他们到党委和人大、政府、政协机关及群团组织、社会组织等任职以及作为党代会代表、人大代表、政协委员人选的比例太低。

(五)对乡村人才的培训不到位

乡村人才参与培训的强制约束机制不到位,致使人才参与培训制度的落实缺乏多元保障措施。高校毕业生基层成长计划、科技特派员选派工作、招收贫困地区学生专项计划、师范生公费教育工作等都是"上对下",而新型职业农民培育工程、农技推广服务特聘计划,免费医学生培养项目等,实施效果并不明显。另外,现行的乡村人才培训质量不高,其素质无法提高,在振兴乡村发展中缺乏必要的专业技术知识,无法满足需要。以乡村人才中的新型职业农民为例,在培育方面存在机制创新跟进不足问题,其突出表现为:教育培训改革未能接轨,职业农民更加注重实践性,需要对课程、教材、实训形式进行改革,而适应农民特点的课程体系和符合更大区域性特点的教材仍然匮乏;职业农民学历教育通道不畅,部分地区对农民求学年龄加以限制,同时参加系统性培训与取得学历教育证书未能有效衔接,农民难以参加更高层次的学历教育;职业农民终身学习制度尚未建立,受经费限制,职业农民三年之内不能再次参加培训,终身学习、不断学习的通道阻塞。必须强化政策扶持,着力培育工作。

(六)下派人才普遍缺乏农村经验

实施乡村振兴战略,除了要发挥乡村本土人才的作用外,还要注重发挥从中央、省、市、县派往乡村的脱贫攻坚人才的作用。现有下派脱贫攻坚人才主要包括科技特派员、大学生村官、农村工作队等,但这些人才中有许多缺乏农村工作经验,甚至呈现"水土不服"现象,这在一定程度上阻碍了乡村振兴战略的实施。乡村工作面广量大,需要下沉人才具有较高的政策理论和实践操作能力,特别是那些任职村大都是班子较弱、经济落后、村情复杂的后进村,要想做好工作必须有热情、能力和水平。"下派人才"多为机关事业单位的工作人员,虽然各派出单位力求选派农村工作经验丰富的干部,但受有关因素的影响,部分单位尤其是省直单位无法派出有农村工作经历的干部,这些被派出的人才大部分只能提供有限的资金和扶持,对于大的脱贫攻坚产业项目无能为力,只能建一些基础设施。

(七)基层党组织力量较为薄弱

实施乡村振兴战略,必然涉及乡村党组织建设,尤其是党组织班子成员及党员干部至关重要。但调研中发现,全省乡村特别是贫困乡村基层党组织建设普遍力量较弱。如河北省太行山连片特困区的乡村党组织建设中,个别村党支部书记不愿意发展新党员,致使优秀青年入不了党,新鲜血液不能得到及时补充,村级后备干部枯竭,村"两委"后继乏人,基层党组织不能形成凝聚力、战斗力。"无人管事、无人干事、无钱办事"现象时有发生。有的村党组织成员都是家庭的支柱和重要劳动力,无法全身心投入乡村党务管理。调研中发现,有的村党委班子年龄偏大,谋事创业能力差,致使基层党组织战斗堡垒作用发挥不好,有的村两委干部不仅能力低,且思想僵化,存在等、靠、要思想,对乡村振兴工作重视不够。例如,涉及村民切身利益的基础设施项目如田间作业路、果园作业路、污水处理项目、安全饮水项目等要聘请村委会、村民代表参与监督管理,以保证建设质量到位,但他们并不积极。有的只召开支委会、村民代表会,但会议精神不能顺畅传达到村民,执行力很差。有的村民代表没有组织,集体荣誉感不强,干工作没有积极性,不能很好地履行代表职责和有效发挥作用,在村民中的威信较低,特别是涉及公共事业,村民协调起来难度较大。

三 推进全省乡村人才振兴的人才培养对策建议

(一)加强乡村人才队伍建设综合管理与宏观管理

一是建议由省委牵头,组织农业、人社、教育、科技、发改、工信、卫健等部门对支撑乡村振兴人才队伍建设开展专题研究,强化人才队伍建设战略管理,同时以现有人才统计为基础,开展乡村人才调查、建立乡村人才信息监测体系和信息发布制度,建立并逐步完善乡村人才队伍建设预报预警机制。二是加强乡村人才队伍建设政策评估与优化。强化职能管理部门作用,由省农业农村厅组织开展乡村人才队伍建设政策评估,坚持普惠政策和特惠政策相结合,统一协调与部门(地区)推进兼顾,以改善工作生活条件、扩大职业发展机会、营造创新创业环境、保障合理待遇等为重点,逐步健全人才扎根基层工作的一体化、普惠性政策体系。三是建立乡村人才队伍建设目标责任制,将乡村人才队伍建设状况列入农业主管部门领导和基层政府领导年度考核。四是发展网上市场与服务,使人才服务覆盖广大基层地区,提高为乡村人才服务的供应能力与效率效能,尤其是加大供求、环境建设与发展、预报预警等方面信息的供应力度以及政策咨询、创新创业与就业指导、职业发展规划等方面的服务力度,为乡村人才培养、引进、配置、流动等创造良好条件。五是深入实施专业技术人才下基层服务制度。各有关部门要针对目前乡村人才队伍整体素质不高且此现象无法在短期内得到有效缓解的现状,总结卫生、科技等领域实施的专业技术人才支援基层活动的有益经验,实施省、市专家定期到基层指导和服务的制度，最大限度地满足基层对于人才的现实需要。

（二）实施乡村人才预购与定制培养制度

建立乡村用人单位、高校、高校学生三方联动的乡村人才供应机制。乡村人才供应机制可采用如下三种方式。一是由乡村用人单位出资，向高校预定毕业生，学生教育由学校全权负责，毕业后，到用人单位工作就业。二是高校到乡村用人单位指定地区或单位定向招生，学生教育由学校全权负责，毕业后到用人单位工作就业。三是设置特色班次，实行联合办学：乡村用人单位与学校合作编写教材、配置师资、设置课程，学生毕业后到用人单位工作就业。加大乡村振兴人才队伍建设投入。一是在设立政府人才发展专项资金、建立人才发展投入与国民生产总值增长联动机制的基础上，设立乡村人才发展专项经费、建立乡村人才发展投入与人才发展投入增长联动机制。二是通过建立研究基地、重大项目和工程合作等方式，建立乡村人才队伍建设财政转移支付制度。三是提高重大工程和项目实施中的人才培训投入。四是完善乡村人才队伍建设多元投入机制。适当提高乡村用人单位人才培训的经费提取比例，建立健全乡村用人单位和专业技术人才个人、各类社会组织与个人、企业投资乡村人才开发的税收抵扣政策。

（三）建立科学的人才评价机制

按照"干什么、评什么"的原则，充分体现专业特点，适应行业发展要求，注重对爱岗敬业、扎根基层、服务一线人才的评价，深化农业系列职称制度改革，引导人才"把论文写在大地上"。要科学设置评价标准，坚持科学评价人才，注重考察各类人才的品德、知识、能力，在评审方面克服"四唯"等倾向，突出业绩水平和实际贡献，把具有一技之长的"土秀才"纳入评审范围；落实基层专业技术人才职称评审工作意见要求。对长期在基层一线和艰苦边远地区工作的人才要加大倾斜力度，特别是对专业技术人才更要倾斜，通过职称晋升等办法，鼓励专业技术人才向乡村流动。

（四）完善基层人才激励保障制度

不断提高基层事业单位中高级职称数量，完善职称评审制度，增加乡村职称指标，激励人才向乡村流动。完善乡村人才社会保险制度，在建立全社会统一的社会保障制度的基础上，鼓励有条件的基层地区、基层组织为乡村人才设立附加社会保险，并制定附加保险管理制度。加强基层单位用人用工监察，重点加强乡村人才合同关系、培训、薪酬保险、工作时间与安全环境等方面的监察力度，对违法违规责任单位与人员实施问责。除提高基层人才的经济待遇外，还要注重提高其政治待遇，让人才在政治上受尊重。

（五）加强对乡村人才特别是新型职业农民的培训

加强师资队伍建设，统筹整合涉农师资人才力量，分级分层建立师资库，以县为单位推行引导产业发展、辅导学习培训、指导生产生活的导师制度，对新型职业农民开展全程服务。加强田间学校建设，依托国家和省级农民专业合作示范社建立农民田间学校，把田间学校建设情况纳入示范社评选条件，在有条件的地区以"一社一校"实现对产业的全覆盖，促进新型职业农民培育工作与产业发展深度融合。加强教学标准建设，实施培训时严格落实新型职业农民培训规范所提出的培训计划、内容、学时、评价等各项要求。农民中、高等职业教育要制订科学的教学计划，构建以综合素养课、农业通识课、专业技能课为核心的新型职业农民培育课程体系，严格落实教学环节。聚焦职业素养、家庭经营、政策法规、电子商务、农业创业等必修内容，打造国家级精品课程，开发特色鲜明、内容全面、形式多样、务实管用、针对性强的精品教材。加强现代化、信息化手段建设，依托云计算、大数据，加快建设农民在线、远程教育系统，打破城乡数字鸿沟，满足农民多样化、个性化、自主学习的需要。加强主体机构建设，健全完善农广校体系，有农业的市区县实现农广校全覆盖，进一步明确职能任务、稳定机构队伍、改善公益基础设施、完善公共服务条件。强化专门机构的组织支撑和资源保证作用，连接农业科研院所和农业职业院校，对接农业园区和农业企业、覆盖新型农业经营主体，形成政府统筹培育新型职业农民的基础工作平台、资源集合平台和教育培训平台。加强政策研究，建立健全激励和推进机制，建议出台相应扶持政策，将强农惠农政策向获得证书的职业农民倾斜。推行江苏省的经验，把培育职业农民作为考核地方政府的硬指标，纳入农业现代化的指标。借鉴上海、安徽的经验，在有条件的地方探索开展准入试点，如在登记注册家庭农场、农民合作社、土地规模经营等方面，把获得职业农民证书作为重要条件之一，为今后全面推进农民职业化积累经验。

（六）提高下派扶贫人才开展农村工作的本领

下派扶贫人才要积极参与乡党委、政府开展的各项中心工作，深入农村各项工作中去，在实践中学习，尽快认识、熟悉和掌握农村基层工作方式方法，增强做好农村工作的能力。一是要帮助群众提高觉悟。改变行政命令的方式，通过奉公守法、公正办事和踏踏实实为农民群众排忧解难的方式建立起良好的党群干群关系，通过多种教育方式创造条件提高群众思想觉悟。二是正确示范引导。农民群众的认识水平和思想觉悟不同，下派扶贫人才要多通过农民身边的人或身边的典型事例进行正确示范引导，才能得到好的效果。三是要多为乡村提供服务。乡村由于信息不畅，组织化程度较低，同时，农户之间的生活状况、经济水平不同，因灾、因病返贫的现象时有发生，下派扶贫人才要注重通过为农民提供生产、生活等各个方面服务的方式赢得乡村干部群众的支持和拥护，从而增强农村工作经验。

（七）大力培育基层党组织队伍

一群优秀的人才，一个团结的队伍，一支奉献的力量，是基层得以发展壮大的根本保障，下派扶贫人才在开展工作时要注重夯实基层党组织基础，着力解决一些基层党组织弱化、虚化、边缘化的问题。要将村"两委"班子建设好，特别是村党组织书记作为乡村振兴的主要组织力量必须配强，要组织指导好村"两委"换届选举，要正确处理与村基层组织的关系，既不当旁观者，也不当替代者，更不凌驾于村"两委"之上，自觉定好位、履好职、尽好责，讲求工作策略，注意方式方法，注重团结群众，切实发挥好帮扶、指导、把关、督促、协调、服务和带动作用，共同创造融洽和谐的工作局面。建立健全村级后备干部人才库，重视村庄优秀人才挖掘和培养，注意培养村后备干部、选好"接班人"。要切实加强农村党员教育管理，坚持和完善"三会一课"制度，加强党性党风教育，扎实转变村"两委"干部工作作风。基层党组织的基础夯实了，就能为大力实施乡村振兴战略提供坚强的组织保证，也就能够集聚众多乡村人才为实施乡村振兴战略提供强有力的人才支撑。

参考文献

蒋卓晔：《乡村振兴，人才是关键》，《人民论坛》2018年第19期。

王莉娟：《从美学视角看社会主义新农村建设》，《江苏农业科学》2012年第10期。

景楠：《乡村振兴战略视域下陕西高质量发展的人才问题研究》，《农村经济与科技》2020年第4期。

于瑛：《精准培育：为乡村振兴提供人才支撑》，《北方经贸》2018年第7期。

陈玲玲：《大力培育新型职业农民为乡村振兴提供人才支撑》，《现代化农业》2018年第5期。

陈菁华：《乡村旅游新型职业农民培育体系研究》，《合作经济与科技》2018年第11期。

刘尔铎：《促进就业，要抓住哪几个关键点》，《人民论坛》2017年第29期。

张丽宾：《促进城乡一体化与减贫的就业政策》，《当代经济管理》2014年第4期。

《2019西部农村基础教育发展报告》，腾讯网，2019年12月6日，https：//new.qq.com/omn/20191206/20191206A0MLX700.html。

《国务院办公厅印发〈职业技能提升行动方案（2019—2021年）〉》，中国政府网，2019年5月24日，http：//www.gov.cn/xinwen/2019-05/24/content_5394473.htm。

人才引进篇

Report of Talent Introduction

B.9
人才引进的方法及其效用分析
——对河北省的启示

陈伟娜[*]

摘　要： "人才大战"如火如荼，各地使出浑身解数只为争得良才。但是引进人才的方法和措施是否为人才所认可，能否产生良好效果值得深入分析。本报告通过梳理全国各地人才吸引政策，发现人才吸引的方法不仅在不同地市存在严重同质性，在对不同层次人才的吸引上也存在同质性。通过对人才政策有效性的分析，为河北省人才工作提出如下建议：人才建设专业化、专门化与科学化；调整人才战略，实现差异化引才；调整人才政策结构，发挥协同作用；关注人才需求，聚焦精准发力；创新人才引进方式，灵活实现人才吸引目标。

---

[*] 陈伟娜，河北地质大学副教授，河北地质大学京津冀人才战略研究中心主任，主要研究方向为人力资源管理、组织行为学、人才测评。

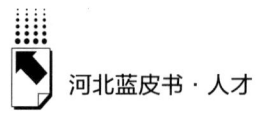

河北蓝皮书·人才

关键词： 成本—收益模型法 人才质量 人才规模 人才效益

得人才者得天下！人才是科技的载体，是创新的根基，是社会经济发展的战略资源。我国经济正处于由高速增长转向高质量发展的重要阶段，急需各种层次的人才来推动经济高质量发展、转换发展方式、优化经济结构、转换增长动力。正因如此，从中央到地方一直都高度重视人才和人才引进工作，强调从创新政策机制、加大资金投入、打造平台载体等多方面深入推进人才建设。虽然我国不同地区所处的产业发展阶段有较大差异，但无论处于哪种阶段，都离不开人才的助力。由于对人才的急切需求，各省区市都使出了浑身解数，充分利用自身优势提出颇具创新性和吸引力的人才吸引政策，为自身未来的发展觅得良将。据不完全统计，仅2017~2020年，就有53个城市累计出台吸引人才新政百余次，使"人才争夺战"不断升级。

这些政策主要呈现以下几个特征。第一，引才规模大。"五年一百万"是标配。长沙、武汉、西安、郑州、合肥等城市均明确提出未来5年引才百万的目标。第二，引才层次多、范围广。以大学生为主，并非专门针对高层次人才或紧缺型人才的少量引进。第三，刺激力度大。对各类人才从落户到安居，从荣誉到经济的刺激力度非常大。

但由此产生的一个问题值得人们思考，近些年来各省区市发布的政策数量骤增，人才引进的方法种类繁多，针对性和侧重点都不尽相同，但没有区分出到底哪种方法对人才引进的效用更高，对省区市的发展价值更大。

河北省作为一个经济大省、北京非首都功能的疏解地，经济社会和城市发展都进入一个新的阶段，对人才的数量与层次需求在不断提高。但是面对经济实力以及资源禀赋的局限，如何精准发力、高效引才，不能仅是借鉴其他省区市的做法，更需要根据自己的实际情况积极创新引才办法。本报告期望通过对比不同省区市人才政策取得的成效，来对人才引进方法的效用进行分析，以此为河北省人才引进工作提供参考。

一　人才吸引方法对比与分析

对于人才的吸引，各省区市针对不同层次、不同类型的人才制定了不同的吸引政策，下面针对不同的吸引对象对河南、河北、广东、上海、江苏、浙江等地人才吸引方法进行对比分析。

（一）各地人才吸引方法对比

1. 院士人才引进方法

院士作为高端人才，一直都是各地人才引进的重点。以河北、河南、山东为例分析其对院士引进的策略。

河北省出台了相关政策，对不同情况、不同工作形式的院士提供不同额度的科研经费补贴、安家补贴以及特殊生活补贴。对取得重大成果、重大突破、重大经济效益的院士，省财政给予奖励。除了奖励外，实行"院士特殊贡献奖"制度对获奖院士进行表彰。对引进院士智力做出突出贡献的用人单位，省财政视情况给予奖励资助。

河南省对院士实行更具吸引力的人才引进措施，除了视情况给予高额奖励补贴、生活补贴外，省财政还设立中原院士基金，对高端人才提供科研经费支持，对产业领军人才和团队带项目、带技术、带成果来河南省进行创新创业和转化成果的，由省级政府引导基金给予一定额度的基金支持。当地政府在土地保障、平台建设、科研项目等方面也给予重点支持。并且开通一事一议，特事特办通道。

山东省提高了高端人才的待遇保障，对两院院士等杰出人才一事一议，科研支持和人才待遇上不封顶。相关人才可以纳入院党委领导联系专家，积极推荐为各级党代会代表、人大代表、政协委员，也可聘任至相应领导岗位。通过多种途径为引进人才协调解决配偶工作，子女入园入学。暂时无法安排配偶工作的，按当地最低工资2倍的标准发放一定年限的生活补助。

2. 创新型人才引进（河北、河南、北京、广东、江苏）

河北省从科研经费资助、创业担保贷款、贴息贷款、生活保障、配偶及子女安置等多方面加大了对创新型人才引进和培养的力度。各个地市根据自己的具体情况细化了引才待遇。

河南省实施博士后创新人才支持计划（以下简称"博新计划"）。以国家和省实验室等重点科研基地为依托，针对省重大战略、战略性高新技术和基础科学前沿领域，每年择优遴选20名应届或新近毕业的优秀博士生予以重点项目资助，加速培养一批国际一流、国内领先的创新型青年科技人才。

北京市创新职称评价方式、加大对人才激励力度以及对创新创业团队奖励力度；设立"青年北京学者计划"、建言献策奖励资金；健全知识成果保护机制，设立知识产权保护中心，为人才在专利申请、授权、保护、维权援助、运营转化等方面提供定制服务。

广东省出台《关于加快吸引培养高层次人才的意见》，重点面向海外，引进扶持300名左右创新创业领军人才，从建立完善高层次人才引进、分配、激励、表彰机制，解决高层次人才入户、住房、配偶就业、子女入学、医疗保障问题等方面做出了明确的规定。珠江人才计划着重吸引应用型创新创业领军人才。

江苏省实施"高层次创新创业人才引进计划"，主要围绕江苏省优先发展的重点产业，对引进的高层次人才和若干人才团队给予高额资金支持；同时全省13个省辖市全部出台引才计划，形成全方位、多层次、上下联动竞相引才的局面，无锡、苏州、常州、南通等市出台了"三个100"的引才举措，即一次性提供100万元创业启动资金，3年内免费提供不少于100平方米的创业场所和100平方米的公寓住房。

3. 专业型、博士后及其他高层次人才引进

河北省实施"名校英才入冀"计划，举办"河北省高层次人才引进洽谈会高校行"系列活动，组团走进名校招聘英才，并面向北京大学、清华大学等定向招录选调生。同时不少企事业单位还单独到知名高校揽才。

河南省实施高端领军人才引进计划。对于引进的不同层次的人才给予奖

励补贴、多种形式的薪酬待遇、税收优惠，提供不同层次的医疗保健（医疗保险）服务。安排子女入学和配偶就业，提供出入境和居留便利以及推荐申报永久居留证等，加大了人才引进力度，同时对柔性引进的人才，视业绩贡献可与本地同类人才在创办科技型企业、表彰奖励、科研立项、成果转化、生活待遇、医疗保障等方面享受同等待遇。

广东省在"健全引才用才机制"中提出要从方便人才出入境和加大引才支持力度两个方面发力吸引高端人才，对顶尖人才的资助力度可高达1亿元，还可以获得更加优惠的补贴，另外根据研究类别给予连续5年和10年期限的资助。

在江苏省，苏州市的专项柔性引才计划针对苏州主导和新兴产业领域的人才，通过资金资助和高年薪的形式实施，在职称评价、住房、交通等生活保障上也提供各种服务。

（二）各地人才吸引方法分析

上文对各地人才吸引政策的梳理，从整体来看主要呈现以下几个特征。第一，引才规模大。第二，引才范围广，层次多，不少城市均制定了较全面的人才引进体系，并非专门针对高层次人才或紧缺型人才的少量引进。第三，落户门槛低，户籍制度不再是城市人才资源流动的障碍。第四，安居补贴足，注重满足人才的居住需求。

从具体方法来看，全国各地吸引人才的方法包括落户优惠、住房折扣、购房补贴、就业补贴、家属子女保障、创业支持和科技研发支持等十一大类，人才扶持方式主要涵盖了资金、环境、机会三个方面，存在严重同质化等问题。各地对不同层次不同类型人才的吸引方法实质差别也不大，几乎是千篇一律，主要在激励的力度上体现出差异。各地之间对人才的争夺出现了一味拼资金、拼优惠政策的现象，这种现象容易导致恶性竞争，引才政策也难以有实质性突破。人不是商品，当人才以待遇水平作为自己选择发展平台的主要标准时，对社会和个人都会产生不可预料的负面影响。例如，使用外部激励的方式引来的人才有很大的留人隐患，也会削弱人才对工作本身的兴趣，而降低工作的产出效果。另外，以此方式引进的人才也未必是当地经济发展所急需的人才,其引致的知识溢出效应也未必理想,这种做法势必会影响到人才引进工作的长期效果。

从人才引进方法的类型来看,各地对人才的引进措施主要包括人才引进、人才培养与发展、人才激励、人才管理四类,涵盖了奖励性、保障性条件和发展性三大类引才措施,希望实现以物质奖励与荣誉表彰吸引人才、以优渥的工作生活条件留住人才、以扶持创新创业发展优惠政策激励人才。但是这些方法的使用缺乏依据,也缺乏调整、结束或延续的明确条件。

在人才引进标准的分类上,各地政府仅从引进人才类型、人才素质、人才团队建设能力三方面进行界定,而没有更好地对当地人才需求的类型,需求的层次进行深入分析,因此,人才吸引方法就表现出了更多的跟随性和竞争性。"跟随"意味着照搬或者模仿上级政府部门或其他地市出台的相似的人才政策,"竞争"意味着在抄袭同级政府部门出台的人才政策的同时仅仅没有依据地盲目提高人才待遇。这样的人才吸引方法不仅难以产生应有的效果,还会导致恶性竞争,引起人才的盲目流动。

另外各级地方政府在出台人才政策时,普遍出现"政出多门、权责不清"的现象,导致人才政策的协调性不够,难以形成政策"合力",影响人才政策成效。

总体来看,近些年来各省区市发布的人才政策数量骤增,人才引进的方法种类繁多,针对性和侧重点都各不相同,但是到底哪种方法对人才引进的效用更高,对省区市的发展价值更大,需要对其效用进行深入分析。

二 不同城市人才吸引的效果分析

由于各地对人才的吸引使用了组合拳,很难区分单一方法对人才吸引的作用,因此,本报告从各地综合使用方法的效果方面来探讨其有效性。

赵忠君、邹丽娜选取南京、武汉、成都、杭州、天津、西安、重庆、深圳、上海、广州对其人才政策的实施效果进行了分析,之所以选取这十个城市进行分析,主要是因为其人才政策效果评价数据易得、人才政策力度大,而且关注度高，具有一定的典型性和代表性。使用的评价指标体系包含"引进、留住、培育、用好"四个方面的14个评价指标，经过主成分分析提取出F_1间接培育效果（科技条件与服务支出、支持中小企业发展和管理支出、城乡社区支出）、F_2引进效果（人才净流入率、新增常住人口数量）、F_3直接培育效果（就业补助、进修及培训费用）、F_4用才效果（技术市场合同成交额、人均地区生产总值、社会消费品零售总额）四个因子。各城市人才政策效果评价结果如表1所示。

表1 城市人才政策效果评价得分及排名

城市	F_1	排名	F_2	排名	F_3	排名	F_4	排名	F 总	排名
南京	-1.628	9	0.001	6	0.205	5	-0.772	9	-0.755	9
武汉	-1.310	7	0.136	5	-0.080	6	0.393	4	-0.523	7
成都	-0.665	5	0.141	4	-0.704	8	-0.364	6	-0.399	5
杭州	-2.220	10	0.208	3	-0.733	9	-1.428	10	-1.164	10
天津	-0.521	4	-0.348	8	1.006	2	0.839	2	-0.104	4
西安	-1.582	8	0.499	2	-0.384	7	2.204	1	-0.433	6
重庆	-1.025	6	-0.497	9	0.376	3	-0.519	8	-0.590	8
深圳	4.491	1	0.950	1	0.249	4	-0.451	7	2.297	1
上海	3.576	2	-0.923	10	-1.012	10	0.436	3	1.179	2
广州	0.884	3	-0.168	7	1.077	1	-0.339	5	0.492	3

资料来源：赵忠君、邹丽娜：《人才引进政策实施效果评价——以十大热门城市为例》，《湖南财政经济学院学报》2019年第1期。

从表1可以看出一线城市的总得分均为正值，二线城市的总得分均为负值，说明二线城市政策效果与一线城市存在较大差异，引才效果不够理想。但是从各因子来看，一线城市人才引进政策间接培育效果更好，二线城市直接培育效果更好。西安、杭州、武汉、南京等二线城市引进效果反超上海、广州两大一线城市，国内人才流动方向发生明显变化。这是因为一线城市以"高、精、尖"为人才标准，二线城市所吸引的人才范围更为广泛，低门槛、年轻化的引才导向使二线城市人口剧增，初步达到了人才聚集的目标。一线城市受人口承载力的影响，人才引进速度受到阻碍。据统计，间接培育效果占政策实施效果的44.6%，且各城市得分差距达6.7分，远超在其他主成分上1.9分、2.1分及3.6分的差距，说明改善环境等间接培育方式对于提升引才政策实施效果有显著影响。

这一研究结果说明，根据城市实际情况制定相适宜的人才引进政策避免和一线城市产生直接竞争，并通过使用改善城市基础环境与促进企业发展等间接培育人才方法，能够在很大程度上提升人才引进效果。

三 对河北省人才吸引方法选择的启示

通过上文对全国各地人才吸引方法的梳理以及对引才效果的评估，对照河北省人才引进的政策及效果，建议从以下几方面对人才政策进行调整，以期解决河北省长期人才不足的困境。

（一）人才建设专业化、专门化与科学化

人才管理是一个科学问题，需要专业的部门和专业的人员来实施。从河北省出台的人才政策来看，数量比较多，但是大多数属于跟随型政策，很少有创新之举，人才吸引的效果也不尽如人意。究其原因，主要是人才工作缺乏高水平、专业的人才参与。迄今为止，河北省还没有专门的人才管理机构，而是分散在各个机关部门。另外，人才政策政出多门，有些政策之间不仅没有相互支撑，反而出现了相互掣肘的情况，使得人才管理效果大打折扣。另外，缺少专门的部门进行省内人才盘点，不知道人才的存量情况，就不知道缺少什么类型什么层次的人才，也不知道缺少多少人才，导致被动地参加人才大战，而结果是无功而返。此外，人才政策的战略性不足，缺乏科学的深入分析和长远规划，这都在呼唤能进行人才管理的专业人才来科学地解决这些问题。

（二）调整人才战略，走差异化的人才吸引之路

总的来看，河北省人才吸引政策比较完善，但是目前人才定位不科学，引进政策特色不鲜明，已出台的福利政策虽内容丰富，但与其他省区市差异不明显，还处于通过住房福利、生活津贴、资金激励等福利性政策来吸引人才的阶段，而且在政策力度上难以形成竞争力。同质化的政策措施不仅会弱

化政策效力，影响政策预期效果，而且对基础设施建设、公共服务环境、区位和经济社会发展水平等不具有明显优势的城市的负面影响更大。对于邻近京津两市的河北省来说尤其如此。

人才是有限的稀缺资源，雷同的人才定位和吸引策略必然会引起正面激烈的竞争，而以河北省的资源禀赋以及经济实力难以解决现有的人才短缺问题。因此应该根据河北省的发展目标，在原有人力资源的基础上制定差异化的人才战略，在人才引进和选拔、开发和培育、激励和保障等环节合理分配政策注意力，制定相适宜、有针对性的人才引进政策，以打造具有地方特色的人才品牌工程，实现错位引才、精准引才。

人才政策吸引目标主要包括人才质量、人才规模、人才效益和人才流动。人才质量是指人力资源具备专业知识和技能以及社会责任感、创新精神与能力的情况；人才规模是指某一地区人力资源的数量与结构；人才效益是指人才资源所创造的价值；人才流动是指人力资源的有序流动和合理配置。

如图1所示，在人才政策吸引目标方面北京和天津两地注重人才质量和人才效益，而这恰恰也是河北省人才政策的目标，这使河北省与京津必然形成了竞争之势，结果可想而知。

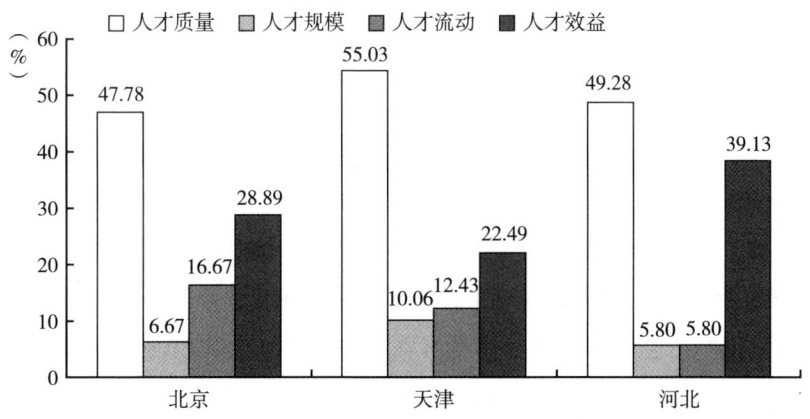

图1　京津冀人才政策目标占比分布情况

资料来源：刘亚娜、董琦圆、谭晓婷：《京津冀协同发展背景下人才政策评估与反思——基于2013—2018年政策文本分析》，《天津行政学院学报》2019年第5期。

建议河北省调整人才吸引的重点，变着力吸引高端人才到吸引高技能人才，从吸引研发型人才到吸引应用型人才，着重关注人才规模的扩大而获得规模效应，这样既能避开与京津两地人才吸引的竞争，又能更好地承接北京非首都功能的转移，与京津两地形成良好的人才互补。

另外在人才吸引策略上要根据自身的特点使用创新的人才策略。陈蕾曾从经济发展水平、城市规模与环境、文化卫生水平、生活条件和事业前景五个维度建立了人才吸引力的指标评价体系，对西安、武汉、成都、杭州、南京、青岛、长沙、大连几个城市的人才吸引力进行分析，发现生活和文化教育是影响人才吸引力的主要因素，其次是城市环境与建设水平，再次是事业平台，最后是经济发展水平。可以看出，吸引人才的首先还是一个地区的生活质量和基础设施建设，人才看重的还是个人生活质量以及子女的教育问题。而河北省的石家庄第二中学和衡水中学全国知名，恰恰能够满足人才对子女高质量教育的需求。因此，建议深度挖掘河北省优越的基础教育资源，作为吸引人才的有力措施。另外，尽管河北省经济发展实力略有不足，但是于个人而言，人均可支配收入才是衡量收入状况的关键，才是决定生活质量的关键点。因此，河北省应该通过努力打造舒适的生活空间，文明的城市文化，加大基础设施建设，便捷人民的生活，并在一定程度上降低生活成本来实现生活质量的不断提高，进而增强人才吸引力。

（三）调整政策结构，发挥协同作用

刘亚娜等人将人才政策分为环境型、供给型以及需求型三种。环境型是指对人才政策产生影响的政策，如税收金融、知识产权、法规管制、策略性措施；供给型是指推动人才政策调整与发展的政策，包括人才培养、人才基础建设、人才资金投入、公共服务四个方面；需求型是指拉动政策发展的政策，如人才引进、产学研合作、海外人才机构、人才管制。通过对2013~2018年政策文本进行分析发现，京津冀人才政策类型占比如图2所示。

从图2可知，北京的三类政策工具分布比较均衡，天津市的供给型政策

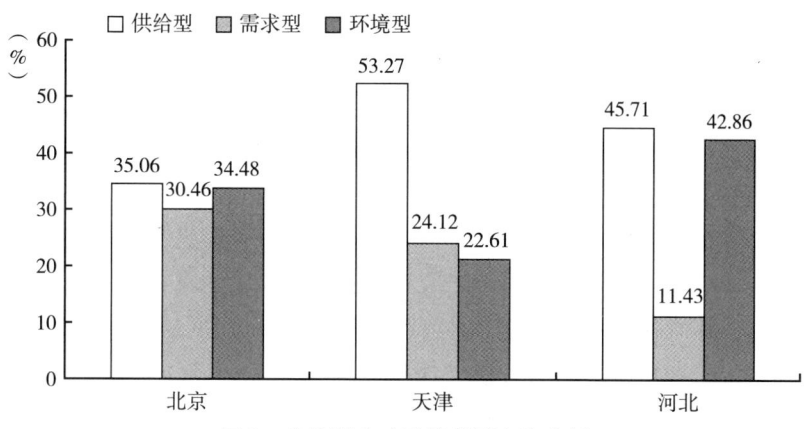

图 2　京津冀人才政策类型占比分析

资料来源：刘亚娜、董琦圆、谭晓婷：《京津冀协同发展背景下人才政策评估与反思——基于 2013—2018 年政策文本分析》，《天津行政学院学报》2019 年第 5 期。

工具居多，而河北的供给型和环境型政策占比较高，需求型占比最低。河北比较注重人才培养，尤其是资金投入与策略性措施较多，但是在产学研合作、海外机构、人才管制措施等方面明显不足。进一步分析发现，河北省在环境型政策工具方面，策略性措施占比较大。值得注意的是，落户、补贴、住房等因素影响力过强不仅会影响人才需求类型的精准性，也会减弱人才引入后的岗位匹配和使用的有效性。

建议河北省结合自身需求，明确城市发展定位，调整政策结构，聚焦人才建设，实现人才开发与建设的新突破，同时，应重点关注人才培养，有效促进人才流动，完善政策以提升政策的协同作用。

另外注重人才政策与京津的协同，契合京津冀协同发展的目标，在协同发展视角下进行适应性的策略调整，借助京津冀协同发展的东风，实现人才的集聚。京津冀三地资源禀赋和经济、文化等发展水平存在差异，区域协同治理有助于缩小地区差距、实现互惠共赢。

人才引进政策配套的建议可概括为产业为核、教育优先、环境友善、均衡发展。通过提升便利的居留条件、高效的政府服务、超低的税率等提升城市影响力，增强人才的吸引力。

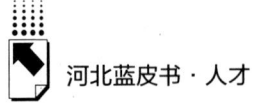

（四）关注人才需求，聚焦精准发力

期望理论认为，一个人的激励水平取决于期望值和效价的乘积。效价指达到目标对于满足他人个人需要的价值。从中可以看出，只有使用满足人才需求的资源去吸引人才，才能有好的吸引效果。但是当前很少有针对不同层次人才需求的广泛调研，而是采取千篇一律的人才吸引方法，因此难以实现预期目的。贝壳研究院《2020年毕业季租房洞察报告》显示，66.7%的毕业生在选择毕业城市时首先考虑"城市发展"，其次是优质的工作机会，占比为58.9%。除了这两个因素，城市环境是否宜居、离老家远近等选项也是毕业生关注的焦点。可见年轻人选择就业城市时，首先考虑的因素是城市发展。

不同层次、不同年龄的人才具有不同的需求，在明确人才吸引对象的同时，要深入开展人才需求调研，制定有针对性的人才吸引政策，以增强政策措施的针对性和有效性。

（五）创新人才引进方式，实现不为我所有，但为我所用

丰富并创新人才引进方式，进一步拓展人才引进的渠道，建立如"筑巢引凤""项目+人才"等长效引才机制，探索"关系不转、户口不迁、来去自由"等柔性引才机制。

尝试在北京、天津人才聚集地建立人才"飞地"，采用人才不来我们过去的方式以实现不求为我所有，但求为我所用的柔性引才目标。

另外，在注重引入新进人才的同时，也要创新盘活已有人才，确保各类人才的政策公平性，避免政策双轨制和福利待遇"一刀切"，政策倾斜所造成的机会不平等、机会主义会严重挫伤本土人才的积极性。应以外部引才为契机，在动态中不断改善各类人才的生活与工作条件，提升各类人才的获得感，大力提升各类人才的积极性。

参考文献

杨河清、陈怡安:《海外高层次人才引进政策实施效果评价——以中央"千人计划"为例》,《科技进步与对策》2013年第16期。

陈蕾:《我国城市人才吸引力评价的定量评估》,《商业经济》2018年第8期。

宋鸿、陈晓玲:《区域人才吸引力的定量评价与比较》,《中国人力资源开发》2006年第3期。

《城市人才争夺战!百城"抢人" 新一线城市吸引力强》,中国小康网,2020年8月11日,http://news.chinaxiaokang.com/dujiazhuangao/20200811/1020486_3.html。

陈蕾:《我国城市人才吸引力评价的定量评估》,《商业经济》2018年第8期。

B.10
2020年河北急需人才抽样调查研究
——以石家庄为例

王丽锟 孟莉 吴黎*

摘　要： 党的十九届五中全会强调"要确保创新在我国现代化建设全局中的核心地位"，就要牢牢抓住人才这个创新的关键，抓住了人才就抓住了牵动河北省高质量发展各领域和全过程的牛鼻子。当前河北省经济社会发展过程中，解决急需人才的供需问题对于创新发展来说迫在眉睫。本报告以石家庄为例，对2020年河北省急需人才进行了抽样调查，结合石家庄经济发展谋划部署，对急需人才进行了数据分析，总结特点，并从激活人才创新活力、加大人才培育力度、强化分层级的专项人才吸引计划等方面，提出了促进石家庄急需人才发展的对策建议。

关键词： 三次产业　"4+4"现代产业格局　"四种类型经济"

面对当今世界百年未有之大变局，党的十九届五中全会通过了"十四五"规划和2035年远景目标方面的建议，提出要确保创新在我国现代化建设全局中的核心地位和大力实施人才强国战略，河北省委九届十一次、十二

---

* 王丽锟，中共石家庄市委党校副教授，主要研究方向为人才就业、社会治理；孟莉，中共石家庄市委党校讲师，主要研究方向为社会保障、社会治理；吴黎，中共石家庄市委党校讲师，主要研究方向为民生、社会治理。

次全会提出要继续实施创新驱动战略和人才强冀战略，为此必须在新发展阶段紧紧抓住作为创新的关键"人才"要素。

对于河北而言，要进一步激发并释放人才创新活力，紧紧抓住人才这个关键，就是抓住了河北省高质量发展各领域和全过程的"牛鼻子"。当前急需人才是河北人才发展的主要瓶颈，直接影响河北高质量发展，从急需人才入手开展调查研究，对解决人才工作的实际问题，更好地促进人才强冀战略实施具有重要的实践意义。

对2020年河北省急需人才的抽样调研，我们选择以石家庄为例，是因为石家庄市作为河北省省会城市，在全省11个设区市中无论是在城市发展还是在经济发展方面都具有很强的代表性，石家庄市所反映出的急需人才情况还具有一定的普遍性。本次调查，我们采取抽样问卷调查和抽样电话访谈的方式，向石家庄部分企事业单位发放了急需人才调查表、进行了抽样电话访谈，回收有效抽样调查结果共计403份，有效率为97%。一是回收201家企事业单位的调查表，其中有效调查表196份，抽样调查表有效率为97%；二是对213家企业的急需人才进行了抽样电话访谈，其中有效电话访谈记录207个，抽样电话访谈有效率为97%。针对抽样调查结果，分析了2020年石家庄急需人才相关情况。该分析报告只对抽样调查的403家企事业单位负责，具体分析报告如下。

一 2020年石家庄急需人才的数据分析

对2020年石家庄急需人才进行了抽样调查数据分析，从急需人才的总体情况、"4+4"现代产业急需人才、分10级急需程度的急需人才、"四种类型经济"的急需人才共四个方面进行。

（一）急需人才的总体情况

在收回的403份有效调查结果中，共涉及403家石家庄企事业单位，共计1614个岗位，急需人才总量为9529人。具体详见表1。

表1 2020年石家庄市急需人才的产业分布一览

三大产业	企事业单位数（家）	企事业单位占比（%）	岗位数（个）	岗位占比（%）	急需人才数（人）	急需人才占比（%）
第一产业	8	1.99	16	0.99	77	0.81
第二产业	158	39.21	622	38.54	4330	45.44
第三产业	237	58.81	976	60.47	5122	53.75
合计	403	—	1614	—	9529	—

1. 从三次产业看，第三产业急需人才最多

403家被调查的企事业单位中，共有237家单位属于第三产业，占比最多，超过一半，达到58.81%。如图1所示，石家庄市急需的9529名人才，三次产业依次分别急需77人、4330人、5122人，占比依次为0.81%、45.44%、53.75%。可见，2020年石家庄急需人才主要集中在第三产业，占比超过五成；其次是第二产业，占四成多。这与2018年石家庄急需人才集中在第二产业（超过六成），形成鲜明对比。

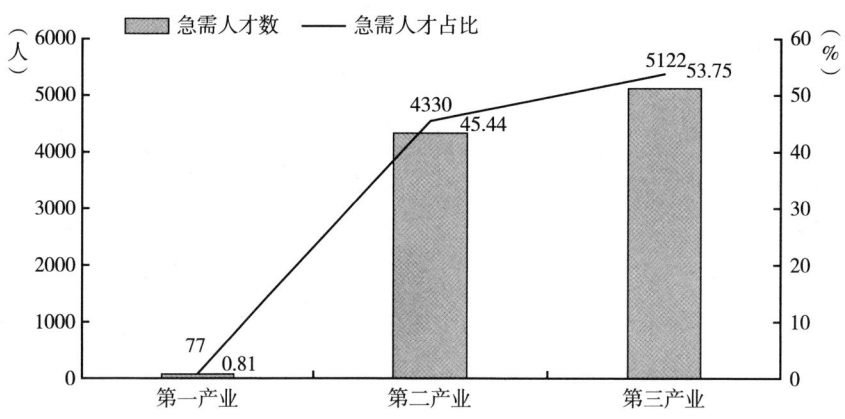

图1 2020年石家庄三次产业急需人才分布情况

2. 从学历层次看，急需本科学历人才占多数

如表2所示，2020年石家庄急需人才更多属于本科学历，急需人才岗位994个，急需5855人，占比为61.44%，超过六成。与2018年急需人才相比，本科学历人才仍然是石家庄当前更急需的，只是占比降低两成，可见急需人才学历结构比两年前更加均衡。从学历上看,中端人才仍然是石家庄急需人才的主力军。同时,与2018年相比,急需人才开始出现重能力轻学历的现象。有效调查中有28个岗位共计急需181人,企业对其学历要求不限,更强调实际工作能力,而不局限于学历层次。

表2 2020年石家庄急需人才的学历层次分布情况

不同学历	岗位数量(个)	岗位占比(%)	急需人数(人)	急需人数占比(%)
专科及以上	258	15.99	1804	18.93
本科及以上	994	61.59	5855	61.44
硕士及以上	312	19.33	1527	16.02
博士	22	1.36	162	1.70
不限	28	1.73	181	1.90
合计	1614		9529	

注:抽样调查时,结合企事业急需人才填报的学历,确定的学历选项"专科及以上""本科及以上""硕士及以上"。实际中,其学历选项所代表的含义指的是最低学历,学历专科、本科、硕士即可。

3. 从年龄分布看,不限年龄的急需人才占多数

如图2所示,不限年龄段的急需人才4340人,占比为45.55%,占比第一;占比第二的是20~29岁年龄段,急需人才3485人,占比为36.57%;占比第三的是30~39岁年龄段,急需人才1637人,占比为17.18%。可见,2020年石家庄急需人才对年龄界限放宽了,更多要求不限年龄,与2018年调查中多集中在30~39岁,呈现新的变化。

4. 从性别结构看,集中在性别不限上

如图3所示,对急需人才要求性别最多的是性别不限,需求5826人,占61.14%;其次是急需男性3120人,占32.74%;最后是急需女性583人,仅占6.12%。可见,石家庄急需人才除了特殊岗位(如需要经常出差等要求),六成多对性别不作限制,更侧重于人才的能力要求。

5. 从薪资水平结构看,5000~10000元月薪段最集中

将月薪分成五个层级,如图4所示,急需人数最多的月薪段都集中在5000~10000元月薪段,占比为66.95%,这与2018年急需人才调查中月薪集中在3000~5000元相比,提高明显。

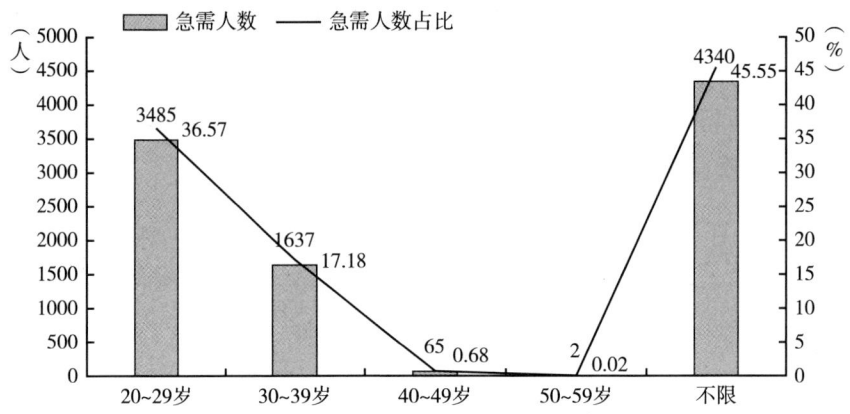

图2 2020年石家庄急需人才的年龄段分布情况

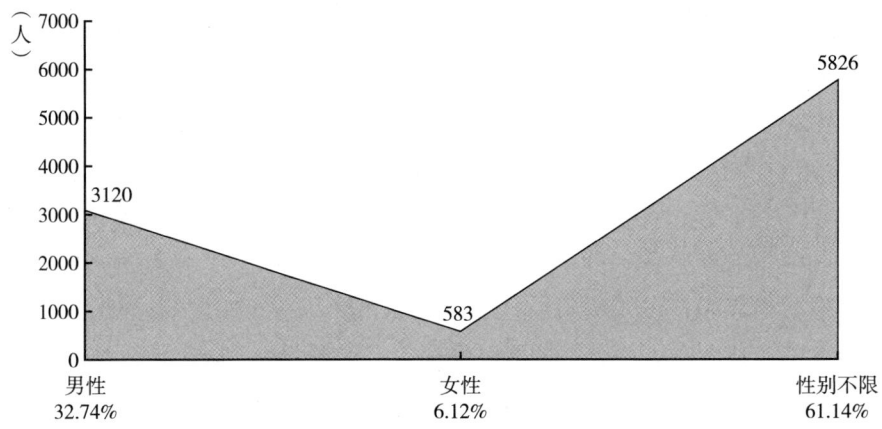

图3 2020年石家庄市急需人才的性别分布情况

（二）"4+4"产业急需人才分析

2017年12月，石家庄市委十届四次全会明确提出构建"4+4"产业发展格局，着力做强做优新一代信息技术、生物医药健康、先进装备制造、现代商贸物流四大产业，着力培育壮大旅游业、金融业、科技服务与文化创意、节能环保四大产业。对石家庄市"4+4"产业急需人才情况，从以下三个方面进行数据分析。

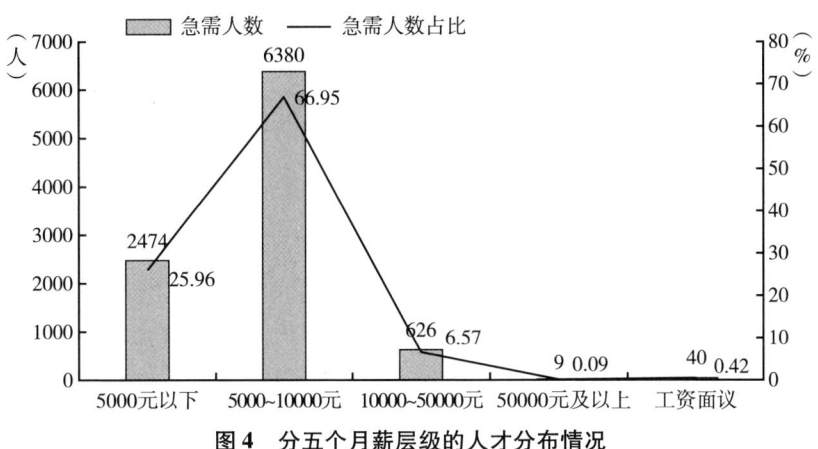

图 4 分五个月薪层级的人才分布情况

注：此处"5000~10000元"包含5000元，"10000~50000元"包含10000元。

1. "4+4"产业和其他产业急需人才总体情况

如表3所示，"4+4"产业的抽样调查单位数、岗位数、急需人才数分别为207家、868个、6375人，占比都超过五成，依次为51.36%、53.78%、66.90%，其中急需人才数占比接近七成。"4+4"产业急需人才数为6375人，是其他产业急需人才数3154人的2.02倍。可见，"4+4"产业急需人才已经成为石家庄市急需人才的中坚力量。

表3 "4+4"产业和其他产业的急需人才分布

项目	"4+4"产业	其他产业
单位数(家)	207	196
单位数占比(%)	51.36	48.64
岗位数(个)	868	746
岗位数占比(%)	53.78	46.22
急需人才数(人)	6375	3154
急需人才数占比(%)	66.90	33.10

2. "4+4"产业中的八大产业急需人才情况

如表4所示，"4+4"产业中做强做优的四大产业为新一代信息技术、生物医药健康、先进装备制造、现代商贸物流，这四大产业在抽样调查中的单位数、岗位数、急需人才数均占主导地位。从占比来看，"4+4"产业中单位数占比排第一位的是新一代信息技术，共计69个单位被抽样，占比超过三成，共计急需人才2315人，占比为36.31%，排第二；生物医药健康的急需岗位数、急需人才数均排"4+4"产业首位，急需2790人，占比超过四成，达到43.76%；急需人才数排名第三到第六位的依次是先进装备制造、节能环保、科技服务与文化创意、金融业，急需人才数依次是593人、227人、215人、200人。如图5所示，生物医药健康和新一代信息技术的急需人才占比总和超过八成，占比排名第一、二名。可见，"4+4"产业中四大优势产业在急需人才中占比最重，接近九成，四大重点培育行业急需人才占比仅一成，仍需要大力扶持发展。

表4 "4+4"产业中的八大产业急需人才分布

"4+4"产业	单位数（家）	单位数占比（%）	岗位数（个）	岗位数占比（%）	急需人才数（人）	急需人才占比（%）
新一代信息技术	69	33.33	283	32.60	2315	36.31
生物医药健康	58	28.02	290	33.41	2790	43.76
先进装备制造	40	19.32	129	14.86	593	9.30
现代商贸物流	1	0.48	3	0.35	12	0.19
旅游业#	2	0.97	7	0.81	23	0.36
金融业#	12	5.80	48	5.53	200	3.14
科技服务与文化创意#	13	6.28	47	5.41	215	3.37
节能环保#	12	5.80	61	7.03	227	3.56
合计	207	—	868	—	6375	—

注：带#号的行业，为"4+4"产业中重点培育的行业。

3. 分10级急需程度的"4+4"产业急需人才分布情况

如表5所示，按照急需程度升序排列从1到10分为10级。"4+4"产业急需的6375名人才中，最紧缺的10级急需3508人，急需人才占比为67.05%，占比最多；排第二的是第8级，急需1286人，占比为73.23%。可见，"4+4"产业急需人才占绝对比重，最紧缺人才。

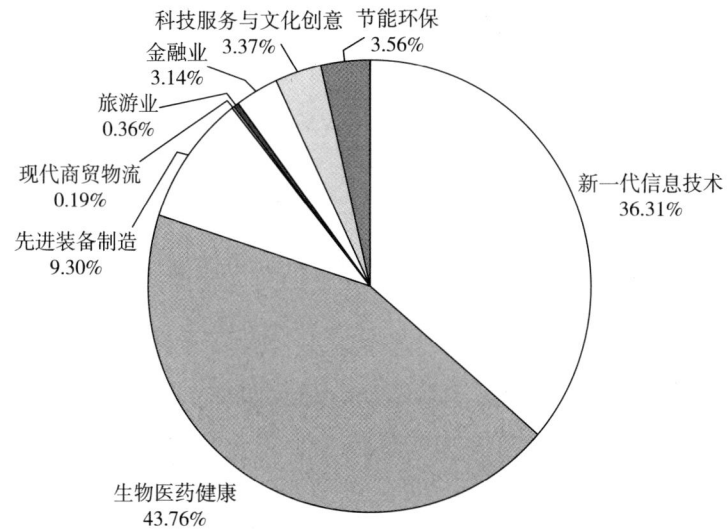

图 5　"4+4" 产业中八大产业急需人才占比

表 5　分 10 级急需程度的 "4+4" 产业急需人才分布

项目 急需程度	"4+4" 产业		其他产业	
	急需人才数	急需人才占比(%)	急需人才数	急需人才占比(%)
1	28	53.85	24	46.15
2	14	56.00	11	44.00
3	29	60.42	19	39.58
4	39	100.00	0	0.00
5	228	56.86	173	43.14
6	625	51.61	586	48.39
7	256	80.25	63	19.75
8	1286	73.23	470	26.77
9	362	81.17	84	18.83
10	3508	67.05	1724	32.95
合计	6375	—	3154	—

注：从 1 到 10 为急需程度升序排列。

（三）10 级急需人才分析

按照急需程度升序，把急需人才分为 1~10 级。按 10 级急需程度，从

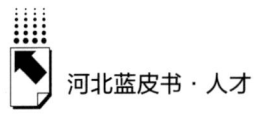

以下三个方面进行分析。

1. 分10级的急需人才总体情况

如表6所示,最急需的第10级在岗位数和急需人才数上都是占比第一,急需岗位621个,占比为38.48%;急需人才5232人,占比过半,为54.91%。在电话访谈中,企业直接表达了因为投产、扩大生产线、拓展业务等需要,需要紧急引进相关人才的诉求。可见,石家庄市急需引进大量人才,为经济社会发展释放人才效能。

表6 分10级不同急需程度的急需人才分布

急需程度	岗位计数(个)	岗位占比(%)	急需人才数(人)	急需人才占比(%)
1	10	0.62	52	0.55
2	8	0.50	25	0.26
3	10	0.62	48	0.50
4	11	0.68	39	0.41
5	137	8.49	401	4.21
6	284	17.60	1211	12.71
7	94	5.82	319	3.35
8	333	20.63	1756	18.43
9	106	6.57	446	4.68
10	621	38.48	5232	54.91

2. 第10级急需程度的三次产业急需人才分布情况

如表7、图6所示,在第10级急需5232人中,第二产业急需人数最多,为2811人,占比为53.73%;第三产业急需岗位数最多,为390个岗位,占比为62.80%。

表7 第10级急需程度的三大产业急需人才分布

产业	企业数(家)	企业占比(%)	岗位数(个)	岗位占比(%)	急需人才数(人)	急需人才占比(%)
第一产业	4	1.97	4	0.64	25	0.48
第二产业	83	40.89	227	36.55	2811	53.73
第三产业	116	57.14	390	62.80	2396	45.80

2020年河北急需人才抽样调查研究

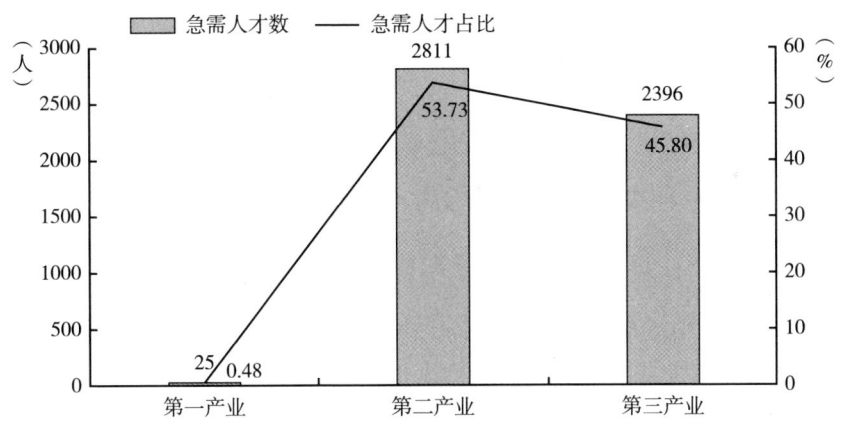

图 6　第 10 级急需程度的三大产业急需人才分布

3. 第10级急需程度的不同学历急需人才的岗位分布情况

如图 7 所示，在第 10 级的 621 个岗位中，本科需求岗位数排第一，急需岗位 318 个，占比为 51.21%，学历需求排第二的是专科，142 个岗位，占

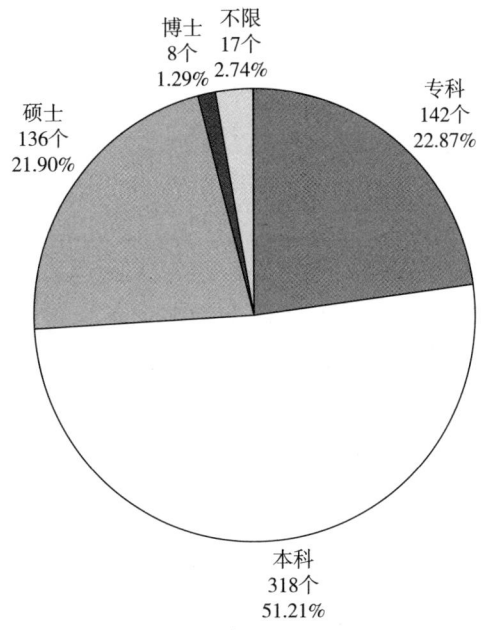

图 7　第 10 级急需程度的不同学历人才分布

161

比为22.87%；排第三位的是硕士，136个岗位，占比为21.90%；不限学历的岗位17个，博士学历岗位8个。因此，石家庄市最急需的人才中最紧缺的学历需求，与2018年比较，依然是本科学历。

（四）"四种类型经济"的急需人才分析

调研中按照地域分布，将石家庄分成中心城区（八区一县，含正定县）、三个县改区（鹿泉区、藁城区、栾城区）、各县、开发区（或园区）。如表8所示，石家庄急需人才数从高到低依次是开发区（或园区）、中心城区、三个县改区、各县，急需人才数分别为3999人、3077人、1251人、1202人，占比依次为41.97%、32.29%、13.13%、12.61%。可见，按四个地域划分，开发区（或园区）对急需人才的需求更强烈。

表8 按照地域分布的石家庄急需人才一览

项目	中心城区	三个县改区	各县	开发区(或园区)
单位数(家)	149	75	58	121
单位占比(%)	36.97	18.61	14.39	30.02
岗位数(个)	630	269	258	457
岗位占比(%)	39.03	16.67	15.99	28.31
急需人才数(人)	3077	1251	1202	3999
急需人才数占比(%)	32.29	13.13	12.61	41.97

2019年12月石家庄市委十届八次全会创新性地提出"四种类型经济"概念，"四种类型经济"包括城市经济、区域经济、园区经济、生态经济，搭建了石家庄市经济发展的空间架构，其中前三种类型经济与按照地域分布的急需人才情况相交叉，其中城市经济的地域分布在中心城区"八区一县"（也包括正定县），区域经济的地域分布在各县（其中包括正定县、鹿泉区、栾城区、藁城区），园区经济的地域分布在石家庄市的开发区、园区。根据本次抽样调查的数据情况，只针对前三种类型经济进行急需人才数据分析。

如图 8 所示，按照"四种类型经济"中的前三种类型经济地域分布情况，石家庄急需人才数从高到低的类型经济依次是城市经济、园区经济、区域经济，急需人才数分别为 4328 人、3999 人、2453 人，比值为 1.1∶1∶0.6。抽样调查数据显示，城市经济对急需人才的需求更强烈，园区经济的急需人才需求旺盛，区域经济的急需人才需求最低。

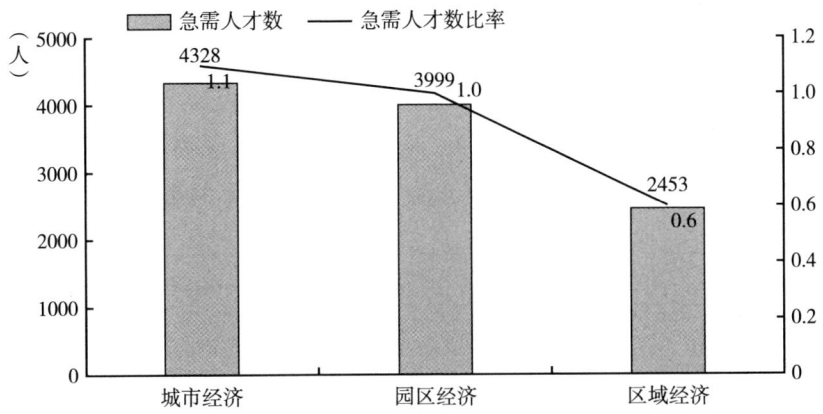

图 8　石家庄"四种类型经济"急需人才分布（前三种类型经济）

二　2020 年石家庄急需人才呈现的特点及问题分析

（一）特点分析

本次抽样调查，只对收回的 403 家企事业单位有效调查进行分析，抽样调查结果具有一定的广泛性和普遍性，能反映一定的问题，但是并不能代表石家庄市所有急需人才的情况。从抽样调查的情况看，石家庄市 2020 年急需人才总体呈现以下特点。

第一，企事业单位对急需人才的数量需求更加强烈。一方面，从被调查单位的急需人才数据分析中反映出来，2020 年平均每个被调查企事业单位急需 12 名人才，这比 2018 年平均每个被调查企事业单位急需 6 名人才的调查数据增加了1倍；岗位急需人才比从2018年的1∶3.5增加到1∶5.9，即平均每个岗位需要5.9名急需人才。另一方面，从收回的196份有效抽样调查问卷和拨打的207个有效抽样电话访谈中，问卷填写完整度、职位能力说明、企业的配合支持都可以显现出，企事业单位都非常支持政府主导的急需人才目录工作，希望借助政府各类人才载体，解决用人单位急需人才的燃眉之急。

第二，当前石家庄市急需人才主要集中在第三产业。通过石家庄市人社系统、网络、电话、现场招聘会抽样调查的403家企事业单位，得知单位占比集中在第三产业，占比超过一半，达到58.81%，急需人才5122人，占比为53.75%。因此，石家庄急需人才集中从2018年的第二产业转移到第三产业，这与近几年的石家庄市经济结构调整大方向相匹配。

第三，石家庄市用人单位急需人才多为本科及以上学历、不限年龄段的人才。从学历层次看，本科急需人才占994个岗位，5855人，占比为61.44%。当前急需人才更多属于本科，约占六成，与2018年急需人才相比，2020年本科学历人才仍然是石家庄更急需的，只是占比降低两成，急需人才学历结构比2年前更加均衡。从年龄分布看，不限年龄段的急需人才数为4340人，占比为45.55%，占比最多；20~29岁年龄段的共急需3485人，占比为36.57%，接近四成。从性别结构看，急需人才需求性别最多的是性别不限，需求5826人，占61.14%。因此，从学历、年龄和性别上看，石家庄急需人才范围更宽泛，说明更注重急需人才的实际能力。

第四，急需人才的月薪待遇显著提高。岗位占比和急需人才数最多的月薪段都集中在5000~10000元月薪段，占比为66.95%，这与2018年急需人才调查中月薪集中在3000~5000元形成了鲜明的对比。同时在抽样电话采访中，明确要求急需人才的工资面议，强调按照能力给付薪水的情况增多，不设工资上限，体现了对人才价值的认可。

第五，急需程度的分级让人才需求程度一目了然。第10级急需岗位621个，占比为38.48%，第10级急需人才5232人，占比为54.91%，在岗位数和急需人才数量上占比第一。第10级急需程度的5232人中，第二产业急需人数最多，为2811人，占比为53.73%；第三产业急需岗位数最多，为390个岗位，占比为62.80%，这反映了石家庄市第二、三产业正在快速发展的经济现状。在第10级急需程度的621个岗位中，本科占第一位，急需岗位318个，占比为51.21%，这与石家庄市最急需本科及以上人才的学历要求相印证。

第六，开发区（或园区）对急需人才的需求更强烈。按四个地域划分，石家庄急需人数从高到低依次是开发区（或园区）、中心城区、三个县改区、各县。开发区（或园区）对急需人才的需求更强烈，急需人才数为3999人，占比为41.97%，与2018年急需人才需求更多集中于三个县改区相比发生了变化，这与石家庄的经济发展密切相关。

第七，"4+4"产业急需人才占比突出。在被调查的急需人才9529人中，"4+4"产业急需人才数为6375人，是其他产业急需人才数的2.02倍。因此，"4+4"产业急需人才已经成为石家庄市急需人才的"主力军"。

第八，"四种类型经济"中的城市经济对急需人才的需求最强烈。城市经济急需人才4328人，占比最高。这与中心城区的经济繁荣度相契合。

（二）存在的主要问题

通过对2020年石家庄市急需人才数据进行分析，发现主要存在以下几个问题。

1. "4+4"产业急需人才分布不够均衡

一是从"4+4"产业的总体情况来看，着力做强做优的四大产业急需人才数占"4+4"产业急需人才总数的89.57%，而着力培育壮大的四大产业急需人才数仅占10.43%。可见，在"4+4"产业中，需求量大、占主导地位的急需人才，主要分布在着力做强做优的四大优势产业中，而着力培育壮大的四大产业中急需人才数量仍然占比较小，需要进一步扶持发展。二是从"4+4"产业的八大产业来看，生物医药健康和新一代信息技术急需人才数在八大产业中居前两位，分别占"4+4"产业急需人才总数的43.76%与36.31%，这与石家庄市雄厚的生物医药健康产业和新一代信息技术产业基础密不可分。而现代商贸物流和旅游业则在八大产业急需人才中位列最后两位，分别占0.19%和0.36%，均不足1%。可见，石家庄市急需人才在"4+4"产业内部分布不够均衡，大多集中在传统优势产业中产业基础相对雄厚的产业，包括生物医药健康和新一代信息技术，而在现代商贸物流与旅游业中急需人才分布较少，这也从侧面反映出石家庄市的现代商贸物流与旅游业需要进一步转型升级发展。

2. 急需人才的层次仍然以中低端为主，整体层次偏低

一是从急需人才学历看，学历为本科的占比为61.44%，位居第一，说明急需人才对学历要求并不高，仍然以中端人才为主。二是从专科学历的急需人才占比明显增加来看，专科急需人才占比从2018年的2.9%增加到2020年的18.93%，变化明显，说明急需人才的低端人才同比增长明显，显示出当前需要专科学历的技能型人才是一个新变化。三是从硕士、博士的急需人才占比变化来看，从2018年到2020年几乎没有变化，硕士、博士学历占比分别保持在16.02%和1.70%，说明急需人才尚未发展到以高端人才为主。

3. 不同地域急需人才集中产业不同，说明产业和公共服务水平发展存在不均衡现象

一是产业发展不均衡。从18个产业按照急需人才的地域分布情况来看，中心城区、开发区（或园区）、三个县改区以及各县急需人才分别集中在新一代信息技术、生物医药健康、教育、卫生，如表9所示。开发区（或园区）的急需人才主要集中在生物医药健康，中心城区的急需人才主要集中在新一代信息技术，三个县改区和各县对这两个产业急需人才占比相对较低，可见开发区（或园区）、中心城区、三个县改区和各县，存在产业发展不均衡现象。二是公共服务水平亟待提高。三个县改区急需人才主要集中在教育，急需人才占比达到30.54%，各县的急需人才则集中在教育和卫生，急需人才占比分别是14.60%、18.74%，而开发区（或园区）、中心城区在教育和卫生方面需求度较低，说明三个县改区和各县的公共服务水平亟待提高。

表 9　按地域分布的四个集中产业中急需人才占比

单位：%

急需人才主要集中产业	各县	开发区（或园区）	三个县改区	中心城区
新一代信息技术	2.76	21.72	10.31	44.24
生物医药健康	9.95	54.81	17.51	8.02
教育	14.60	1.44	30.54	3.71
卫生	18.74	0.12	9.03	10.41

4. "四种类型经济"的急需人才分布不均衡

一是城市经济对急需人才的需求最高。城市经济急需人才数为 4328 人，占比最高。二是区域经济对急需人才的需求最低。区域经济急需人才数为 2453 人，占比最低，需求量接近城市经济需求量的一半。这与石家庄市区域经济发展相对薄弱不无关系。

三　对策建议

石家庄市急需人才情况具有一定的普遍性，急需人才所呈现的特点和问题具有一定的代表性，因此，针对石家庄市急需人才的对策建议对河北急需人才工作具有一定的参考价值。

（一）激活人才创新活力，吸引并留住人才的制度"先行"

党的十九届五中全会提出激活人才的创新活力，完善人才制度是最关键的环节。要满足石家庄市对数量庞大的急需人才的强烈需求，必须举全市之力研究制定留住并吸引人才的一揽子制度，积极将石家庄市近两年打造的人才制度优势转化为人才制度效能。需要正视的是，留住人才比吸引人才更重要，因为只有营造了能留住人才的制度环境，才能最终将人才真正留下来，发挥人才作用。这是当前石家庄市创新人才制度的重点所在。建议制定实施留住并吸引人才的一揽子制度，做好人才制度机制的整合和衔接配套工作，打造良好的人才政策环境，形成政策合力，提高石家庄市的人才竞争力，将人力资本作为创新资源大力发展"四种类型经济"，加快构建"4+4"现代产业体系，促进石家庄市高质量发展。

形成人才政策合力。首先，摸底现有留住人才制度。将现有的石家庄市关于留住人才的制度机制从人才使用制度中挑选并汇集在一起，整理分类归纳，既要分析出留住人才制度的"破""立"范围，又要审查制度机制之间的关联性和系统性，形成现有留住人才的分析报告。其次，制定一揽子人才制度，做好政策的整合和衔接。针对留住人才的分析，结合中央省市政策和石家庄实际，制定留住人才的创新计划和实施方案，与吸引人才的人才绿卡制度相得益彰，抓住突破口，有条不紊推进，注重整体效果。最后，突出服务，改善人才环境。以制定新制度为突破口，抓紧制定以全方位服务人才为核心的留住人才计划，提高人才的获得感和满意度。人才留住制度的关键是要通过制度和机制打造良好的人才环境，人才留住制度要贯穿"以制度意识为先导、以全方位服务为核心、加速构建让人才满意的人才环境"的理念，并围绕提供全方位服务为人才提供所需的各类服务，在石家庄市真正树立"人才是第一资源"的社会氛围，赢得尊重人才、留住人才的口碑，从而形成无形的人才使用品牌价值。

建议实施留住并吸引人才的一揽子制度，汇集整合与吸引人才相关的总体制度；在实施环节出台执行细节和分工的制度，如"全方位服务人才的实施办法"等；在全局环节出台加快构建留住人才的人才环境制度，如"打造共建共治共享的人才环境、促进人才环境建设的改革方案"；在评价环节出台人才作为主体给服务打分评价的制度，如"人才服务满意度测评办法"等。通过创新人才留住制度，坚定人才留下来的信心，减少人才流失，进一步打造吸引人才的人才环境。

对河北来说，建议在人才强冀的一系列政策制度的基础上，重点制定并实施留住并吸引人才的一揽子制度，促进人才聚集，为创新奠定人才实力和人才团队基础。

（二）促进经济高质量发展，专项产业人才引进工程"并行"

为满足石家庄市"4+4"产业发展对人才的需求，以及解决"4+4"

产业急需人才分布不够均衡的问题，实施具有针对性的"4+4"产业人才引进工程，不仅要在整体上缓解"4+4"产业的人才缺口，更要针对"4+4"产业的不同发展程度，实施更具有针对性的人才引进工程，促进"4+4"产业内部急需人才的均衡发展。

1. 从总体上提升"4+4"产业人才整体的吸引力与集聚力

一是制定专门针对"4+4"产业急需的人才引进政策，要在石家庄市人才政策、人才绿卡的基础上，针对"4+4"产业特点及急需人才特点，制定相应的人才引进政策，将更多的专业人才吸引进来，同时通过人才激励政策与产业的发展，把这些专业人才留住，使专业人才既"引得来"，又"留得住"，从而更好地服务于石家庄市"4+4"产业发展。二是开展"4+4"产业急需人才专场招聘会，参会企业严格限定为"4+4"产业的相关企业；在招聘对象上，既要针对广大优秀毕业生，又要有面向社会专业技能人才的"4+4"产业专场招聘会，拓宽"4+4"产业急需人才的引进范围；在地域上，要坚持"走出去"战略，到京津等其他周边城市，举办"4+4"产业人才专场招聘会，拓宽引才渠道，提升"4+4"产业急需人才的集聚力。

2. 围绕"4+4"产业发展，实施侧重点不同的引才工程

一是针对"4+4"产业中基础比较雄厚的优势产业，如新一代信息技术、生物医药健康等产业，继续发挥石家庄市优势产业的吸引力，围绕各个重点领域做强引才品牌。二是针对需要进一步转型升级的潜力产业，如现代商贸物流、旅游业等，一方面要进一步提升产业实力，提升技能型人才的吸引力，另一方面引导企业与具有专业特色的高校签署战略合作协议，积极引进适合产业发展的对口专业型人才，最终形成以人才推动产业发展，以产业吸引更多优质人才的双向互动格局，实现"4+4"产业与急需人才相互促进、相得益彰的良性发展。

对河北来说，新时代经济发展要适应新发展格局需要，依靠产业人才发展实体经济是应有之义，促进河北高质量发展，就要针对河北省三次产业发展的实际情况和"十四五"规划、2035年远景目标进行产业人才的布局谋篇。

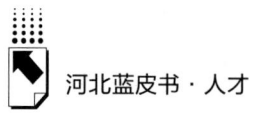

（三）加大人才培育力度，强化分层级的专项人才吸引计划

针对急需人才层次整体偏低的现状，一方面，有针对性地加强三个层次的人才培养力度。按照学历，建议将人才分成高端、中端、低端三个层次，分别加大培养力度。尤其将重点精力放在培养中端人才上，提高本科学历人才的专业技术水平，目标是培养数量更多、质量更优的技术型人才。其次是重视培养低端人才，提高专科学历人才的技能水平，目标是培养技能人才。最后是加强高端人才培养力度，提高硕士、博士学历的高级技术型人才、高级科研人员的能力水平。另一方面，实施三个层级的专项人才吸引计划。按照学历划分三个层级，将现有的人才绿卡制度再细化，补充人才绿卡对专科、本科、硕博三层次的人才吸引内容，按照人才梯队建设规律，将政策导向更倾向于吸引中低端学历人才，重视吸引本科学历人才，重视吸引专科的技能型人才，还要加强对高端人才的引进力度，积极加强以高端人才为核心的人才团队的引进。

在新发展阶段，要提高河北的创新实力和创新竞争力，建议实施人才培养和人才引进双轮驱动，通过人才培养进行人才供给侧改革，增加河北省内人才供给力度，积极构建多层次促进创新发展的人才新发展格局。

（四）重视区域协调发展，制定差异化的"区域人才引流计划"

针对产业发展区域不均衡的情况，建议制定差异化的"区域人才引流计划"。一是针对急需人才，注重"行业选才"，精准确定引才专业；二是赴高校专项引才、分行业领域组队定向引才；三是创新人才引进模式，除了传统的招聘引进，还可以积极实施"回引纳才"，招引石家庄籍在外的优秀人才回流。四是针对不同区域急需人才行业的不同，制定不同引才方案，比如，针对开发区和园区的定位，可制定相关产业和周边产业的定向引才计划，以聚集产业优势；针对三个县改区现阶段对教育资源、各县对卫生领域的急需人才制定专项引进计划；针对脱贫县，要积极探索制定符合脱贫地区经济发展的旅游、乡村振兴等方面的人才引进计划。

另外，针对三个县改区和各县公共服务人才缺乏的现状，一是积极探索符合基层公共服务人才特点的公开招聘办法，可以采取直接考核的方式招聘中级以上专业技术职务或其他急需紧缺专业人才；二是组织好"三支一扶"人员、大学生村官、西部志愿者、退役士官士兵的"专项招聘"，并积极探索从优秀村干部中招聘乡镇事业单位工作人员；三是充分发挥订单医学生、免费师范生的作用，并按相关规定将其招聘进事业单位；四是鼓励公共服务人才下乡，可以把专业技术人员交流到下一级县、乡镇单位专业技术岗位，作为晋升高级职称的条件等；五是要注意石家庄市各区域的特点，加强不同区域人才需求调研，科学制定人才招聘规划，做到按需招聘、精准招聘。

河北高质量发展要站位全省，既要考量地域区域，使各市和东中西各区域协调发展，又要考量产业经济区域，促进合理的产业集聚，同时更要通盘考虑产业布局，因此，重视人才的区域协调发展非常必要。建议制定差异化的"区域人才引流计划"，促进区域人才的合理流动、共享、引进。

（五）强化人才牵动，为各类型经济提供人才保证

针对"四种类型经济"急需人才不均衡的现状，大力发展"四种类型经济"，要在强化创新驱动中强化人才引领。第一，要解决城市经济急需人才的迫切需求，以满足人才缺口为突破口，进一步繁荣城市经济，提高中心城区的繁荣度；要以实现"科技自立自强"为产业发展目标，重点吸引高科技产业和战略性新兴产业的人才，提升城市经济发展整体实力的人才基础，注重城市经济的金融业、总部业等发展，提高中心城区的经济辐射带动作用；结合2020年石家庄市城市发展规划和经济发展规划，将城市经济发展与中心城区的人才聚集紧密结合，实现经济和人才的双轮创新驱动，促进城市经济的高质量发展。第二，针对区域经济急需人才程度最低的现状，统筹发展石家庄区域经济，合理引导企业向不同区域转移，进一步带动区域经济的协调发展；通过人才团队、人才项目的引进，带动区域经济发挥比较优势，针对区域特色产业集群，制定人才和人才团队吸引办法和政策，实现人才引领、助力产业发展。第三，为解决园区经济急需人才比较强烈又集中的

现实需求，在不同开发区、园区，因区制宜，制定反映产业聚集特色的人才聚集办法，以人才集聚促进优势产业的聚集发展，从而提高各开发区、园区的现代产业贡献率。第四，针对生态经济地域上覆盖全市、产业上内涵丰富的特点，将绿色人才作为石家庄一揽子制度创新的亮点之一，打好生态经济的绿色人才"牌"；加大对与生态经济密切相关的人才的培养和引进，制定专项措施办法，通过强化绿色人才的引入，促进生态经济的"绿"和"利"的双赢。

对于河北来说，要如期实现创新效能的提升，强化人才对创新的牵动是必然选择。针对城市经济、园区经济、区域经济等类型经济，要从人才生态系统的角度系统筹划人才布局，立足河北省，还要胸怀百年未有之大变局和实现中华民族伟大复兴梦的这两个大局，从人才方面发力，促进河北省高质量发展，为开启基本实现现代化新征程，贡献河北力量。

参考文献

习近平：《习近平谈治国理政》（第三卷），外文出版社，2020。
《〈中共中央关于制定国民经济和社会发展第十四个五年规划和二〇三五年远景目标的建议〉辅导读本》，人民出版社，2020。
《党的十九届五中全会〈建议〉学习辅导百问》，党建读物出版社、学习出版社，2020。
《中国共产党河北省第九届委员会第十一次全体会议决议》，新华网，2020 年 11 月 9 日，http://www.he.xinhuanet.com/xinwen/2020 – 11/09/c_1126716002.htm。

B.11
河北省高层次科技人才引进机制与政策创新问题研究[*]

王小玲 杨 凡[**]

摘 要： 高层次科技人才能够在关键领域和核心技术方面实现突破，促进产业链再造和价值链提升。面对转变发展方式、推动高质量发展的重大任务，各地对于高层次科技人才的争夺力度在普遍加大，甚至将新型科技领域的高层次科技人才视为"国之重器"。本报告通过对河北省高层次科技人才引进机制和政策现状进行调查分析，针对存在的主要问题，从加快人才制度建设、科学编制高层次科技人才需求目录、创新高层次科技人才柔性引进机制、优化人才发展生态环境、创新人才特区制度建设等方面，提出了河北省高层次科技人才引进机制与政策创新的对策建议。

关键词： 高层次人才 科技人才 人才引进

习近平总书记指出："发展是第一要务、人才是第一资源、创新是第一动力。"当前，河北正面临世界新一轮科技革命与产业变革的重大机遇和挑

---

[*] 本报告是河北省省级科技计划软科学研究专项资助重点项目（项目编号：20557614D）的阶段性研究成果。

[**] 王小玲，中共河北省委党校（河北行政学院）教授，主要研究方向为人才管理制度与人才政策；杨凡，中共河北省委党校（河北行政学院）讲师，主要研究方向为人才服务与人才政策。

战，面对转变经济发展方式、推动高质量发展的重大任务，比以往任何时期都更加需要科技引领、创新支撑和人才保障。河北要实现经济社会的高质量发展，完成省委、省政府提出的"三六八九"工作思路，全面落实"六稳""六保"任务，尤其是做好"三件大事"，必须要有高层次科技人才保障和智力支撑。人才引进是弥补河北省高层次科技人才短缺的重要手段，与人才引进机制和政策密切相关。本报告通过对河北省高层次科技人才引进机制与政策创新现状以及存在的问题进行分析，借鉴国内外高层次人才引进机制与政策创新方面的先进经验，提出河北省高层次科技人才引进机制与政策创新的对策建议。

一 河北省高层次科技人才引进机制与政策创新现状

（一）国家及河北省高层次科技人才引进机制与政策梳理[①]

1. 人才规划概览

改革开放后，中央层面陆续出台了系列关于科技人才工作的新政，不断释放政策红利，培养、吸引了大批高科技人才，夯实了我国科技人才基础。进入21世纪，基于对国际国内形势的分析判断，党中央、国务院把科技人才工作，特别是高层次科技人才引进和培养提升到国家重大而紧迫的任务高度，注重从战略层面不断丰富和完善高层次科技人才制度体系。2002年党中央将"人才强国"确定为国家战略，全面布局了各类人才队伍的建设目标。2003年党中央进一步明确了"人才强国"战略在中国特色社会主义事业中的关键地位，下发了《关于进一步加强人才工作的决定》，专章谋划了高层次人才的培养规划。河北紧跟政策形势，2003年提出实行"人才兴冀"战略，提出了培养和造就与全省经济结构战略性调整相匹配的复合型科技人

[①] 河北省的人才引进机制与政策在许多方面与国家相关政策是对应的，统一梳理，以便理顺其关系。

才的发展目标。2004年河北出台了《关于进一步加强人才工作的若干意见》，明确了以培养高素质领导人才、优秀企业家和高级专家为战略重点，推进高层次人才队伍建设。

21世纪第二个十年，全国科技人才工作进入关键的战略机遇期，国家层面相继出台了《国家中长期科技人才发展规划（2010—2020年）》和《国家中长期人才发展规划纲要（2010—2020年）》，系统制定了包括国家高技能人才振兴等高层次科技人才计划，全面部署了2010～2020年的科技人才发展规划。河北相应出台了《河北省中长期人才发展规划纲要（2010—2020年）》，提出2010～2020年将重点实施"柔性"引进京津高层次人才智力、"政策互惠"留住本地人才和高层次创新型人才开发等八大重点人才工程，实现"人才强省"的目标。

党的十八大后，河北的科技人才工作迎来重大历史机遇，京津冀协同发展成为国家战略。河北会同北京、天津两地积极谋划三地人才协同发展。2017年，三地联合发布《京津冀人才一体化发展规划（2017—2030年）》，河北将重点根据转型发展和高质量发展需要，以高标准建设雄安新区为契机，借力京津人力资源平台，打造京津冀科技转化人才发展极。围绕发挥人才作为第一资源的引领和支撑作用，河北省制定了一系列有关科技人才的战略规划，构筑起了高层次科技人才引进的四梁八柱。

2. 高层次科技人才引进政策概览

在政策方面，全国人才工作会议后，各地引才不断解放思想，开拓创新，在自觉遵循人才资源开发规律的基础上，打好"引育用留"组合拳，用政策红利谋求高层次科技人才工作新出路。2012年河北印发了《关于加强企业引进京津人才智力工作的若干意见》，明确要充分利用京津富集的人才智力资源，加快形成全省上下贯通、配套衔接的引才引智政策体系。2016年党中央提出了"构建具有国际竞争力的引才用才机制"的发展目标。围绕落实这一目标，河北制定了一系列政策，积极深化人才引进体制改革。2016年河北印发了《关于深化人才发展体制机制改革的实施意见》，着重提出了三点改革政策。一是提高引进人才的层次。在资金和配套政策等方面强化对高层次科技人才引进的支持力度。二是充分发挥"柔性引才"作用。发挥协同发展优势，以京津为重点，柔性会聚国内外高层次科技人才资源。三是激发企业引才聚才动力，从奖励资助、税收抵扣、平台建设、科研项目等方面支持企业引进高层次科技人才和团队。同年，河北还制定了《关于进一步加大高层次人才引进的若干政策措施（试行）》，对引进对象、资金支持、经费补贴、编制保障、生活保障等进行了明确具体的规定。出台了《关于支持企业引进高层次人才的若干意见（试行）》，鼓励、支持企业结合自身需要通过机动灵活的方式引进高层次人才。2017年河北相继出台《关于加强新形势下引进外国人才工作的实施意见》和《关于进一步做好院士智力引进工作的意见》，进一步简化了国外"高精尖"和紧缺人才引进手续，明确了国内顶尖人才引进的具体目标和优惠政策。2019年河北制定了《关于深化科技改革创新推动高质量发展的意见》，提出围绕构建关键核心技术攻关机制，促进产业链再造和价值链提升，引进国际高端人才。2020年河北出台《关于促进高新技术产业开发区高质量发展的实施意见》，支持高新区面向全球招才引智，鼓励高新区自主制定引进急需紧缺的高层次专业人才或特殊人才的政策。

与此同时，河北还不断优化人才引进生态系统，2017年出台《关于深化职称制度改革的实施意见》和《关于落实以增加知识价值为导向分配政策的实施意见》，2018年出台《关于加快推进科技人才评价机制改革的实施意见》《河北省科技奖励制度改革方案》，2019年出台《关于深化项目评审、人才评价、机构评估改革的实施意见》、《关于深化"放管服"改革优化科研管理若干政策措施》和《关于加强科研诚信建设的实施意见》等一系列文件，深入推进科技领域"放管服"改革，通过项目评审、人才评价、价值分配、收入和保障服务等多方面的政策创新，优化高层次科技人才引进使用的生态环境。

3.高层次科技人才计划概览

除了制度保障，各级政府还根据世情、国情和地区经济社会发展的变化实施了一系列专项引才计划，这些专项计划绝大部分是针对高层次人才的。依靠专项计划"短、平、快、准"的优势，有重点、有针对性地吸引人才，以完善人才结构，充实紧缺人才数量。例如，石家庄实施了"'百千万'产业人才聚集计划"[①]、"名校英才入石"计划；唐山市实施了"凤凰英才计划"；廊坊市实施了"科技创新十大工程"等高层次科技人才引进一揽子工程；张家口针对当地七大支柱产业实施了"雄鹰计划"；秦皇岛为进一步优化高层次科技人才引进政策环境实施了"港城英才计划"；雄安新区实施了"111 计划"，聚焦国际化的引才政策和标准打造高质量引才载体。

4. 高层次科技人才载体概览

人才载体是高层次科技人才引进和发挥作用的重要平台。国家层面 2017 年全面部署了国家科技人才载体建设发展改革相关工作，明确提出了"分类梳理、归并整合"的要求。将国家级基地平台按功能分为科学与工程研究、技术创新与成果转化和基础支撑与条件保障三类。省级层面，2018 年河北专项制定了"科技创新平台与条件保障能力建设"计划，详细规划了全省科技人才载体建设情况。一是提出了省级研发平台倍增计划，明确了国家级研发平台、省级重点实验室、省级工程研究中心、省级技术创新中心等高层次科技人才载体增加数量。二是充分发挥市场作用，制订进行有效支持的政策措施，引导发展一批采用现代企业法人管理制度、主要从事科研开发和技术服务业务、以营利为目的、按照市场化机制运营发展的新型研发机构。三是加强科技资源开放共享服务平台建设。完善科技资源共享服务平台布局，根据科技资源类型，加强优质科技资源有机集成，搭建科技资源服务平台，健全工作体系。

（二）河北省高层次科技人才引进机制与政策创新主要成效

河北省在中共中央的领导下，始终将人才作为发展的第一资源，不断深

---

① 包括"万名产业青年人才储备计划"、"千名产业急需人才支持计划"和"百名产业高精尖人才引领计划"。

化改革，完善人才规划，大力创新高层次科技人才引进政策，重点工程建设迈出新步伐，取得明显成效。

1. 科技人才工作的战略地位更加突出

全省大力实施人才强省战略，充分发挥党管人才政治优势、制度优势、组织优势，推进科技人才全面融入河北经济社会发展全局。省级层面涉及科技人才引进的各类规划、政策、计划超过50项，通过持续深化人才发展体制机制改革，吸引各方面科技人才聚集到"经济强省、美丽河北"的奋斗进程中来。为河北落实国家重大战略部署和规划要求提供科技支撑和人才支撑。全省构建起覆盖省、市、县三级的人才工作领导小组体系，初步形成了组织部门牵头负总责，有关部门相互配合，社会力量广泛参与的科技人才工作新格局，推动全省科技人才资源开发力度不断加大。

2. 高层次科技人才队伍的整体实力大幅提升

全省高层次科技人才队伍不断发展壮大，整体素质稳步提高。截至2018年底，全省高技术产业科技人才为14663人，占全省科技人才总量的12.95%。[①] 科技人才结构更趋优化，高层次科技人员数量和比例逐渐提高。截至2019年底，全省共有院士19人、省高端人才34人、省"巨人计划"领军人才138人、省政府特殊津贴专家496人、省管优秀专家544人，全省"万人计划"专家51人、百千万人才工程国家级人选59人、国务院政府特殊津贴专家2477人，全省通过"名校英才入冀"计划进入企事业单位名校大学生1672人、省"突出贡献技师"300人。[②] 科技人才队伍整体素质的提升带来的是科技创新成果的全面提高，2019年全省16项科研成果获"2019年度国家科学技术奖"，其中，国家科技进步一等奖3项、二等奖10项，国家自然科学二等奖1项，国家技术发明二等奖2项。[③]

[①] 河北省统计局。
[②] 康振海主编《河北人才发展报告（2020）》，社会科学文献出版社，2020。
[③] 《名单公布，2019年度河北省科学技术奖揭晓》，河北新闻网，2020年4月26日，http://hebei.hebnews.cn/2020-04/26/content_7813378.htm。

3. 高层次科技人才载体建设力度不断加大

全省以健全机制、规范运行、便捷服务为目标，不断完善高层次科技人才市场体系，加大人才载体建设力度。从硬件建设看，全省形成了以河北人才大厦为平台、以各市人才市场为依托、以区县人才市场为基础的全省人才市场网络，构建了现场交流、网络互动、平面传播"三位一体"的人才交流模式。从科技创新平台保障来看，全省基本形成了布局结构合理、创新链条全面、协同创新高效、具有河北特色和优势的区域科技创新平台体系。截至2019年底，全省院士工作站有413家，高新技术企业超过5000家，科技型中小企业达到7.6万家，国家级众创空间为86家，国家级星创天地达到88家，省级以上孵化器、众创空间和星创天地达到768家，催生创新团队和小微企业2万多个。① 全省省级及以上企业技术中心678家、技术创新中心570家、重点实验室194家。组织实施的国家和省高新技术产业化项目612项，其中在建国家重大专项和示范工程项目35项。②

4. 高层次科技人才成长发展环境显著优化

一是科技人才创新氛围不断优化。全省通过开展"杰出专业技术人才""优秀回国人员""科技创新团队"等荣誉表彰奖励，积极营造尊重科技、尊重创新、尊重人才的社会氛围。各用人单位更加注重建立公平的竞争选拔机制，更加注重打造干事创业的发展平台，更加注重强化科技人才的实践锻炼。二是科技人才的工作环境不断优化。全省构建了人才流动的"绿色通道"，探索科技人才弹性工作机制，通过柔性流动，假日专家、鼓励兼职兼薪等方式调动高层次科技人才的积极性。全省不断扩大用人单位在岗位设置、人才评价和激励等方面的自主权限，加大对急需领域人才、科技领军人才等特殊人才的经费资助力度。三是科技人才的生活保障水平不断提高。全省科技人才的工资待遇不断提高，绩效激励作用凸显。积极为科技人才开展人性化、定制化生活和科研服务，通过简化审批流程和推行"一站式"服

---

① 康振海主编《河北人才发展报告（2020）》，社会科学文献出版社，2020。
② 《河北省2019年国民经济和社会发展统计公报》。

务，为各类高层次科技人才在购房、医疗、出行、配偶安置、子女上学等方面提供优惠政策。

二　国内外高层次科技人才引进机制与政策创新经验借鉴

（一）发达国家引进高层次科技人才的政策和做法

当前，新一轮科技革命影响了全球的经济发展格局，世界各国对人才的需求也发生了深刻的变化，随着云计算、物联网、大数据、人工智能与区块链技术的兴起，全球范围内的经济科技发展进入了重要的转型期。各国对于高层次科技人才的争夺力度普遍加大，甚至将新型科技领域的高层次科技人才视为"国之重器"。一是通过技术移民制度引进高层次科技人才。发达国家主要是通过建立技术移民法律制度体系，通过分类审核、积分制等淘汰方法，以及在移民总额中大幅增加高层次科技人才的配额，以满足国家对急需高层次科技人才的需要。比如，英国在分类管理的基础上，推出了"创业签证"和"创新签证"；日本对于通过相应考核的外国人分别给予"1号"资格和"2号"资格；法国进一步放宽了"科技签证"的申请条件；德国为欧盟地区之外的高层次科技人才寻找工作开绿灯，日本甚至面向越南等东盟国家设置了"2号"资格，通过针对性的国别政策精准引智。二是建立系统的公开透明的人才引进法规体系。该法规体系从人员资格的确定条件到审批过程中的认定标准和程序，从临时性的工作管理到移民管理，每一步都有详细的规定，同时面向公众公开。既有利于管理部门管理，又有利于公众办理相关手续，也是对公众知情权的最好体现。三是发达国家主要根据市场需求决定引进人才的重点领域，对引进的人才实行依法管理，享受"国民待遇"，在人才管理上与本土人才基本上没有区别，政府一般不给予特殊照顾。对于世界顶尖级的科技人才、关键领域急需的特殊人才适当采用行政手段引进，其他类型的国际人才由市场配置，完全遵守市场规律，尊重用人主体的自主权。

（二）中关村人才特区引进高层次科技人才的政策和做法

中关村是全国高层次科技人才最集中的区域，其高层次科技人才的数量一直保持持续增长的态势。"截至2018年，中关村拥有国家级人才计划人数约占全国人才计划总人数的20%，约占北京市国家级人才计划总人数的65%。仅2018年中关村就有97人入选'高聚'人才计划；截至2018年，中关村共有433人（团队）入选'高聚'人才计划。"① 中关村人才特区在高层次科技人才引进方面的主要做法如下。一是出台"中关村国际人才新政20条"。"20条"涵盖国际人才出入境便利、开放引进使用、支持创业发展和加强服务保障等方面，在此之后又相继出台了多项配套实施细则，解决了政策落地的最后一公里问题，为人才国际化发展营造良好的"类海外"人才环境，取得了突出的政策实效。二是构建多层次的人才计划体系。在中关村，既有国家级高层次人才计划、北京市"海聚工程"，又有中关村"高聚工程"和支持青年人才的"雏鹰计划"等，形成了从高层次人才到青年人才全链条的人才计划体系。"高聚工程"的实施，对中关村高层次科技人才聚集起到了积极的推动作用，而"雏鹰计划"则持续推进了大批优秀青年人才的聚集。三是搭建人才交流平台。为了更好地推动京津冀高层次人才一体化发展，构建京津冀高端人才合作交流平台，组织京津冀科技开发、生态环保、高端制造等领域的高层次科技人才多次开展产业项目对接活动，取得了良好的效果。与此同时，构建高校与高科技人才互动机制，通过高校和企业之间的良性互动，既提高了毕业生适应社会和工作的能力，又进一步提高了中关村示范区自主创新能力，提升了科技成果转化和产业化水平。

（三）高层次科技人才柔性引进的浙江实践

浙江在经济社会高质量发展过程中，针对高层次人才短缺的问题，在人

---

① 张洪温主编《北京人才发展报告（2019）》，社会科学文献出版社，2019。

才引进方面进行了一系列的实践和探索,其中柔性引才用才的创新做法,值得借鉴和学习。一是院士专家等高端人才柔性引进经验。从2018年开始,浙江省科协等部门积极探索院士高端人才引领企业创新发展新模式,由省科协牵头,持续深化与以中国科学院、中国工程院为主的国内外大院名所的沟通联系,建立常态化的院士联络机制,与此同时,通过搭建国际交流研讨会等多种国际合作平台,加大与海外院士专家的联络互动,为企业和相关领域的院士专家提供合作交流的机会,推进双方以工作站的形式建立长期合作关系。二是宁波海外工程师计划。宁波市北仑区在全国率先推出"海外工程师计划",该计划是立足市场需求,通过体制机制创新、平台建设、柔性引才、人才共享使用等方式,大量引进和使用海外人才。比如,海伦钢琴是一家民营企业,针对自身发展缺乏技术人才的问题,以柔性引才方式从美国、法国、日本和奥地利等国引进钢琴制作领域的国际专家,并在10年内实现了从"贴牌"到"自创品牌"再到"成功上市"的飞跃。三是衢州在人才集聚区建立"人才飞地"。衢州在浙江省由于地理位置和社会经济发展状况的限制,一直在全省人才竞争中处于劣势。为此,衢州市政府实施了"走出去"的柔性引才用才战略。2012年,衢州市政府与杭州未来科技城管委会签订合作协议,在未来科技城开辟人才引进和研发创新块"飞地"。通过"飞地"引进了一批"带技术、带项目、带资金"的高科技海归人才和团队,解决了衢州高端人才引进难的问题,同时也提高了衢州企业创新研发的能力。

三 河北省高层次科技人才引进机制与政策创新存在的问题

(一)高层次科技人才引进重引进政策和人才计划,轻人才制度建设

近几年来,我国经济社会发展进入了高质量发展阶段,普遍面临着经济结构调整、产业转型升级、污染防治等方面的问题,需要科技创新来突破和

解决，现在比任何时候对高层次科技人才的需求都更加迫切。河北省也不例外，出台了一系列高层次人才引进政策和人才计划，在一定程度上解决了高层次科技人才的短缺问题，但是，在"引得进""留得住""用得好"等方面还存在一些问题。一是引才政策的同质化问题。通过对各地高层次人才引进政策的对比，我们可以看出，高层次人才引进标准大体相同，人才引进政策相互对标，把人才引进简单等同于政策优惠和物质奖励，强调"以财引才"，带有以往开展招商引资的痕迹，缺乏创新和区域特色。二是人才引进重计划轻制度建设问题。目前，河北省高层次科技人才主要是通过人才引进计划方式，比如河北的"高端人才支持计划""巨人计划"等人才引进计划，主要是通过给予生活补贴、住房补助、项目资助等优惠政策来吸引人才，人才计划着重在短期内引进一批人才，稳定性不强。因此，要加强人才引进的制度建设。

（二）高层次科技人才引进市场主体作用发挥不足，导致供需对接不匹配

河北省各地在高层次科技人才引进方面，没有完全突出市场导向，市场在人才引进中的决定性作用发挥不充分，主要表现在以下几个方面。一是从高层次科技人才引进的相关政策、人才计划和人才引进机制来看，各地在高层次人才引进中对产业的要求不够具体，只是围绕国家的信息产业、节能环保、生物产业等战略性新兴产业和航空航天、高端装备等支柱产业领域，并没有根据地方的产业特色进入细分领域，从而更加精准地选择引进高层次科技人才目标。二是各地引进高层次人才的主体基本上都是政府，市场主体的作用发挥不够充分。近年来，每年河北省都会发布《河北高层次和急需紧缺人才需求目录》，同时京津冀联合发布高层次和急需紧缺人才引进计划，但从目录的编制流程来看，政府部门大多是通过召开用人单位人事部门负责人座谈会，或者是召开专家座谈会讨论对留学人才的需求情况，这种形式虽然能在一定程度上把握供需情况，但是缺乏科学性和系统性。三是在高层次科技人才引进中，对于人才标准，各地政府制定了一系列学术性指标要求，

比如将学历学位、职称、论文、荣誉称号等作为人才评价指标，导致人才引进过程中重人才称号，对人才价值的贡献潜力和当地科技创新产业高质量发展的实际需求考虑不充分，结果造成人才和用才者都未达到预期效果。

（三）人才管理体制机制障碍，导致高层次科技人才流动不畅

我国现有的人才管理制度和河北在京津冀地区公共服务中存在的明显的短板，不同程度地影响着高层次科技人才在地区间的流动。一是户籍、学历、身份和人事关系等条件的限制，制约着人才的横向流动。部分城市，户籍政策和国有单位的编制限制，制约着高层次人才和急需紧缺人才的流动。二是在现行的人才管理体制下，机关、事业和企业三种单位的人才之间可谓戒备森严，国有单位和非公单位之间相关人事管理制度的差异，阻碍着体制内、体制外和社会组织之间人才的自由流动。在机关事业单位中，因身份不同存在"同工但不能同待遇"的现象，制度上的差异可能导致"玻璃门"现象。人才从体制内向体制外流动，一些后顾之忧还未得到很好解决，还存在心理上的障碍。三是河北的社会保障制度和全国一样，在不同地区和不同体制的机构之间存在较大的差异，在一定程度上阻碍了人才的流动。目前，河北省机关、事业单位和企业之间的社保并未实行统一的社会化管理，且存在较大的差异，导致人才在机关、事业单位和企业之间的流动受到影响。与民营企业的人才相比，机关、事业单位的人才退休后享受的养老金更高，这在一定程度上制约了人才的合理流动。

（四）高层次科技人才重引进、轻人才发展生态环境优化建设

总体来讲，河北科技人才生态环境状况逐年改善，但综合水平对科技人才的吸引力特别是高层次科技人才的吸引力不足。一是存在引才"数字政绩"现象。进入21世纪以来，中央层面不断强化高层次科技人才引进的要求，很多地方政府热衷于密集出台种类繁多的"招财引智"计划，也愿意对企业人才引进给予政策红利和补贴。随着竞争日益激烈，出现了引才"数字政绩"的现象，部分地方政府只重政策出台数量，将引进人才政策数

作为政绩相互攀比，轻视政策质量的跟踪、评估。二是工作、科研环境有待进一步优化。目前政府主导的人才引进方式主要是通过资金补贴、项目配套等方式实现，并没有深入、全面地考虑高层次科技人才所真正看重的配套条件。如引进海外高端人才应该注重打造与国际接轨的科研氛围，制定尊重国外工作习惯的工作制度，提供可持续的科研设施保障等。三是缺少人文关怀。目前全省已经形成了以"科研奖励—成果转化—股权激励"为主的多维度物质激励体系，但是对高层次科技人才的精神激励和人文关怀还存在一定程度的缺失。高层次人才对自我价值实现、文化寄托等高层次的精神需要没有得到满足。以"名校英才入冀"计划为例，课题组调研发现，对人才的激励主要集中在宣讲引入阶段，相关科技人才进入用人单位后缺少后续关注和追踪，部分英才并未被安排到关键岗位上，干事创业的激情没有有效激发，特别是对于一些北京大学、清华大学的优秀毕业生和单位紧缺人才，没有围绕发挥其才能的个性化成长培养方案，从而导致人才引得进、留不住。

四 推进河北省高层次科技人才引进机制与政策创新的对策建议

（一）加快人才制度建设，为引进高层次科技人才提供法治保障

河北经济社会发展已经到了创新驱动发展的阶段，创新驱动就是人才驱动，急需大量创新人才来支撑。相比较而言，发达国家主要是通过系统的人才引进制度来吸引人才，针对人才需求建立技术移民制度，并出台明确的法律法规予以保障实施，使得人才引进成为常态。在这方面，我国还需要国家层面出台有关移民法或技术移民法等专项法律。党的十九届三中全会审议通过了《深化党和国家机构改革方案》，提出组建国家移民管理局，统一负责外国人停留居留和永久居留管理、边民往来管理等事务，这为我国建立技术移民制度提供了良好的组织机构保障。应借鉴国外经验，研究出台"技术

移民法"，在法律规定的基础上，制定技术移民相关宏观调控、筛选评估、权益保障等政策体系。

（二）科学编制高层次科技人才需求目录，实现供需双方有效对接

深化改革创新，改进高层次科技人才引进机制，充分发挥市场在引才中的决定性作用，给用人单位更多的自主权，更多注重企业的用人需求，突出人才的能力、实际业绩和贡献，坚决克服"唯学历、唯职称、唯论文、唯奖项"等四唯倾向。积极发挥市场选人、市场评价的作用，使人才引进的主体逐步从政府向市场转移过渡，企业、科研院所和高校等应该是高层次科技人才引进的重要主体。政府所起的作用应该是搭建平台、建立引才渠道、构建人才和用人单位之间交流沟通的桥梁。一是政府要科学编制"河北高层次科技人才需求目录"，提出当年河北省紧缺人才的类别，并且在产业领域要具体细分重点方向，提高人才引进的效率和效益。二是政府要发挥信息纽带作用，主导信息平台建设，整合人才、项目、政策、资金等多种要素信息，在扩大信息量的同时，提供供需双方相互交流互动的渠道。要将平台打造成权威，有信用保障，管理规范化、专业化、高端化且服务完善的国际人才需求信息发布平台，充分满足多样化、专业化、高端化的人才需求，以便使高层次科技人才与用人单位之间实现供需双方的有效对接，达到双赢的效果。

（三）创新高层次科技人才柔性引进机制，聚天下英才而用之

人才柔性流动是指打破传统的人事关系、户籍、地域等限制性体制机制障碍，在不改变人才与原有单位隶属关系的前提下，双方协商，充分体现个人意愿和用人单位自主权，充分利用现代信息技术实现"智力流动"，最大限度挖掘人才的使用价值。目前，人才柔性流动是解决河北省高层次科技人才区域、领域和层次分布不均衡问题，实现人才效能最大化的有效途径。一是建立更加灵活的高层次科技人才流动机制，积极打破阻碍人才流动的户籍、档案、社保关系、出入境等方面的体制机制障碍，减少户籍、国籍、职

称、在岗在职时间和国有单位的编制等对高层次科技人才引进的限制，为其柔性流动扫除体制机制障碍。二是建立更加柔性的高层次科技人才使用机制，积极拓宽高层次科技人才柔性引进通道，鼓励用人单位通过项目合作、难题攻关、技术咨询、技术入股、科技讲座等方式引进和使用高层次科技人才，减少工作时间、工作场地对人才的硬约束。创新高层次科技人才共享的办法和途径，降低人才使用成本，提高人才利用率。三是建设人才柔性引进平台，针对河北省高层次科技人才和紧缺人才，积极建设人才信息平台，与国内外顶尖大数据公司合作，搭建各类人才信息数据库，掌握柔性引才对象的整体状况和变化趋势。主动加强与人才资源充足的国内外顶尖高校、研究机构、大型企业等的长期合作，加强人才供给方与用人单位之间的沟通交流，促进高层次科技人才柔性引进制度化。

（四）优化人才发展生态环境，为高层次科技人才潜心研究提供保障

优化人才发展生态环境，是保障科技人才引进、使用、留住的关键。一是政府部门要树立正确的人才观。破除盲目攀比竞争理念，树立精准聚才的理念，在厘清区域供给能力和政策承载能力的基础上，精准制定高层次科技人才引进政策、计划和目标。重点关注高层次科技人才引进质量和使用效果，持续跟踪、评估人才引进政策的实施效果。二是立足地区比较优势，创新公共服务供给方式。一方面要继续提高"人才绿卡""绿色通道"等指向性政策含金量，为高层次科技人才提供户籍、住房、医疗、教育、配偶安置、子女就学等方面的便捷。另一方面要转化思路，利用地理优势，创新与北京、天津的公共服务区域合作共享机制。在用好、用足资源流转、设立分支机构、引进先进设施、输入专业人才、合作帮扶等传统方式的同时，积极利用5G和互联网等技术搭建公共服务云平台。在教育方面可以通过在线直播、云课堂等新媒体技术，开展网络教师教学；在医疗服务方面，利用5G新技术实现与北京、天津医疗机构间的信息共享和远程医疗等智慧医疗服务。三是打造多元文化共生、共融的制度性环境。进一步提高地区经济体制的开放度，充分发挥"和而不同"的传统理念，提升社会对海外高层次科

技人才的包容度，进一步健全完善海外人才社会保险和医疗保险待遇规定，并简化办理手续。在海外人才聚集的地区建立国际社区，营造与国际接轨的创业环境、就业环境和双语环境。

（五）创新人才特区制度建设，推动高层次科技人才向雄安新区聚集

《河北雄安新区规划纲要》指出，"实行开放便捷的人才引进制度"，要通过更加便利高效的举措优化对海外技术移民和外籍人才入境相关制度。设立雄安新区虽然是中央在统一部署，但作为河北来说，要落实好雄安新区的定位和目标任务，首先要创造更加灵活、更加便利、更加高效的人才特区制度，以制度创新打开人才尤其是高层次科技人才进入雄安新区的"门禁"，为雄安新区规划建设提供创新支撑和人才支撑。一是建议河北省积极争取中央和国家有关部委的支持，出台"雄安新区人才工作条例"，通过人才立法对部分现有的规定进行突破，立法先行，将雄安新区打造成贯彻落实以新发展理念为引领的人才发展创新示范区。法治环境是最好的人才环境，人才稳定的实现方式是用法律抓第一资源。以法治环境增强对北京地区高端人才的吸引力。二是参照北京中关村有关人才特区制度建设，制定适应雄安新区人才特区发展的人才特区制度，使得在雄安新区设立的中关村科技园，能够很好地实现人才支持政策相互衔接，通过科技成果在雄安新区的转化，带动人才向雄安新区集聚和流动。三是搭建制度化京津冀高层次科技人才交流载体。建立高层次科技人才共享机制，构建京津冀高端人才合作发展平台，组织京津冀科技开发、生态环保、高端制造等领域的高层次科技人才开展产业项目对接活动。动态邀请京津地区相关高层次科技人才到雄安新区开展专项攻关和技术指导，为高标准建设雄安新区提供智力支撑。

参考文献

《国家中长期人才发展规划纲要（2010—2020）》中国政府网，2015年3月13日，

http：//www.mohrss.gov.cn/SYrlzyhshbzb/zwgk/ghcw/ghjh/201503/t20150313_153952.htm。

《关于印发国家中长期科技人才发展规划（2010—2020年）的通知》，中国政府网，2011年8月16日，http：//www.most.gov.cn/tztg/201108/t20110816_89061.htm。

《中共中央印发〈关于深化人才发展体制机制改革的意见〉》，中国政府网，2016年3月21日，http：//www.gov.cn/xinwen/2016-03/21/content_5056113.htm。

《河北省中长期人才发展规划纲要（2010—2020年）》，河北新闻网，2010年9月9日，http：//gov.hebnews.cn/2010-09/09/content_648995.htm。

《河北省委省政府出台实施意见深化人才发展体制机制改革》，河北新闻网，2016年7月14日，http：//hebei.hebnews.cn/2016-07/14/content_5652745_2.htm? from = timeline&isappinstalled = 1。

吴帅：《海外人才引进机制与政策研究》，中国社会科学出版社，2014。

国务院发展研究中心创新发展研究部：《面向未来的创新型人才发展：制度与政策》，中国发展出版社，2018。

康振海主编《河北人才发展报告（2018~2019）》，社会科学文献出版社，2019。

康振海主编《河北人才发展报告（2020）》，社会科学文献出版社，2020。

张洪温主编《北京人才发展报告（2019）》，社会科学文献出版社，2019。

中共浙江省委人才工作领导小组办公室、浙江省人才发展研究院：《浙江人才发展蓝皮书（2018）》，浙江大学出版社，2018。

B.12
河北省人力资源服务产业园引聚人才调查分析研究[*]

王建强 王宇杨[**]

摘 要： 河北省的人力资源服务产业园建设发展起步较晚，但发展趋势向好，建立了较为完善的制度体系，形成了一定规模和级别的人力资源服务产业园区，各产业园区功能布局合理、服务设施完备，但也存在速度较慢、布局不平衡，缺乏规划指导，资金投入不足、人才缺乏等问题，必须进一步采取制定规划、平衡布局、增加投入、吸引人才等措施加以解决。

关键词： 人力资源 产业园区 河北省

人力资源是推动经济社会发展的第一资源。人力资源服务业作为我国大力发展的现代服务业的重要组成部分，对经济社会发展尤其是当前的经济高质量发展具有重要的推动作用。近年来国家人社部和其他有关部委陆续出台了一系列扶持政策，大力推动人力资源服务业发展，并明确提出要培育建设人力资源服务产业园。2014年以来，人力资源服务产业园如雨后春笋般蓬勃发展，全国已建成国家级产业园19家，省级产业园30余家，全国已建、

---

[*] 本报告系2021年河北省人才强冀项目"我省人力资源服务产业园区与国家级园区比较研究"的阶段性成果。
[**] 王建强，河北省社会科学院人力资源研究所研究员，主要研究方向为人才制度与人才开发；王宇杨，西北工业大学航空学院。

在建和筹建的产业园超过150家。人力资源服务产业园区的蓬勃兴起有力地推动了人力资源服务业快速发展，已成为促进现代服务业大力发展的新的经济增长点。河北省的人力资源服务产业园建设发展起步较晚，但发展趋势向好，近年来增长迅速，成效显著。然而发展中的一些"短板"也很突出，需要进一步采取措施加以解决。

一 河北省人力资源服务产业园发展现状分析

人力资源服务产业园的兴起和发展正在日益受到国内外关注，国家分级分层发展的产业园区更是提振了地方大力发展产业园区的信心和决心。河北省人力资源服务产业园发展起步较缓，但近几年正在奋起直追，迎头赶上，成效不菲。其主要表现为以下几个方面。

（一）建立了较为完善的政策制度体系

人力资源服务产业园区的发展离不开人力资源服务业的迅猛发展，从全国来看，从2007年国务院出台加快发展服务业伊始，关于人力资源服务业的政策文件密集出台，如国务院《服务业发展"十二五"规划》、《"十三五"促进就业规划》、国家"十三五"规划纲要、国家发改委《服务业创新发展大纲（2017—2025年）》等对人力资源服务业发展做出顶层设计，人社部等部门联合制定的《关于加快发展人力资源服务业的意见》及人社部印发的《人力资源服务业发展行动计划》确立了人力资源服务业发展的行动纲领，2018年国务院出台的《人力资源市场暂行条例》，又为推动人力资源服务业的发展提供了法治保障。从河北的发展情况来看，国家出台的政策体系在河北呈现一贯落实的状态，特别是《河北省人力资源服务业发展行动计划》，描绘出了河北省人力资源服务业的发展蓝图，对人力资源服务业的发展目标提出明确要求，如"到2020年，全省人力资源服务行业年营业收入突破300亿元，服务机构数量达到1500家，培育100家行业骨干企业，建设10家人力资源服务产业园。"① "人力资源服务行业结构更加合理，服务主体进一步多元化，服务业态更加丰富，产品附加值显著提高；业务培训机制化，人力资源服务业从业人员专业化、职业化水平显著提高，培养100名行业领军人才；人力资源市场管理和服务行为规范专业，服务方式不断改进，服务质量明显提升，为京津冀协同发展、雄安新区建设、京张筹办冬奥会等战略提供人力资源保障的能力显著增强"。② 文件在"推进产业聚集发展"一项中，明确提出要"依托已有的行业基础和产业优势，打造人力资源公共服务中心和人力资源服务产业创新发展平台"。③ "鼓励有条件的地区在区域中心及经济技术开发区、各类产业园区等产业聚集区域，通过政策支持、社会参与、市场运作等方式，采取'一园多区''一园多能'等模式加快建设人力资源服务产业园"。④ "其中对获准建设的国家级产业园给予600万元一次性专项补助、省级产业园给予300万元一次性专项补助，到2020年每个设区市和有条件的县（市）都要建设一家人力资源服务产业园"。⑤ "在雄安新区谋划建设国家级'中国雄安人力资源服务产业园'，打造立足华北、引领全国、面向全球的人力资源服务平台和人才高地。"⑥ 为了呼应国家对人力资源服务产业园区的等级评定制度，河北又于2019年9月印发《河北省省级人力资源服务产业园评估认定办法（试行）》，明确指出"省级人力资源服务产业园是经省人力资源社会保障厅同意，具有功能完善的人力资源服务保障公共服务体系，经营性人力资源服务机构集聚，人力资源服务

---

① 《我省印发人力资源服务业发展行动计划——2020年营业收入突破300亿元》，新浪网，2018年9月19日，http://news.sina.com.cn/c/2018-09-19/doc-ihkhfqns7187866.shtml。
② 《我省印发人力资源服务业发展行动计划——2020年营业收入突破300亿元》，新浪网，2018年9月19日，http://news.sina.com.cn/c/2018-09-19/doc-ihkhfqns7187866.shtml。
③ 《关于印发〈河北省人力资源服务业发展行动计划〉的通知》，中国政府网，2018年9月18日，https://rst.hebei.gov.cn/a/tongzhi/2018/0918/6753.html。
④ 《关于印发〈河北省人力资源服务业发展行动计划〉的通知》，中国政府网，2018年9月18日，https://rst.hebei.gov.cn/a/tongzhi/2018/0918/6753.html。
⑤ 《关于印发〈河北省人力资源服务业发展行动计划〉的通知》，中国政府网，2018年9月18日，https://rst.hebei.gov.cn/a/tongzhi/2018/0918/6753.html。
⑥ 《关于印发〈河北省人力资源服务业发展行动计划〉的通知》，中国政府网，2018年9月18日，https://rst.hebei.gov.cn/a/tongzhi/2018/0918/6753.html。

业及相关产业链集中度高，创新性强，对全省或区域人力资源服务业及相关产业发展起示范、引领作用的特定区域。"[1] 并对申报条件、认定程序、运营管理、评估考核进行详细规范。特别是在申报条件方面提出了五点要求，"有科学的规划论证，形成科学的规划报告；有不低于 8000 平方米建筑面积，设施较为完善，能为入驻机构提供必要的软硬件支持；有一定的聚集规模，入驻园区人力资源服务机构守法诚信经营，经营性人力资源服务机构不少于 20 家且有省内外知名人力资源企业入驻，年营业收入不低于 10 亿元，园区同时具备就业创业、职业培训、社会保障、人事人才等公共服务功能"；[2] "有完善的运营管理，完善的管理制度，有专门的产业园管委会或专业化的机构负责运营管理，能为入驻企业提供会议、培训、金融、法律、餐饮等配套服务；有积极的扶持政策，包括房租补贴、培训补贴、引才奖励、购买服务等办法。"[3] 另外，河北省预出台"河北省人力资源市场管理条例"，这是配合国务院《人力资源市场暂行条例》的对应文件。同时，河北现有各产业园区为了促进本身发展，业已形成了系统性的制度体系，以邯郸产业园区为例，自 2018 年成立以来，制定了包括《邯郸市人力资源服务产业园管理办法（试行）》《邯郸市人力资源服务产业园管理制度》《邯郸市人力资源服务产业园工作人员规章制度》《邯郸市人力资源市场业务大厅管理办法》《邯郸市人力资源服务产业园考勤制度》《邯郸市人力资源服务产业园会议室管理制度》等各项制度。政策体系的完备大大地推动了河北省人力资源服务产业园区的快速发展。

（二）形成了一定规模和级别的人力资源服务产业园区

截至 2020 年底，河北省的人力资源服务产业园区已经形成一定的规模，邯郸、唐山、石家庄、邢台 4 个设区市的产业园区已经成功运营，省会石家庄还形成了石家庄高新区、石家庄桥西区、正定新区三个产业园区。邯郸市人力资源服务产业园作为河北省首家人力资源服务产业园，占地面积约

---

[1] 《河北省省级人力资源服务产业园评估认定办法（试行）》。
[2] 《河北省省级人力资源服务产业园评估认定办法（试行）》。
[3] 《河北省省级人力资源服务产业园评估认定办法（试行）》。

21000平方米，入驻人力资源服务机构27家，2019年度营业收入为10.2亿元，纳税总额约2000万元；2020年上半年营业收入为2.49亿元，纳税总额为961万元。"石家庄国际人力资源服务产业园是在石家庄市有影响力的园区，以国家标准建设，是石家庄产业园中的核心园区，位于高新区长江大道315号，总面积为4.5万平方米。"① "2019年6月28日开园运营以来，入驻机构实现营业收入15.1亿元，纳税5013万元。桥西园区位于塔坛国际商贸城3号楼，面积约4万平方米。正定新区园区位于正定新区新城大街，面积约5万平方米。"② 唐山的核心区面积为3.1万平方米，开园以来入驻的25家企业2019年营业收入达21.7亿元，超亿元企业5家。值得一提的是，2020年10月，廊坊市的固安县挂牌成立人力资源服务产业园，旨在强力打造市级人力资源服务产业园，力争建成省级人力资源服务产业园。从区域来看，已形成以石家庄为中心、南（邯郸、邢台）北（唐山、廊坊固安）一线（京广、京秦）率先发展的格局。在层级上，目前已有石家庄高新区、石家庄桥西区、正定新区三家省级产业园区，这三家产业园区将合并打造国家级产业园区；唐山、邢台、邯郸三个市级产业园区，固安一个县级产业园区，形成了除国家级外的省、市、县三级并存的人力资源服务产业园区多层级结构。

（三）各产业园区功能布局合理、服务设施完备

园区大多是按照"一园多区""一区多能"模式布局，如前所述的省会石家庄，除了高新区外，还有桥西区、正定新区，在功能划分上，将高新园区作为核心园区，集聚和发展培训、猎头、管理咨询、测评等中高端业态，重点向高端价值链发展，拓展人力资本产业，为机构赋能、为人才赋能，打造国际化园区。将其两个园区作为分园区，重点发展人力资源服务外包（生产作业、岗位、薪酬、福利）、劳务派遣等业态。"各园区立足本区域产业发展和人力资源需求，合理选择、精准定位，打造人力资源服务不同业

---

① 诺亚人力资源网，http://www.hbhro.com/chanyeyuan/index.html。
② 《为人力资源产业发展构筑暖巢》，中国政府网，2020年11月3日，http://www.sjz.gov.cn/col/1577843045360/2020/11/03/1604367781766.html。

态，形成整体'全产业链条'。"① 再如邢台在2020年3月底出台实施方案，按照"一园、四区、N点"模式进行总体布局，"一园"指邢台人力资源服务产业园，其为整体概念；"四区"分别指邢台的桥西区、沙河市、宁晋县、开发区四个园区，并在2020年底前建成邢台市人力资源服务产业园区核心园区，目前核心园区已挂牌成立；"N点"指选取产业聚集、创新成果密集、人才会聚的区域以及各类产业园区、研发机构、人才公共服务机构作为支撑点，拓展功能辐射范围，形成全市人力资源服务产业"一盘棋"布局、"立体式"覆盖、"全方位"服务。

"一区多能"是指在每个产业园内，规划多个功能区，主要包括公共服务区、产业集聚区、企业孵化区、职业培训区、商务洽谈区、配套服务区（休闲健身区、项目路演区、多功能会议厅、餐饮区）等，"形成功能完备、服务优化、便利共享的人力资源服务产业生态。"② 如石家庄高新园区重点服务生物医药、电子信息、先进装备制造、现代服务、节能环保产业；桥西园区重点服务金融、教育、卫生、文化创意、商贸物流产业；正定新区重点服务生物医药健康、商贸物流、文化创意、旅游产业，开展人力资源培训业务。再如邢台的桥西园区重点服务金融、教育、卫生、健康养老等产业；沙河市园区重点服务玻璃、文化旅游、新材料、健康食品等产业；宁晋县园区重点服务太阳能光伏、生物制药、盐化工、高端装备制造、电线电缆、纺织服装等产业；开发区园区重点服务电子信息、新能源、节能环保、现代服务、商贸物流等产业。

在园区功能划分上，邢台市重点打造综合服务、人力资源产业集聚、企业创新孵化、人才开发培育四大功能区。其中综合服务区主要是整合政府部门公共服务要素，为高层次人才提供人才认定、资金补助、住房补贴、医疗保健等专项服务，为企业和人才提供专业技术资格认定、人事代理、社保结算、档案管理、劳动监察及仲裁、行政审批等一体化的综合公共服务。人力

---

① 《为人力资源产业发展构筑暖巢》，中国政府网，2020年11月3日，http://www.sjz.gov.cn/col/1577843045360/2020/11/03/1604367781766.html。
② 《为人力资源产业发展构筑暖巢》，中国政府网，2020年11月3日，http://www.sjz.gov.cn/col/1577843045360/2020/11/03/1604367781766.html。

资源产业集聚区主要是引进省内外知名人力资源服务机构、设立国际知名人力资源分支机构并进行重点支持，扶持和培育本土人力资源机构做大做强，按照京津冀人力资源服务协同标准，提供人力资源招聘、高级人才寻访、人力资源服务外包、人力资源培训、人才测评、劳务派遣等业态服务，引进管理咨询、投融资、上市扶持、会计事务、法务等与人力资源相关的配套服务机构。企业创新孵化区主要是发挥知名人力资源机构优势，吸引人力资源领域创新创业人才、技术、信息、资金向园区集聚，通过筛选创业孵化园、科技孵化器、众创空间中的优势机构入驻，引进行业领军人才、省内外高层次人才团队，加强与高校、科研院所合作，开展项目对接、高端产业研发、科技成果转化等活动，促进人才与项目、产业融合，打造全面、立体、复合的人力资源服务和创业生态，提升创新孵化品质。人才开发培育区主要是围绕邢台现代化产业发展格局，以满足不同层次的人才需求为目标，进行人才的深度挖掘培育和系统性开发，建立人力资源研究中心，引进省内外人力资源相关培训机构，整合公共及社会各类培训资源，大力开展公共职业培训和职业技能培训，为全市各类产业培育高、中端管理技术人才和技能人才，建立人才引育"周转池""蓄水池"。

邯郸市人力资源服务产业园由"一园四区"构成，设有公共服务区、市场招聘区、产业聚集区、创业孵化区。公共服务区主要包括服务台、信息发布区、公共休息区、业务服务区，增设社保、劳动关系、社保卡发放等18个人社业务服务窗口；市场招聘区设有固定招聘摊位69个，提供企业洽谈室、素质测评室、信息发布电子平台，满足日常招聘需求，同时开设线上人力资源市场综合服务平台。通过职能招聘系统，创造了"信息找人"、主动推动、精确匹配的新模式，使求职者足不出户就能获得招工信息找到工作。产业聚集区重点打造人力资源服务机构集聚区，吸引国内外知名人力资源服务机构和本土人力资源服务机构入驻，重点开展职业培训、人才招聘、管理咨询等人力资源服务，依托互联网及网络信息技术，大力培育在线招聘、职位搜索引擎、全媒体咨询、人力资源信息查询、职业指导系统和远程面试系统等网上人力资源服务新模式；创业孵化区依托邯郸市大学生创业园和退役军人创业园,为邯郸高校毕业生和退役军人提供创新创业平台,从政策支持和创业培训指导等多个方面给予创业者最大帮助。

(四)各园区形成了各具特色的管理运营机制

河北省已有的人力资源服务产业园区由于当地政府高度重视,对园区的支持政策十分优惠,各园区在当地政府主导下以不同方式开展园区运营管理,形成了较为规范的管理制度。如邯郸市人力资源服务产业园为做好产业园运行管理工作,成立了产业园管委会,管委会负责人由人才中心副主任担任,成员由人才中心人才市场处、就业局职业介绍处、人力资源流动管理处相关负责同志组成,负责园区的运行管理服务工作。唐山的产业园区实行的是"政府引导+市场运作+专业服务"的运行管理机制,一是由市编制部门批复成立了"唐山市人力资源开发中心"(核定事业编制5名)负责对产业园区进行管理和监督;二是落实市场化运作,由第三方机构汇联唐山人力资源管理有限公司负责产业园区具体运作;三是物业、餐饮等配套服务分别由世园投资公司和路南鸿福记提供。从唐山园区招商入驻的机构类别来看,有北京外企、中科创嘉、天津华维等人力资源服务机构,同时配套核准财税、金融、法律服务机构各1家;从经营范围来看,涵盖华北、华东、华南、西北地区,部分企业与日本、澳大利亚、新加坡有合作;从服务业态来看,除了包括高级人才寻访、劳务派遣等传统业态外,还包括人力资源外包、招聘流程服务外包、薪金代理等新业态。

石家庄高新区人力资源服务产业园区坚持政府引导和市场化运作方式,其运营管理具体承担单位为河北诺亚德汇人力资源服务有限公司。开园以来,在基础设施、配套服务、后勤保障、体制机制等方面都取得了较好的成效,先后举办了"北京招商会"、"天津招商会"和"石家庄招商会",先后与中智集团、猎聘网、微知、锐仕方达等国内外知名企业机构达成入驻意向,同时与蚂蚁众包、德汇人力、华夏智业、盈科律所等20家口碑好、发展潜力大的本土企业和延伸业态达成入驻意向,这些企业涵盖人力资源服务外包、管理咨询机构、猎头、律所等多个领域。

正定新区产业园区由园区运营采取三级管理体系：产业园领导小组负责统一规划，指导和监督；产业园管理办公室负责产业园建设和监督；产业园运营公司负责产业园日常运营、全国招商及公共服务，目前园区由中科富美集团运营管理，该集团充分利用大数据、云计算、区块链等现代计算机技术，全力打造了国内领先的人才共享中心，实现人才大数据收集、分析、整合、运用、智能匹配等功能。结合地区重点发展产业定位，运用人工智能分析区域人才供需、构建供需模型，开发相关应用程序，为入驻企业提供更多业务支撑，为区域内产业提供国际化高端人才支撑。截至2020年，园区一期共计完成招商入驻企业43家，其中包括上海云锐人力、北京真人力等5家全国百强人力资源企业；石家庄利至人才服务、河北国安人力、河北推动人力等24家省内百强人力资源服务企业已入驻园区，正定新区人力资源服务产业园已实现年产值20亿元。当前，随着中国（河北）自由贸易试验区正定片区、正定新区数字经济产业园的全面启动建设，正定新区人力资源服务产业园将调动全部资源保障自由贸易区、数字经济、会展经济、文化旅游、体育、商贸等主导产业和重点发展特色产业对人才的需求，以服务实体经济同人力资源协同发展为主，全面提升人力资源产业服务和延伸产业服务，大力实施人才引进战略，面向全球引进高精尖类人才团队及优质项目入驻，以人才的入驻带动项目的汇集，以项目的汇集带动产业的集聚。

二 河北省人力资源服务产业园区发展中存在的主要问题

河北省的人力资源服务产业园尽管已初具规模、运行有序，成效斐然，但在实现人才引聚方面仍然存在一些"短板"值得探讨，主要存在于全省布局、层次级别、人才队伍等方面。其主要表现如下。

（一）全省产业园区整体发展速度过缓且布局不均

从全省人力资源服务产业园区布局情况看，目前建成和在建的人力资源服务产业园区只有石家庄、邯郸、唐山、邢台4个设区市，廊坊固安一个县级产业园，石家庄拥有高新区、石家庄桥西区、正定新区3个产业园，这种结构形式表明河北全省人力资源服务产业园区发展极不平衡。河北全省拥有石家庄、保定、张家口、承德、唐山、秦皇岛、沧州、廊坊、衡水、邢台、邯郸11个设区市，定州、辛集两个省直管市，而全省只有4个设区市建有产业园区，邢台市才刚刚挂牌，总量还不到全省的1/2，包括直管市在内不足1/3，与《河北省人力资源服务业发展行动计划》中规划建设的10个园区相比还有相当大的差距，且更不用说在有条件的县建立园区了。数量的多寡反映出人力资源服务产业园区发展的速度。在规模上，邢台的实施方案中没有提及产业园区的总体占地面积，唐山在原有的基础上进行扩建，但也没有进一步的更加详细的实施方案，在规模建设上还待开发。在层级上，目前只有3个省级园区在石家庄，其他几个都是市、县级，层次较低，缺乏国家级园区。石家庄的3个省级园区正在打包申报国家级园区，但2020年还未如愿。层级方面能够说明的是河北的产业园区发展效益、质量、速度方面都与全国发达省区市存在差距，目前全国已有19个国家级园区，河北作为东部大省，提升产业园区建设发展的质量效益仍然有很长的路要走。产业园区的发展质量效益直接决定着园区人才引聚效果，硬件设施、规模的短板是引聚人才的重要因素。

（二）全省缺乏人力资源服务产业园发展专题规划

河北省人力资源服务产业园区建设还没有一个专门规划，目前遵循的是《河北省人力资源服务业发展行动计划》中的有关规定。该计划中提出要在2020年建成10个产业园区，没有规定其层级，如应该建设几个国家级、几个省级、几个市级、几个县级等，同时该计划还指出要在2020年每个设区市和有条件的县建设产业园区，如果按每个设区市一个的话，应该是11个，每个有条件的县中的"条件"也未具体说明，而实际情况是2020年只建成了以上所述的几个产业园区。《河北省级人力资源服务产业园评估认定办法（试行）》只对省级园区的申报条件和程序等做了规定，并没有从总体上布局建设产业园区，因而河北仍缺乏此类专项规划，专项规划的缺乏导致河北省整体人力资源服务产业园区的发展受阻。园区的发展规划直接关系到人才引聚的规划，是指导产业园人才引进的主要指南，带着园区发展的前景，全省建设的园区数量、规模等规划的制定直接决定着园区引进人才的数量多寡和质量层次。

（三）全省人力资源服务产业园缺乏资金多元投入方式

从目前已成型的人力资源服务产业园建设和发展情况看，其资金投入方式主要由财政资金支付，且对园区的基础设施建设、投资运营管理实行统包统揽，融资渠道比较单一，由于财政资金短缺和管理方式比较规范，正在发展中的产业园区大部分都面临资金缺口。而银行信贷金融支持和众筹等的融资力度还比较小，产业园区在社会资本支持等方面都比较缺乏。各类民间资本和社会资本对产业园区建设的关注度不够，投资支持力度不足，当前实行的一些比较成熟的如PPP建设模式还没有形成，园区建设和运营投入过于单一，必须向多元投入方式转变。资金投入关系到园区的现实发展，对于人才引进至关重要。

（四）全省人力资源服务产业园区缺乏专业的团队和人才

调查显示，在河北上述的几个产业园区中，入驻园区的人力资源服务机构中的从业人员和管理运营单位的工作人员，都存在人员素质能力较低、人才流失现象，这种不稳定的状态，使得人力资源服务产业园区中的整体人才素质和能力还不能很好地适应园区需要，更不利于整体提高人力资源服务业行业水平，难以实现人力资源服务业高质量发展。调研中，一些知名人力资源服务公司提出，现在园区缺乏专业团队和人才，这对人力资源服务行业来说是一个致命的缺陷，因为如果从事人力资源服务业的人员素质不高，那么其服务的对象所需要的人员就很难得到满足，而要提高整体行业服务水平，就必须打造专业的创新团队，培育和引进大批适应人力资源服务产业园区和人力资源服务业飞速发展需要的人才和团队。

三 河北省人力资源服务产业园区发展建设对策建议

（一）使园区进入发展快车道并注意平衡布局

除现有的几个设区市外，保定市、沧州市、廊坊市、张家口市、承德市、秦皇岛市和衡水市要奋起直追，至少以当地为中心谋划一个产业园区，至于产业园区规模大小、产值如何先忽略不计，从全省产业园区的大局上讲，在每个设区市建一个园区有利于更好地服务于当地的经济社会发展，从结构平衡方面来看也是应该做的，只有园区数量增多，才能更好地促进园区的整体发展，也能够较好地实现园区的区域平衡。同时，鉴于当前园区现有基础和发展现状，抓紧筹建国家级产业园区，同时增加省级产业园区，建设县级产业园区。根据现在石家庄几个园区发展情况和当前省、石家庄市政府部门及人社部门正在进行的工作，在石家庄高新区、桥西区、正定新区3个园区基础之上，以"高新园区"为核心区，以其他2个园区为辅助区，加快建设速度，以国家标准要求推动园区运营、提质、增效、扩容，通过"打包"促进石家庄3个园区升级为国家级人力资源服务产业园区。要只争朝夕，以速度促发展、补短板、争效益，在石家庄疫情过后迅速启动该项工作，越早越好。此外，抓紧在雄安新区谋划建设一个国家级人力资源服务产业园，这是原来省里定的目标，要在雄安新区基础设施建设完备的基础之上迅速谋划，当前主要是入规和选址，要将建设国家级人力资源服务产业园区当作一件大事谋划，建议由雄安新区管委会和人社部门共同谋划，争取在2021年有大的进展。争取经过3~5年时间，在产业园区引进和培育一批具有国际知名度、国际竞争力的人力资源服务跨国机构，通过开展国际人才交流与合作，促进园区成为国际一流的人力资源服务业发展与交流的主阵地，逐步将雄安打造成专业化、智能化、数字化、生态化的智慧产业园区，成为立足京津冀、辐射全中国、面向全世界、"北超烟台、南逾上海"的国际化人力资源服务全产业链产业园区。

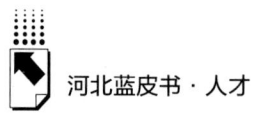

（二）制定全省专项规划引导园区合理发展

鉴于当前河北省还没有人力资源服务产业园发展专项规划，建议以省委、省政府名义制定此规划。[①] 制定规划的目的是对河北整体人力资源服务产业园区进行统筹，包括河北园区建设的数量、层次、规模、结构等，既不能"视而不见"，更不能"无序乱建、一哄而上"，要实现有章可循，确保园区建设投入使用后健康发展。要对园区的发展目标、管理运营、资金投入、发展阶段、组织实施等进一步明确，以引导和指导园区发展，特别是在规模层级方面，要结合河北实际和各地方发展特色，控制总量，实现差异化发展，避免同质竞争，逐步形成国家级产业园区强力带动、省（市）级产业园区迅猛发展、特色性产业集聚区全力支撑的人力资源服务产业园区整体发展格局。

（三）建立园区发展建设资金多元投入机制

园区发展建设最重要的是资金的筹集和投入。当前要大力发展产业园区，必须要有稳定的资金投入，因而必须建立稳定的资金投入机制。为此建议，当地已建或在建园区的政府要设立稳定投入的人力资源服务产业园建设发展专项资金，这是保障园区健康稳定发展的基本资金，特别是对园区的基础设施建设和初期运营大力支持。除此之外，园区在管理运营中可实行灵活多样的方式，在资金筹集上要向多元化发展，建立起政府+社会投入的人力资源服务产业园建设发展多元化资金筹措机制。根据产业园区的发展规模、层级，首先要争取国家资金支持，利用雄安"千年大计""国家大事"，争取在雄安建设的国家级产业园区得到国务院和人社部资金投入方面的大力支持，另外要利用雄安发展建设资金在选好址的基础上抓紧建设基础设施。石家庄要在申报国家级产业园区的基础之上争取省级层面的资金支持，在取得

[①] 《河北省人力资源服务业发展行动计划》中所涉及人力资源产业园区指标大部分只到2020年。

国家级产业园区的资格后可得到国家相应资金支持。另外，在政府投入资金支持的前提下，园区要更加注重社会资金的支持，要积极利用社会资金如个人投资、风险投资、社会联合投资等，特别是可尝试通过 PPP 模式，加强与社会资本的联合与合作，通过 BT、BOT 等多种方式筹措资金；引导风险投资支持园区服务机构发展、参与园区人力资源服务机构的业务重组、行业整合和产业优化，推动金融资本和人力资源服务产业优势互补。

（四）打造河北人力资源服务产业园区专业人才团队

这是对园区人才引聚的直接对策。运用园区人力资源服务机构的既有优势，优先通过市场方式招聘高素质专业人才和团队充实园区建设和运营，要加强与国内外高校、科研单位、人力资源服务机构、人力资源产业园区的合作与联系，拓宽园区人力资源服务业人才引进培养途径，不断为园区补充人才方面的新鲜血液。同时要对园区现有人才和团队进行专业能力、职业道德的开发培训，以全面提高和优化现有人才和团队的素质，从而建立起专业的、优秀的、超前的人力资源服务业人才队伍的园区运营管理人才，以更好地服务于产业园区的发展，这是对园区人才引聚的现实补充。

参考文献

《我省印发人力资源服务业发展行动计划——2020 年营业收入突破 300 亿元》，新浪网，2018 年 9 月 19 日，http：//news.sina.com.cn/c/2018-09-19/doc-ihkhfqns7187866.shtml。

《关于印发〈河北省人力资源服务业发展行动计划〉的通知》，中国政府网，2018 年 9 月 18 日，https：//rst.hebei.gov.cn/a/tongzhi/2018/0918/6753.html。

《河北省省级人力资源服务产业园评估认定办法（试行）》。

王建强、王宇杨：《河北省人力资源服务产业园推进策略研究》，《产业与科技论坛》2020 年第 16 期。

刘世伟：《以产业园区为引领推动人力资源服务业集聚发展》，《中国组织人事报》2020 年 1 月 16 日。

年度热点篇

Report of Hot Spots of the Year

B.13 河北省公共卫生人才现状调查及对策研究

鲍志伦*

摘　要： 肆虐全球的新冠肺炎疫情为世界各国敲响了警钟，公共卫生人才对社会的发展日益重要，进一步加强公共卫生人才队伍建设已是各国必须考虑的突出问题。本报告从分析河北省公共卫生人才队伍建设的现状入手，论述了公共卫生人才队伍建设的重要性及其在疫情期间的主要贡献，并针对河北省公共卫生人才队伍建设的短板，从加强公共卫生高层次人才队伍建设，进一步完善学科建设，进一步深化培养体制和机制方面的改革等方面提出了加强河北省公共卫生人才队伍建设的对策。

关键词： 公共卫生人才　疾控中心　新冠肺炎疫情

---

* 鲍志伦，河北省社会科学院人力资源研究所助理研究员，主要研究方向为人力资源管理与人才学。

党的十九届五中全会对全面推进健康中国建设做出部署，要求建立稳定的公共卫生事业投入机制，加强人才队伍建设，改善疾控基础条件，完善公共卫生服务项目，强化基层公共卫生体系。公共卫生人才承担着对各种疾病和影响人民健康的社会因素以及环境因素进行预防、控制和检测，为人民提供健康防护和保障的重任，对于应对各类突发公共卫生事件，以及保障人民健康，都至关重要。公共卫生人才队伍素质的高低，关系到群众的健康、生活质量以及健康中国建设进程。习近平总书记在《全面提高依法防控依法治理能力　健全国家公共卫生应急管理体系》中提出要健全公共卫生服务体系，加强公共卫生队伍建设，为健全国家公共卫生应急管理体系和加强公共卫生应急人才队伍建设指明了方向。在2020年新冠肺炎疫情的防控过程中，河北省的公共卫生体系和公共卫生人才队伍发挥了重要作用，同时也集中暴露出了许多问题，引起了社会各界的高度关注和反思。放眼未来，随着疫情防控进入常态化，河北省要未雨绸缪，补齐短板，大力加强公共卫生人才队伍建设，为完善河北省公共卫生体系，加快推进健康河北战略的实施提供人才保障。

一　河北省公共卫生人才现状分析

本研究报告将公共卫生人才界定为"在专门提供公共卫生服务机构工作的人员"，即各级疾控中心、急救中心（站）、健康教育、妇幼保健、卫生监督、计生服务等机构的专业技术人员。作为公共卫生人才最集中的地方，各级疾控中心是此类人才的聚集地。

（一）公共卫生机构及公共卫生人才队伍现状

2018年，河北省的公共卫生机构中，疾病预防控制机构数量共计有188个，其中包括省级疾控中心1个、市级疾控中心11个、县区级疾控中心170个、其他疾控中心6个；卫生监督机构185个，其中省级1个、地市级11个、县区级173个；妇幼保健机构187个；计划生育技术服务机构88个，详见表1。

表1　2017~2018年河北省公共卫生医疗机构数及床位数

机构分类	机构数（个）		床位数（张）	
	2018年	2017年	2018年	2017年
专业公共卫生机构	691	791	13521	12959
疾病预防控制机构	188	189	0	0
专科疾病防治机构	12	11	175	290
妇幼保健机构	187	192	13262	12599
卫生监督机构	185	185	0	0
计划生育技术服务机构	88	185	0	0

资料来源：根据河北省卫生健康委员会提供的数据整理。

2018年末，河北省专业公共卫生机构从业人员共有40238人，其中疾病预防控制机构8112人，专科疾病防治机构273人，妇幼保健机构23604，卫生监督机构4528人，详见表2。

表2　2017~2018年河北省公共卫生机构从业人员数及卫生技术人员数

单位：人

机构分类	从业人员数		卫生技术人员	
	2018年	2017年	2018年	2017年
专业公共卫生机构	40238	39121	29820	28440
疾病预防控制机构	8112	8291	5483	5675
专科疾病防治机构	273	296	219	231
妇幼保健机构	23604	21758	18916	17307
卫生监督机构	4528	4478	3115	3129
计划生育技术服务机构	1239	1954	479	580

资料来源：根据河北省卫生健康委员会提供的数据整理。

2018年末，河北省医疗卫生机构工作负荷显示：专业公共卫生机构医师人均全年担负诊疗1628.37人次，医师人均每日担负诊疗6.51人次；公立医院医师人均全年担负诊疗1346.71人次，医师人均每日担负诊疗5.39人次，详见表3。

表3 2018年末全省医疗卫生机构工作负荷

机构分类	医师人均全年担负		医师人均每日担负	
	诊疗人次(人次)	住院床日(天)	诊疗人次(人次)	住院床日(天)
公立医院	1346.71	824.25	5.39	2.26
专业公共卫生机构	1628.37	352.11	6.51	0.96
其他机构	1145.11	1224.32	4.58	3.35

资料来源：根据河北省卫生健康委员会提供的数据整理。

（二）公共卫生人才培养的相关政策法规

当前，我国对公共卫生人才管理和培养的法律法规很少，只有个别公共卫生、医政管理的法规，如《传染病防治法》《突发性公共卫生事件应急条例》等，各法律法规之间没有协调机制，实施起来偶尔还会发生冲突，操作难度很大。一般情况下，我国主管突发公共卫生事件的机构有各级卫健、防疫机构，还包括一些科研单位，这些单位通力协作，对相关疾病进行迅速识别，快速上报并采取应对措施。

（三）公共卫生人才培养规模

高校是培养公共卫生人才的主要阵地，预防医学专业的毕业生是公共卫生人才的主力。河北省2019年设置预防医学本科专业的高校有河北大学、河北医科大学、华北理工大学和河北北方学院，共招生462名。同年河北医科大学临床医学类专业的省内招生人数却有860名。《全国医疗卫生服务体系规划纲要（2015—2020年）》指出：到2020年，我国每千常住人口公共卫生人员数达到0.83人。根据2018年《中国卫生健康统计年鉴》统计：我国执业（助理）医师队伍中，公共卫生医师仅11.4万人，远小于口腔医师（21.7万）、中医医师（57.6万）和临床医师（270万）。各级疾病预防控制中心人员中，具有研究生学历者仅占7%。据《中国卫生健康统计年鉴》数据，近5年新增执业医师/医学毕业生基本上处于15%~26%。公共卫生

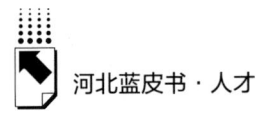

安全地位堪比国家安全,然而,医学生和公共卫生专业学生人才流失,可能导致公共卫生事件暴发,后果严重。

二 公共卫生人才队伍建设的重要性

1. 公共卫生人才是确保国家卫生安全的重要力量

进入21世纪以来,公共卫生威胁越来越大,由于人口流动速度加快,世界性传染病的发病率逐年上升,而且这些传染病传播速度在加快,加之放射物、有毒物质的危害,传染性疾病造成的危害也在增加。一些传染病出现了跨地域传播的特点,对世界各国人民构成潜在的威胁。如今,世界已经是一个地球村,任何地方发生传染性疾病,其他地区都会不同程度面临潜在危险。目前新冠肺炎疫情在全球的暴发和蔓延,已经对全球公共卫生安全造成威胁;由于细菌等微生物、化学物质和其他毒物污染,传染性疾病大面积暴发的案例时有发生;由于人类化学、核活动增加,一些意外事件造成的突发性卫生事件也时有发生,这些问题给人类造成的危害引起了社会各界的强烈关注。为应对这些公共卫生安全威胁,2005年世界卫生大会上修订了《国际卫生条例》,要求各国采取有效措施,提高应对突发公共卫生事件的反应能力,建设公共卫生安全防御机制。这种防御机制的建成,需要依托国家强有力的公共卫生服务体系,而公共卫生人才是公共卫生服务体系得以有效运行的关键因素。实践反复证明,由于缺少业务水平高、专业能力强、训练有素的卫生工作者,在突发性传染性疾病来袭时,一些基础卫生机构很容易瘫痪,一些国家无法有效应对大规模的公共卫生问题。

2. 公共卫生服务需求的快速增加,需要相应的人才支撑

随着经济社会的发展和工业化、城镇化、老龄化进程的加快,慢性非传染性疾病、传染病、生物安全、食品药品安全、不良行为和生活方式成为我国面临的主要健康问题。据统计,我国平均每年新发传染病1~2种,艾滋病、耐多药肺结核等传染病流行规律不断发生变化,对检测网络敏感性和实验室检验诊断能力提出了更高要求;我国慢性病引起的死亡已占全部死因的

85%，疾病负担占总疾病负担的 70%；大气污染、水污染、土壤污染等环境危害因素对人群健康的影响越来越大，程度日益加深；职业健康和食品安全事故的新问题不断出现，我国每年发生食源性疾病的人数达到 4 亿人，每年上报的职业病病人以 1 万~1.4 万例的速度递增；国际卫生安全保障任务日益繁重，需要加强防范国际突发公共卫生事件对我国的威胁。公共卫生服务需求的快速增加，亟须完善公共卫生服务体系，建设一支技术水平高、业务能力强的公共卫生人才队伍，提高其服务能力和水平。

3. 国家卫生工作要求建立与之匹配的公共卫生人才队伍

国家正在进行医药卫生体制改革，实现人人享有基本医疗卫生服务的目标，坚持预防为主，公共卫生服务均等化是其中重要内容，要进一步加强广大居民免费疾病防控、妇女儿童的医疗保健、普惠性的健康教育等卫生服务，实施国家重大公共卫生服务项目，提高基本公共卫生服务的可及性和公平性。要实现这些目标，必须加强公共卫生服务能力建设，在改善专业公共卫生机构设施条件的同时，促进公共卫生队伍建设的科学化、专业化，提高公共卫生人才队伍的综合素质和服务能力。此外，公共卫生人员在服务模式上也应改变传统的模式和内容，由以传统的供方提供为主的居民被动预防模式转变为改变居民健康行为的主动预防模式。

三 新冠肺炎疫情发生以来河北省公共卫生人才队伍的主要贡献

疾控人才是公共卫生人才队伍中最专业的部分，重大疫情的应对需要临床和公共卫生人才队伍的共同行动。从实际应对来看，公共卫生人才队伍不论是在疫情监测分析、病毒溯源、防控救治、资源配置各方面，还是在实验室研究、实践抗疫一线，都起着关键作用。

新冠肺炎疫情突然来袭，河北省卫健委和省疾控中心迅速行动，严格按照党中央、国务院的部署，积极开展疫情筛查和防控工作，按照全国一盘棋要求，听从国家卫健委统一指挥，面对严峻形势迅速组建了专家组，进行疫情防控的科学研判、积极应对，高质量完成了各项治疗和预防任务，对区域内疫情防控起到了至关重要的作用，为科学打赢"疫情防控战争"做出了突出贡献。在此次疫情斗争中，广大公共卫生工作者充分展现了新时代疾控人员的精神风貌、技术水平和快速反应能力，出色的工作得到了上级领导和人民群众的一致好评。

河北省公共卫生人才队伍在联防联控过程中，扮演了技术保障的角色，主要做了以下几个方面的工作。第一，组成了疫情防控流调队。寻找病毒感染者，做流行病学调查，寻找暴露源、接触源、感染源、可能的疾病感染途径、传染的人员，将其所有接触的人员都找到，形成整体流行病学调查报告，有效地查出病毒源头并控制源头的扩散。第二，组成了疫情防控检测队。进行采样工作，人物共采，研究病毒病株相关信息，熟悉病毒感染的环境，进行感染者环境溯源调查，进行核酸检测、病毒基因测序，对病毒进行深入研究。第三，组成了疫情防控消杀队。进行消毒技术性工作指导，不同环境如何消毒应对，针对商场、学校、公共汽车等不同环境，形成正确的、有针对性的环境消毒方法、对策，实现消、防结合。第四，组成了疫情防控宣传队。进行宣传教育，通过各类媒体进行疫情防控相关知识宣传讲解，实现预防为主、由治到防的行动宣传，大力宣传健康中国行动。第五，组成了疫情防控疫苗队。进行疫苗预防接种，疫苗的研发、管理、采购和供应。

四 河北省公共卫生人才队伍建设的短板

（一）高学历、复合型公共卫生人才培养步伐有待加速

在公共卫生领域，严格的技术标准和严谨的操作规程急需大量视野宽、能力强的复合型人才，然而目前河北省疾控系统中的各类技术人员，素质能力还不够高。2019年河北卫生统计信息网络直报系统统计显示，研究生学历人员只占总体人数的3.89%，拥有本科学历的人员也仅占总数的25.01%，而大学专科及以下学历人员占比高达71.10%。长期以来，疾控

系统门槛比较低，特别是大量非专业人员的涌入进一步拉低了整体队伍的素质和能力。从业人员整体学历偏低、职业素养和综合能力较弱等短板，严重阻碍了疾控系统的稳定发展和高效运行。为健康河北战略培养高素质人才是河北省高等院校公共卫生与预防医学研究生教育的历史使命与重要机遇，一方面，公共卫生系统的高层次人才流失严重而大量非专业人员涌入；另一方面，高校培养的高层次公共卫生人才数量不足且有相当部分毕业生并不从事公共卫生工作。如果长期如此入不敷出，将对公共卫生体系造成严重的危害。当前在河北省乃至全国有一定权威的公共卫生领军人物非常少，中青年人才也存在一定的不足，部分专业出现了非常严重的人才断层现象。预计在今后数年中，河北省公共卫生队伍中的专业人才，尤其是经验丰富的高级专业人员将呈现快速减少趋势，骨干力量存在比较大的缺口，人才危机将进一步呈现。

（二）公共卫生人才待遇有待提高

近年来，公共卫生人才尤其是疾控人才的待遇相对较低。2009年我国疾控系统大力推行绩效改革，从效果方面分析，改革对我国疾控队伍的长期稳定发展、人才招引和提升都起到了一定作用，但总体来看作用并不理想。众所周知，疾控机构属于公益事业单位，在工作人员的薪酬待遇方面，一般要比公立医院低很多，一些地方的疾控中心工作人员工资甚至比乡镇卫生院还低，这种情况在一定程度上影响了职工队伍的稳定。2019年中国疾控中心内部交流会统计的数据显示，河北省疾控中心的薪资水平在全国排倒数第二，职工年平均薪资税前（包括养老保险、公积金、医保）2018年为12.5万元，2019年为13.5万元。博士毕业入职省疾控中心的薪资收入相当于中级职称的工资收入水平，没有任何安家费、科研启动资金等奖励性收入，收入过低造成人才严重流失。例如，石家庄市疾控中心2014年引进5位博士，到2020年流失了4位；内部培养了3位博士，到2020年流失了2位。年轻人在这里找不到实现价值的感受和前进方向，更无法体验到职业自豪感。这些都成为人才队伍实现进一步发展的障碍，也对当前公共卫生事业的长远发展造成一定阻碍。近年来，在我国各类高校招生过程中，直接报考公共卫生专业的人越来越少，大幅低于报考临床医学专业的人数。一些高校还推出了转专业措施，这无形中又导致一些公共卫生专业的优秀学生为了前途或经济利益而转向临床医学，以上种种因素导致我国公共卫生领域的优质生源进一步减少。

（三）公共卫生人才培养模式亟待改革

在现实中，医疗系统与公共卫生系统被人为分割成两个体系，而且裂痕越来越深。公共卫生事件的应急，涉及文、理、医、工、政、经的融合，但是现有公共卫生与预防医学的课程设置对应急防疫方面的重视明显不足。此次疫情暴发流行，无形中反映出我国在公共卫生人才培养模式方面的突出问题。近年来，我国卫健工作总体坚持"预防为主"的思路，但在实际操作中，许多地方不同程度地存在"重医轻防"的问题。在高等教育领域，公共卫生学科长期得不到足够的重视，资金投入力度严重不足，一些学科建设、实验室研究常被边缘化，无形中削弱了其竞争力。长此以往，公共卫生专业遭受了严重的不公正待遇，致使其长期处于不受重视状态，师资力量十分薄弱。由于公共卫生事件的应急涉及多个学科，补齐公共卫生事件应急方面的短板将是公共卫生人才培养改革的重中之重，也是难中之难。因为紧急突发是传染病的特性，河北省的疾病预防系统在平时没有疫情出现时会呈现一种长期"待命"的状态，疾控系统人员缺乏锻炼机会，淡薄的意识和下降的技能令人担忧。国家和河北省内严格限制公共卫生执业医师的处方权，导致其与临床工作绝缘，长此以往，医疗系统和疾控系统之间老死不相往来，屏障问题突出，不利于人才技能的培养提高。

（四）公共卫生人才发展空间有待拓宽

专业技术职务是公共卫生从业人员职业发展的主要途径。河北卫生统计信息网络直报系统显示：截至2019年底，河北省疾控系统的卫生专业技术人才中高、中级专业技术人员分别占10.03%、26.06%，而初级及以下的人员占 63.91%。河北省省级疾控中心正高、副高、中级和初级职称核准比例分别为 18%、27%、35% 和 20%，市级平均核准比例分别为 7.9%、27.1%、40% 和 25%。公共卫生从业人员大部分在基层，而越往基层高级职称核准比例越低，进一步限制了从业人员的职业发展空间。再加上公共卫生系统待遇普遍偏低，致使人才流失严重。在我国的疾控系统中，广大基层技术人员的职称晋升实施的是评和聘两者分开的政策，由于基层医疗机构中的高级岗位非常少，而且晋升空间有限，再加上待遇偏低，一些人才工作积极性不足，工作效率不高，很多年轻人被迫离开，造成了非常严重的人才浪费或流失。

（五）公共卫生人才专业结构有待合理化

在河北省的公共卫生体系中，人才专业结构有以下问题：一是各类人才的专业结构不科学，专业技术人才占比不足，非专业人才占据了大量的编制和岗位，无形中排挤了专业人才；二是应急管理人才严重不足，尤其是高级复合型人才处于严重短缺的状态；三是现有人才的专业能力存在不足，由于临床经验不足，训练不够、自身知识结构不合理，现有人才的技术实战能力较低。本次新冠肺炎疫情特别是疫情在石家庄市的大面积暴发，无形中暴露出一些专业人员缺乏专业知识，基层人才过少、现有人才综合能力不足等问题。

（六）公共卫生人才经费投入有待提高

2019 年，河北省疾控中心还是以财政拨款为主，财政拨款占疾控中心各项支出的 65%。同时，河北各市疾控中心也多以财政拨款为主，各市疾控中心支出中财政拨款占比为 62%，县疾控中心约为 59%。早在 2009 年，河北省的各类疾控中心就已经开始推行绩效工资，并且各级疾控中心都纳入财政预算，但总体来看疾控中心工作人员的绩效工资水平大幅低于教师工资水平，在一定程度上抑制了其工作积极性。目前，河北省境内的公共卫生工作人员实际收入仍低于公立医院的医生，有些人员的实际收入比护理人员还低,很多人因此被迫转岗到医院工作。2017年4月,河北省出台政策取消卫生检测费、预防性体检费等收入项目,省疾控中心的实际收入大约降低了4400万元,由于财政拨款没有增加,无形中造成了公共卫生机构经费不足的问题,在一定程度上影响了其日常运行和员工工作的积极性。

五 加强河北省公共卫生人才队伍建设的对策

对于公共卫生人才,"和平"时期要舍得投入,要"养"要"练","战争"来时才能"招之即来,来之能战,战则能胜"。公共卫生事业不能"挣钱",但能"保钱、保命",从这个意义上说,加强公共卫生人才队伍建设和强化公共卫生体系建设是百年大计,要实现疾控体系建设常态化,就要坚持常抓不懈。

(一)加强公共卫生高层次人才队伍建设,培养复合型人才

重大疫情防控急需大量拥有医学、法律、管理等多学科背景的高素质人才,从这一方面来看,今后河北省必须进一步加强复合型人才的培养力度。公共卫生博士是国际普遍认可的一种培养模式,为公共卫生领域培养了许多一流的专业人才,尤其是在发达国家培养了许多有影响力的高级人才。例如,英国的总医官就有这样的背景。

目前,我国已推行公共卫生硕士教育近20年,拥有了丰富的培养经验,而且为我国各级公共卫生领域培养了大批应用型人才,他们一边参加工作一边也有业务提升空间和进修需求,庞大的需求为我国进一步开启此类培养模式奠定了基础。对于我国的培养目标定位,应侧重于培养未来在高级公共服务岗位上具有灵活运用能力的人才,这些高层次人才能为进一步改善我国医疗体制,大力推进社会公众的健康发挥积极作用,能在突发事件发生和疫情肆虐的时候,积极应变,科学处置,在疫情防控中起到中流砥柱的作用。

（二）完善学科建设，提升学科专业对人才培养的支撑力

1. 学科建设和人才培育互为基础

在人才培养实践中，离不开专业支撑。在河北省一些高校中，虽然已经开设了公共卫生学院，但从其投入力度、平台建设等方面分析，存在的问题还非常多，这在一定程度上造成该学科发展举步维艰，学科研究方面也受到制约。在新的形势下，河北省在实施学科建设时应注意四点：一是把握发展趋势，面向科技前沿进一步找准学科发展方向，建立全新的激励机制，在发展与竞争中抢占先机；二是紧密结合社会需求，进一步优化学科结构，根据社会进一步发展的需要、本校的基础条件和现有资源，进一步探索建立全新的公共卫生学科；三是结合本地的文化基础，进一步探索构建全国一流的学科，要立足当前的实际条件，在吸收消化的基础上借鉴外地的经验，谨防生搬硬套问题的发生；四是从学制方面进行创新，在公共卫生领域，推行类似临床医学的"5+3"模式，强化学生基础知识能力，横向拓展学科基础，弥合公共卫生与临床医学的教育裂痕，推动医防融合实践，培养更多复合型人才。

2. 学科发展和人才培养必须得到国家政策扶持和资金支持

要进一步加强公共卫生学科的地位，实施政策倾斜和扶持，吸引社会各界高度重视公共卫生学科的进一步发展，吸引大量的优秀青年加入，逐步推动公共卫生队伍发展壮大。地方政府应进一步加大投入，加大人才和师资扶持力度，提高他们的实际待遇，提高岗位吸引力。各类高校应对公共卫生专业鼎力支持，加强学科建设，为培养高端人才奠定基础。

（三）深化公共卫生与预防医学人才培养改革，为公共卫生事业提供人才支撑

1. 扩大公共卫生与预防医学专业招生数量

当前，河北省设立公共卫生人才培养专业的有河北大学、河北医科大学、华北理工大学等高校，这几所学校都有扩招的能力和空间，应积极承担

国家培养任务，主动增加招生数量，同时也应积极争取进一步增加本科招生量，实行定向招收和专业倾斜，扶持公共卫生学科进一步做大做强。为培养高端人才，河北医科大学应千方百计增加博士后和博士研究生的数量，培养高端人才为该学科的发展服务。

2. 改革公共卫生与预防医学专业培养方案，完善课程体系

目前，我国在该领域的培养着力点比较偏向于理论知识和基本操作技巧，在今后的工作中，要积极探索结合社会需求、专业实际情况，进一步找准学科定位，积极探索全新的培养目标，借助现有的理论体系、素质提升和培育方式，培育全新的职业精神，构建合理的课程体系，进一步增加应急处置、危机管理、政策引导等课程；在实践一线，鼓励和引导广大教师和专家共同探索和编写教材，使全新的教材不仅具有理论性，而且具有实践操作性，全方位推进教学改革，提高教学效果。

3. 加强公共卫生技术人才继续教育与培训，提升基层公共卫生人才的专业素质和能力

河北省的各类公共卫生机构应进一步提高对技术人才的培训力度，通过学历教育、继续教育和规范化培训等措施，进一步提高现有人员的总体素质和应急能力。要进一步强化对法律法规、病学特征、疫情防控和处理措施的学习，注重对专业技术的培养和提升，建立应急卫生管理机制和运行体系；进一步强化各类培训和实际演练，全方位提升各级各类单位和工作人员的能力。同时，各级卫生主管部门要采取多种形式，对相关人员实施形式多样的短期培训，在公务员队伍中普及疾病控制和预防等相关知识，以进一步提高全社会的整体卫生素养，进而帮助地方政府及相关部门提高危机中的决策能力。

（四）创新人事薪酬管理，加大人才选配力度

对薪酬机制进行创新。要进一步创新公共卫生领域从业者的薪酬设计，形成公平、激励并重的全新的薪酬体系，为吸引和留住人才发挥作用。在具体的薪酬机制建设中，需要实行绩效考评的薪资方式，降低固定

收入部分的比例,提高绩效部分的份额,使公共卫生人才的整体薪资待遇得到显著提升,人员的工作热情大幅度提高。当前公共卫生人才的固定收入部分比例约为80%,笔者认为固定收入可以降低到50%,绩效薪酬提升到50%。

如何优化公共卫生人才队伍的资源配置,实现人才自身发展与用人单位的职能效益,成为人才资源部门面临的重要挑战。因此,一方面,需要积极关注各社区卫生服务中心服务人口结构与数量的动态变化,及时调整公共卫生人才资源的结构和数量与之匹配;另一方面,面对各社区卫生服务中心在公共卫生人才的职称结构、职业类别、学历结构等方面存在的较大差异,要予以动态调配,加强人才配备较弱社区卫生服务中心的人才资源投入,以保证社区居民能够享受到优质的基本公共卫生服务。

(五)完善公共卫生人才考核评价和激励机制,激发人才工作热情

进一步优化公共卫生领域的人才管理和评价机制,进一步完善岗位职责,突出以能力为导向,符合人才需求的评价机制,完善职称评定制度,深化行业内部改革,坚持营造多劳多得的浓厚氛围,合理确定薪酬补贴。进一步探索建立更为科学的薪酬增长机制,让激励与约束并存,引导人才发展。鼓励疾控人才申请科研项目和主动对外提供专业服务,合理增加收入,进一步提高服务效率。让各类人才都能施展自身的优势和专长,为当地居民提供一流的卫生服务。一般来说,这种服务的社会效益不易快速显现,针对这一特点应积极探索构建全新的社会评价体系,彻底扭转当前以论文为核心的单一、守旧的评价机制,鼓励有志青年投身其中,并以解决社会问题为荣,在突发事件出现时,临危不惧,在防控中建功立业,把专业优势发挥出来,实现为人民服务的初心和目标。

(六)健全师资队伍建设体系,为公共卫生人才培养营造良好生态

加强公共卫生人才培养,必须有一支高素质教师队伍。要破解当前河北省公共卫生专业教师素质不高、学科背景单一、结构不合理等突出问题,千

方百计吸引优秀教师加入，为河北省的公共卫生人才培育服务。要进一步完善师资队伍建设，提升培养能力。首先，要转变思维，通过国家投入、经费支持、薪酬补贴等政策，千方百计引进高端人才加入教师队伍。为了发挥学科带头人作用，高校可出台政策鼓励优秀教师组建团队，实现专业技术交流，以教师队伍的"引才"来带动相关专业的大范围"育才"。其次，要进一步改革教师评价体系，引导广大一线教师充分展示自身的才能。在教师评价中可适当引进第三方评价指标体系，鼓励教师进一步重视实际教学和人才培养效果。最后，应积极借鉴发达国家的成功经验，引进先进的师资队伍建设理念，积极推进师资培养，鼓励人才引进；鼓励青年教师到一线参与实践锻炼，进一步提高他们的教学能力。

（七）加强公共卫生岗位建设，提高待遇标准，调整政策导向

进一步加强岗位建设，首先要在社会上营造氛围，提升从业者的职业自信，明确他们在当地经济社会发展中的突出作用，培养和树立强烈的职业信念和自我认知。其次要千方百计提升从业人员的薪酬待遇。将公共人才培养和业务经费全部列入地方政府年度预算，由财政按时拨付，最大限度确保教学需要。

根据职业风险情况，科学制定绩效考核标准，并建立增长机制，大力提高相关人员的实际待遇和社会地位。进一步加大投入，明确各级政府的作用和责任，进一步完善政府投入机制，投入的重点向一线倾斜，一般情况下公共卫生人才薪酬要比其他医师略高。要进一步提高从业者的地位和待遇，各级人民代表大会中应有他们的代表，鼓励他们发挥自身聪明才智，为社会的进一步健康发展出谋划策；在各类评选活动中，也要精选他们中的杰出代表，在社会上展示他们的敬业、勤勉、务实形象。探索建立更加科学、规范的绩效考评机制，真正引导公共卫生领域的人才能上能下，让优秀人才脱颖而出，在整个行业中逐步构建形成公平、健康、科学、有序的竞争机制。

参考文献

杨皓斌、胡向科、史千山、黄铁牛、杨土保：《湖南省公共卫生人才队伍建设现状与建议》，《中国感染控制杂志》2020 年第 5 期。

黄宏、刘晓冬：《新型冠状病毒肺炎疫情下对公共卫生人才队伍建设的再思考》，《温州医科大学学报》2020 年第 4 期。

沈曙红、田淑军：《新冠肺炎疫情视域下对基层卫生健康人才培养的思考与建议》，《中国职业技术教育》2020 年第 11 期。

潘多拉：《加强公共卫生应急人才队伍建设刻不容缓》，《中国卫生人才》2020 年第 5 期。

师璐、黎莉、邢方敏：《公共卫生人才培养的问题与对策——基于新冠肺炎疫情的思考》，《中国高教研究》2020 年第 5 期。

潘莹、刘佳楠、席彪、牛玉杰、邝克江：《新冠疫情防控背景下卫生人员的能力要求及高等医学教育改革路径思考》，《河北医科大学学报》2020 年第 8 期。

马丽、纪婷婷：《从抗疫谈医学人才培养模式的改革》，《中国高等医学教育》2020 年第 9 期。

刘晓云、胡丹：《对我国公共卫生人才培养与学科发展的思考》，《中国卫生人才》2020 年第 9 期。

B.14 河北省大学生生命教育现状调查及对策研究

杨旭浩 何佳敏 杨丽乐 徐莉*

摘　要： 大学生是国家和民族的未来，开展大学生生命教育尤为重要。本研究报告基于对河北省5所高校大学生生命教育现状的调查分析，以及对河北省大学生生命教育存在问题的原因分析，通过系统研究，从营造良好的社会环境和网络环境、高校建立完善的生命教育体系、发挥家庭生命教育作用、引导朋辈群体积极传播正能量等方面为河北省大学生生命教育发展提出对策建议。

关键词： 大学生　生命教育　生命价值

大学生是国家和民族未来发展的中坚力量，在实现中华民族伟大复兴的中国梦中发挥着不可替代的作用。党的十九届五中全会提出，要全面落实立德树人根本任务，建设高质量教育体系，强调重视青少年身体素质和心理健康教育，培养德智体美劳全面发展的社会主义建设者和接班人。然而，近年来高校大学生自杀、他杀、抑郁等严重有损青年身心健康发展的情况频发，

---

* 杨旭浩，河北师范大学在读硕士，主要研究方向为教师教育、终身教育；何佳敏，河北师范大学在读硕士，主要研究方向为教师教育；杨丽乐，河北师范大学在读硕士，主要研究方向为终身教育；徐莉，河北师范大学教授，主要研究方向为终身教育与学习型社会、教育发展战略、新工业革命与教育变革、教师教育。

生命意识淡薄、心理素质不佳等问题影响了大学生健康快乐成长。尽管河北省出台了一系列政策文件，关注学生各个教育阶段中的心理健康教育、思想政治教育、生命安全等问题，但主要聚焦在中小学阶段，对大学生群体生命教育还不够重视。为此，亟须加强河北省大学生生命教育的调查研究，为高校生命教育开展及政府生命教育政策提供依据，为促进河北省大学生生命教育发展提供借鉴。

一　河北省大学生生命教育调查结果及分析

本报告选取河北省5所高校的大学生，通过问卷和访谈从六个方面展现当前河北省大学生生命教育情况。被访对象以Y（研究生）、DY（大一）、DE（大二）、DS（大三）、DSI（大四）命名，如第一位被访研究生为Y1。

（一）被调查者整体情况

被调查者基本情况详见表1。

表1　被调查者基本情况

项目	类别	人数（人）	百分比（%）
性别	男	118	54.6
	女	98	45.4
年级	大一	39	18.1
	大二	84	38.9
	大三	34	15.7
	大四	10	4.6
	研究生	49	22.7
专业类别	文史类	60	27.8
	理工类	138	63.9
	艺术类	12	5.6
	农医类	3	1.4
	体育类	3	1.4

续表

项目	类别	人数(人)	百分比(%)
是否独生子女	是	63	29.2
	否	153	70.8
家庭氛围类型	冲突型	27	12.5
	民主型	138	63.9
	包办型	17	7.9
	放任型	34	15.7

注：在确保问卷信效度的情况下，因为新冠肺炎疫情影响，选取样本时采用方便抽样的方法，从河北省5所高校选择研究对象，实际回收问卷216份。

根据表1，被调查者男、女比例分别为54.6%和45.4%，男生所占比例较高；在所在年级方面，大二学生所占比例较高，为38.9%，本次调查关注了研究生群体，研究生所占比例为22.7%；在专业类别层面，理工类学生占63.9%，在几大专业类别中居首位；70.8%的被调查学生不是独生子女，29.2%为独生子女；在家庭氛围类型中，63.9%的学生所在家庭是民主和谐的，15.7%的学生所在家庭环境是放任型，还有12.5%为冲突型。

（二）不同维度生命教育现状情况

1. 对生命的认知

图1和图2的问卷内容主要涉及大学生对生命的基本认识，图1中79.63%的人认为要好好珍惜生命；图2中49.54%和42.13%的学生分别认为顺其自然对待生命、死亡意味着生命的结束。以上可以看出很大一部分大学生能正确看待生命，但也有3.24%的学生认为父母应对我的生命负责，1.39%的学生认为不用珍惜当前生命。

2. 自我生命接纳情况

图3涉及的问卷内容是对自我接纳程度的考察。如图3所示，43.06%的学生的自我喜欢程度一般，保持中立的态度。8.33%的学生非常喜欢自己，但也有18.52%的学生不认同现在的自己，10.19%的学生完全不喜欢现在的自己。

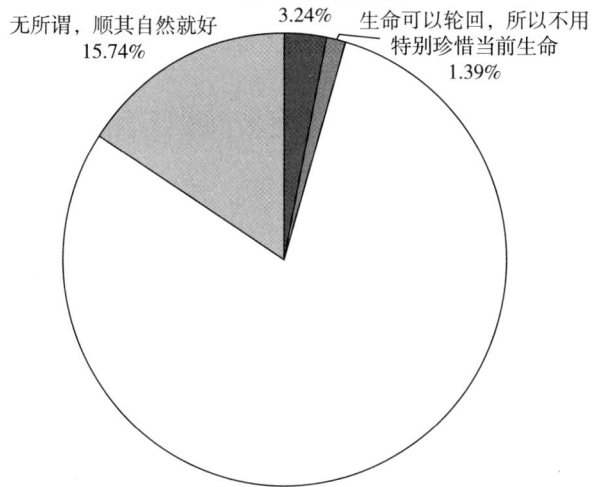

图 1 对生命的认识

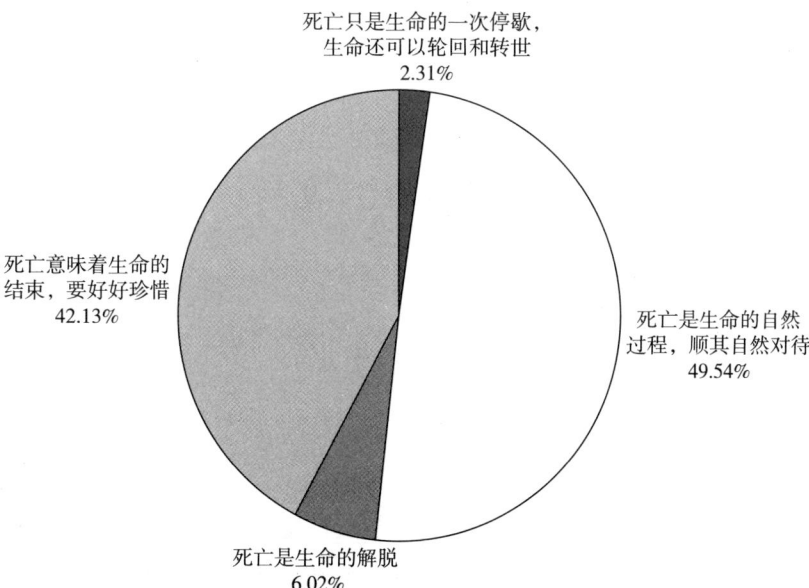

图 2 对死亡的看法

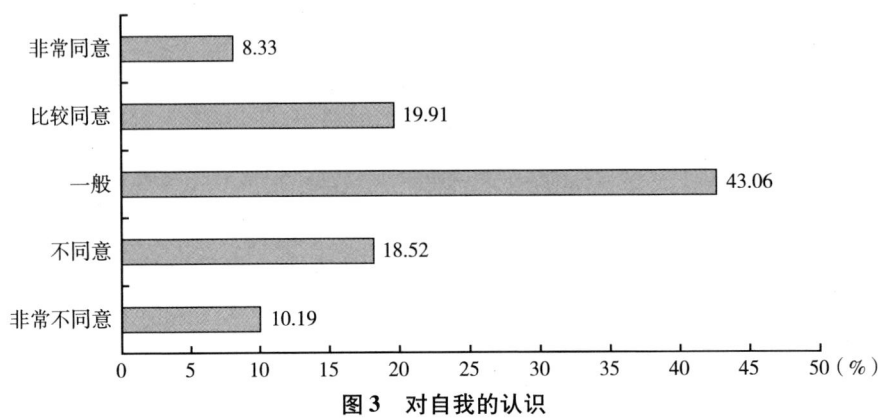

图3 对自我的认识

3. 对他人生命的态度

图4与图5问卷内容主要涉及对他人生命的关怀情况，如图4所示，对高校自杀事件的看法，61.11%的学生认为这是对生命本身的不尊重，也有23.61%的学生对此持理解态度。当自己身边有同学抱有轻生的想法时，69.44%的学生会选择主动阻止，劝解开导，21.30%的学生会请求老师帮助，6.48%的学生担心着急，但不知所措，也有2.78%的学生漠不关心。

4. 对挫折的态度与应对

图6表明，当在生活中面临巨大挫折时，比如考试成绩差、恋情不顺、工作遇到困难等，40.74%的学生会选择自己通过运动、娱乐等方式自我调

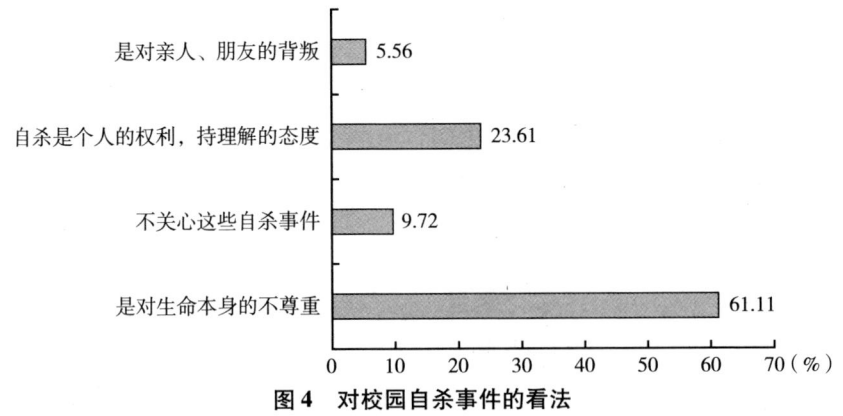

图4 对校园自杀事件的看法

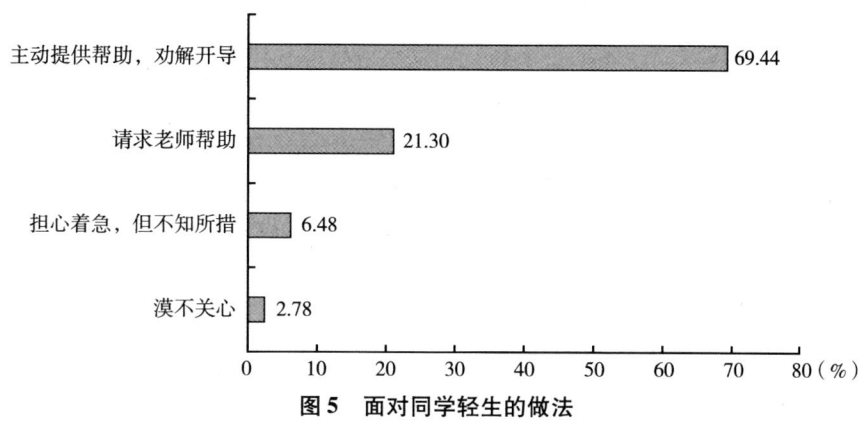

图 5　面对同学轻生的做法

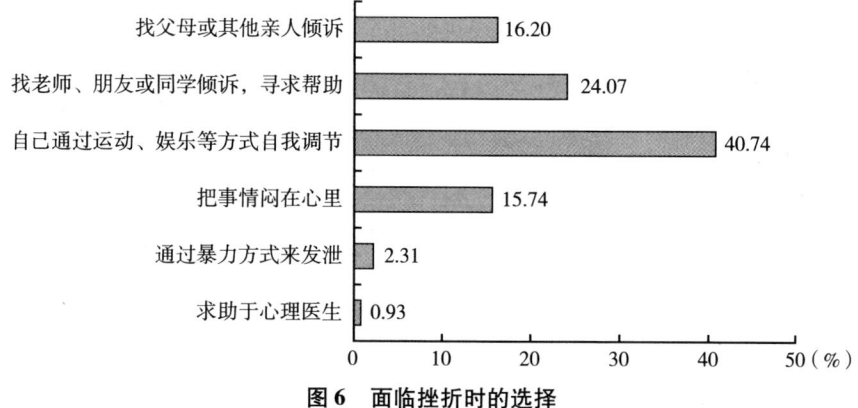

图 6　面临挫折时的选择

节；24.07%的学生会找老师、朋友或同学倾诉，寻求帮助；16.20%的学生会找父母或其他亲人倾诉；15.74%的学生选择把事情闷在心里；2.31%的学生选择通过暴力方式来发泄，只有0.93%的学生求助于心理医生。图7表明，52.31%的学生遇到重大挫折时，从来没有过轻生或自残的举动，但也有12.96%的学生偶尔出现过相关行为，4.17%经常有轻生或自残的举动。

5. 对生命价值及生命教育的理解

对生命价值和生命教育的理解影响着大学生的日常行为。关于大学生如何认知生命价值（见图8），38.43%的大学生选择以集体、国家、社会利益为重，并为之不断做出自己的贡献，33.80%的同学选择不断超越自己、挑

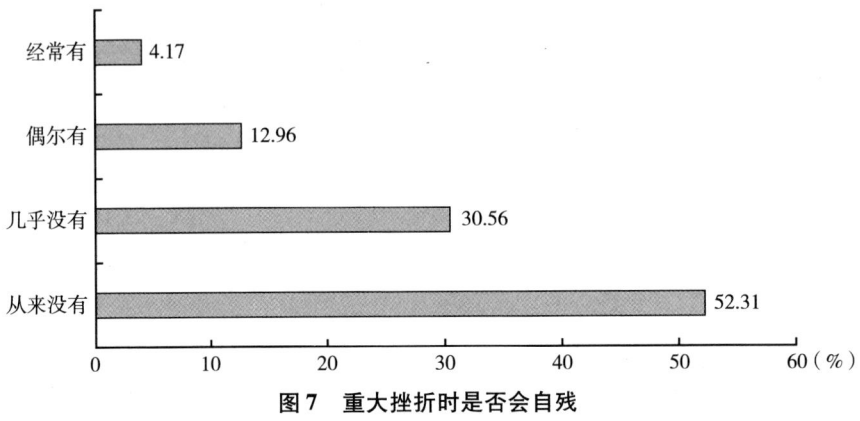

图7 重大挫折时是否会自残

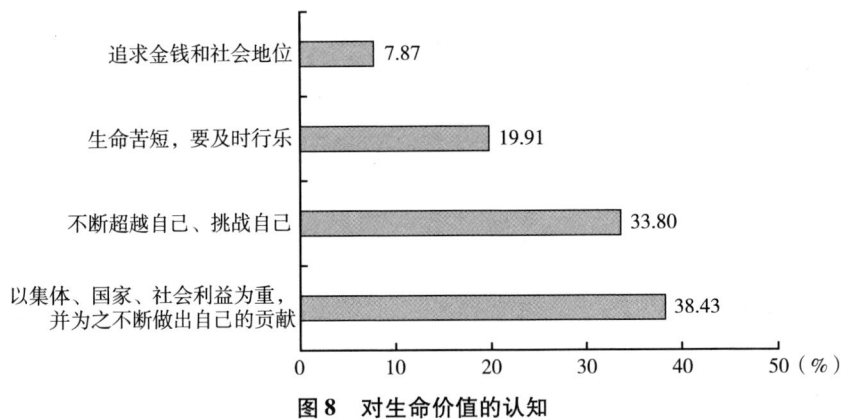

图8 对生命价值的认知

战自己。但同时值得注意的是，还有7.87%的学生追求金钱和社会地位，19.91%的学生认为生命苦短，要及时行乐。对于生命价值认知的影响因素（见图9），自我教育、家庭教育、学校教育是影响学生对生命认知的主要因素，网络宣传等社会舆论、朋辈群体的态度和认知次之。

对于生命教育的了解程度，如图10所示，46.76%的学生认为自己对生命教育的了解一般，谈不上了解，或许就是一知半解的状态，还有19.91%的学生不是特别了解，甚至有8.33%的学生没有听说过生命教育，对其非常了解的学生只占7.87%。

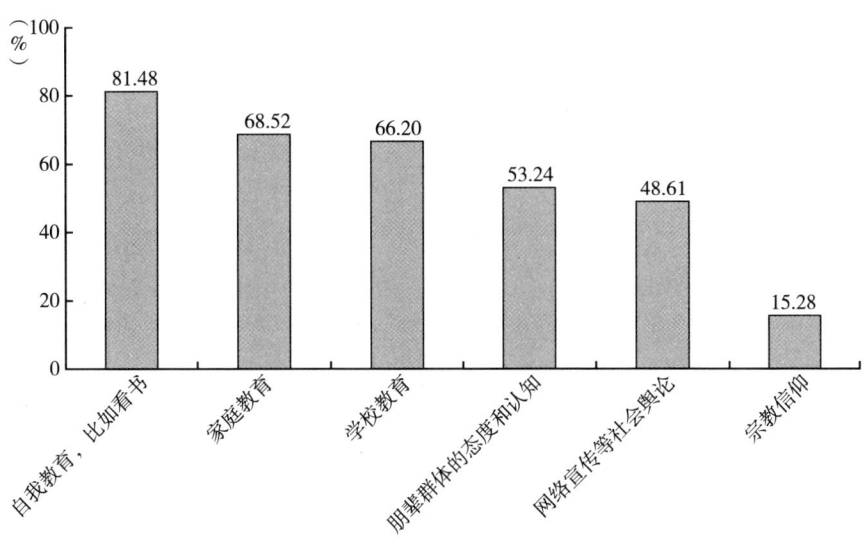

图9 生命价值认知的影响因素

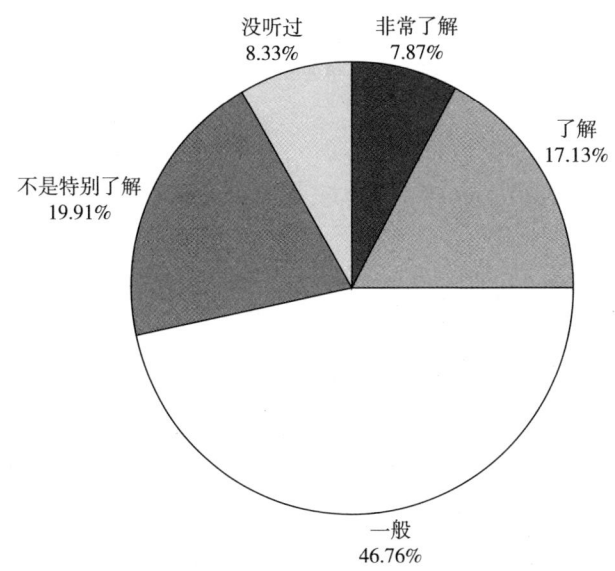

图10 对生命教育的了解程度

6. 高校生命教育开展情况

如图 11 所示，本次调研对象中近 88% 的学生都认为高校是非常有必要或有必要去开展生命教育的，7.41% 认为可有可无，2.78% 认为没有必要，1.39% 认为非常没有必要开展生命教育。对于高校生命教育应包括什么内容，采用多选方式进行选择，据图 12 得出，86.11% 的学生选择了心理健康教育，毒品预防教育和性教育占比也较高，关于死亡教育、生命价值教育

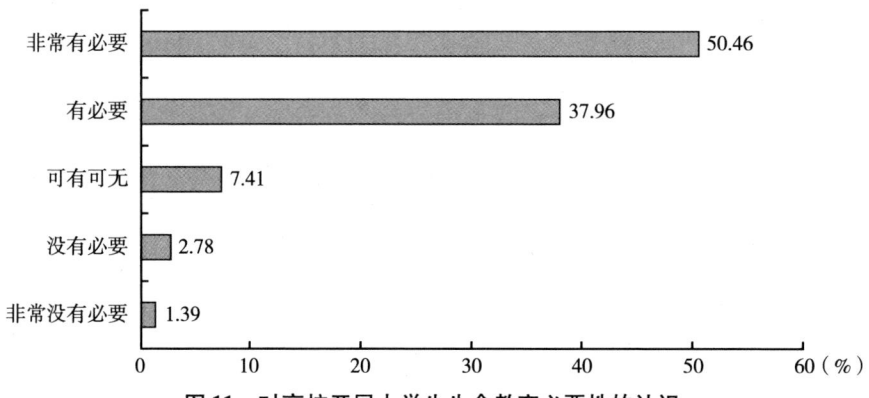

图 11　对高校开展大学生生命教育必要性的认识

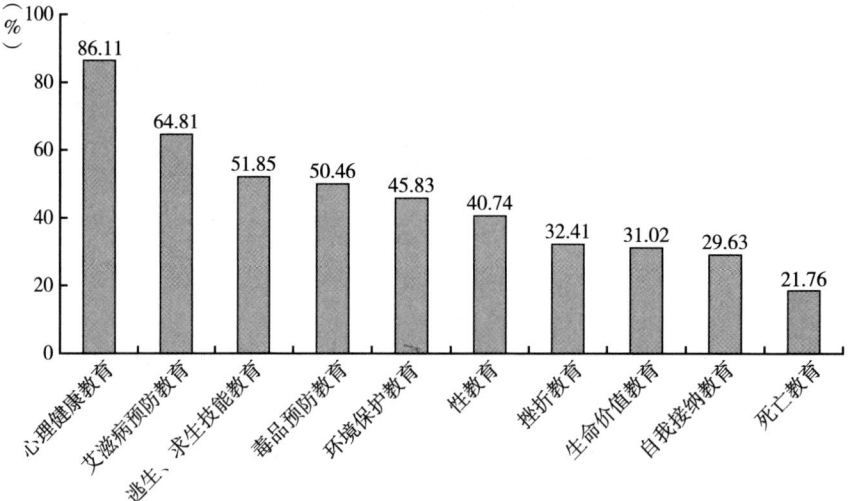

图 12　高校生命教育内容

等内容选择的学生不多。关于自身所在高校开展生命教育的方式,如图13所示,62.50%的学生所在高校开展生命教育的方式是与心理健康教育相结合,其次,45.37%的是在课堂教学中渗透,开展专门的生命教育课程或开展生命教育的校内外实践活动的均占37.96%,开展网络生命教育的仅有31.02%。

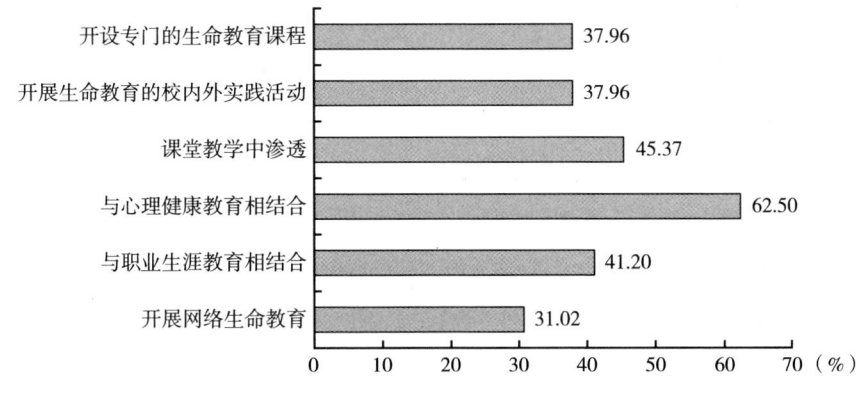

图13 所在高校开展生命教育的方式

二 河北省大学生生命教育调查结果分析及讨论

经调查发现,河北省大学生生命教育近年来取得了一定进展,主要在对生命的基本认知、对待他人生命的态度及应对挫折等方面取得显著成效。首先,大学生作为心智较成熟的青年,一定程度上能够正确看待生命及死亡,大部分大学生不会轻易做出伤害自己的行为。其次,能够关怀他人生命,在面对他人有自杀或伤害自身情况时,会主动阻止、劝解开导,或者直接求助老师,认识到同学自杀是对生命的不尊重,每个人都应爱惜生命、尊重生命。再次,具备一定应对挫折的能力,大多数同学能正确认识挫折并在面对挫折时采取正确的做法。最后,认识到生命教育的重要意义,较多大学生对高校开设的与生命教育相关的课程(如心理健康教育课程)给予认同,认为它们在一定程度上发挥了作用。

虽然河北省大学生生命教育工作在上述方面取得了一定进展，但通过调查可知仍然存在一些问题，尤其是现象背后的问题更是不可忽视。此次河北省大学生生命教育现状调查发现的问题可主要概括为以下四个方面。

（一）大学生自我接纳水平一般

虽然大学生对生命的认知总体上是正确的，但自我接纳水平却有待提高。自我接纳程度影响我们的生命质量，过于自我否定的人，不能欣然接受与正确认识现实的自我，经常会对自己的行为或者成功产生怀疑，因存在的某种缺点、错误而自卑，遇事容易退缩，导致在遇到难题或挫折时更容易出现心理问题以及伤害自身的错误行为。本次调查发现，大学生自我喜欢程度、自我接纳水平较低，不能充分地认识自我、接受自己、欣赏自己。因此，亟须进一步思考影响大学生自我接纳水平的因素，要帮助大学生更好地认识自己，提高自我接纳水平。

（二）大学生对生命价值及生命教育的理解存在不足

部分大学生生命价值观存在功利和利己倾向，且对生命教育认识不足。由现状可知，有一部分大学生认为人生苦短，要及时行乐，或者认为生命的价值在于追求金钱和社会地位。这在一定程度上表明有些大学生的生命价值观有功利和利己倾向，关注自身利益，忽视了他人及整个社会的利益，没有正确认识生命的意义，没能树立正确的人生观和价值观。大学生作为国家和民族的希望，要争做积极向上、吃苦耐劳、有奉献精神的新时代青年，树立崇高理想，践行社会主义核心价值观，为社会发展贡献自己的力量。一旦大学生被错误的思想支配，就会对社会的稳定与进步带来消极影响。

大部分大学生对生命教育认识不足。"生命教育"（education life）一词最早于1968年由美国学者杰·唐纳·华特士提出，当时这一理念主要围绕青少年自杀率持续上升的问题。之后逐渐引起全球多国的学者的关注，对生命教育的理论与实践研究进行了一系列的探索。但就此次调查结果来看，大学生群体对生命教育缺乏应有认识，一方面是对生命教育的内涵不了解，另一方面是对生命教育的具体内容理解不全面不深入。这是对生命教育认识不足的本质概念问题,可能由于相关内容关注较少,尤其需要讨论的是周围缺少生命教育的相关环境。这些年来大学生不珍惜生命而自杀、抑郁事件频发,随着网络的普及更加放大了生命教育的重要性,但在数据调查及访谈、大学生对生命教育认识的回答中可以看出,这样的事件更多的是引起舆论热潮,并没有对大学生在生命或生命教育的态度上产生较大的本质影响,这是河北省生命教育工作需要重视的。

(三)高校生命教育的内容与方式较为碎片化

大学生生命教育是指运用科学合理的教学方法,帮助大学生在理解生命教育的基础上热爱和敬畏生命,引导其树立一种正确良好的生命观。① 当前,经济快速发展,社会竞争加剧,大学生面临各方面压力,同时新冠肺炎疫情也为我们上了一堂生命教育课,高校亟须开展生命教育。从大学生群体出发,他们也强烈需要高校开展生命教育,本次调研对象中80%的学生都认为高校是非常有必要或有必要开展生命教育的,高校要积极采取行动以满足大学生对生命教育的需求与期待。

然而,目前高校的生命教育工作存在内容与方式碎片化的问题。首先,在调查高校对大学生进行了哪些内容的生命教育时,86.11%的学生都选择了心理健康教育,同时还有一些人选择了艾滋病预防教育,关于死亡教育的内容并不多。生命教育其实也被称为死亡教育,人们在正确认识死亡后可以采取坦然的态度。因此,像死亡教育等内容都应该包含在生命教育当中,这些内容多是跟生命健康安全相关。这也意味着生命教育内涵丰富,我们要设计系统完整的生命教育课程。其次,关于高校进行生命教育的方式,一是与心理健康教育相结合,二是在课堂教学中渗透。这是在日常教学工作中较为常见的两种生命教育的方式,但这并不能满足大学生的需要,尤其在疫情期间,如"我们学校也在公众号等一些平台上发布了一些防疫知识、疫情情

---

① 李琦:《大学生生命教育现状研究》,硕士学位论文,西安工程大学,2018。

况,但是我感觉这还不够,还应以开设线上生命教育公开课,以疫情为教材,有针对性且系统地进行生命教育"(Y2)。简而言之,当前河北省高校实施生命教育主要是与其他教育教学相融合,很大程度上为一种渗透式碎片化的教育方式,使大学生对生命教育的认识支离破碎,缺乏具有针对性的系统的生命教育体系。

(四)实施大学生生命教育缺乏共同参与

生命教育是社会各方各界的共同责任。在调查大学生对生命认知的影响因素时,发现自我教育、家庭教育、学校教育是主要影响因素,朋辈群体的态度和认知、网络宣传等社会舆论次之。但在现实生活中,高校为大学生生命教育的主阵地,通过一些相关课程和实践活动促进大学生身体和精神的综合发展,家庭教育、网络宣传等并没有充分发挥作用,甚至在使大学生生命价值消极的原因中家庭冲突占据了很大部分,网络宣传为博眼球忽略了对正确生命价值观的传递。更令人担忧的是,一方面家庭教育、网络宣传等教育存在着潜在的消极影响,如网络的负能量信息、家庭冲突等。另一方面,高校生命教育又陷入困境,存在上述问题。这些都阻碍着大学生生命教育的发展。

当前大学生的生命教育情况不容乐观,可以看出生命教育已不是高校或家庭等某一方的责任和要求,而是要形成生命教育的教育合力,在多方共同编织的这张大网下从不同方面不同程度进行大学生生命教育,形成生命发展的融合力量。

三 河北省大学生生命教育现状原因反思

(一)网络宣传等社会舆论的负面冲击

当前,经济与技术处于快速发展阶段,社会各式思想浪潮也陆续涌现,某些思想存在潜在的消极影响。再加上网络信息的发达,各种形态的思想由四面八方涌来，传播速度快且信息杂乱，加之大学生的价值观、人生观没有完全形成，处在高校的较为封闭的环境当中，自由度较高尤其是思想自由，难免会受到不良信息的影响。

　　首先，大学生在信息多杂、竞争激烈的环境中缺少了对精神世界的关注。在市场经济社会，利益与竞争相伴，就如现在的大学生群体中存在各种考证现象，各种证书是自身能力的一种体现，先不考虑我是否需要、是否喜欢，但证书会增加自身的竞争力，在这一过程中，大学生忽视了生命、生活及人生的真正意义，在竞争中迷失了自己，过少地关注自己的精神世界，更多着眼于现实的物质世界。其次，高校环境中对人文主义思想关注力度不足。受工具理性思维及功利主义价值观的影响，大学教育也开始呈现"功利化"倾向。① 现存的学校教育体系是近代工业文明的产物，培养社会发展需要的各式各样人才，但较为重视实用性强的专业，过于偏重实际技能的训练和提升，而丰富生命、涵养生命的人文学科逐渐被忽视，学生的内心世界没有得到应有的关注。近年来我国积极推动新文科建设也有这方面的因素，要使大学生的精神境界得到提升，避免负面社会风气的影响。

　　媒体陪伴着年青一代的成长，今天的网络媒体不同于传统媒体，其网络信息纷杂且传播速度快，通过手机、电脑等智能工具及微信、微博、短视频等软件，对大学生的学习与日常生活产生极大的影响。虽说社会媒体为大学生提供了人际交往与展现自己的新平台，但需注意的是，在信息纷杂的网络世界，一些不良信息对大学生的人生观、价值观乃至世界观产生了一些负面影响。就拿现在突起的"网红文化"来讲，在大学生当中最受欢迎的是一些时尚主播、游戏主播以及内涵段子类的主播等，只是考虑到了感官吸引性，没有考虑到精神内涵，"公益宣传类"的网红类型则鲜少有人关注。② 更重要的是，大学生自杀或他杀等新闻报道一直没有消失，因各方面压力、

---

① 李翔飞、王坚、朱晓玲、曹羽鹤：《走出大学生生命教育的多重困境——生命教育与传统文化的有机融合》，《教育学术月刊》2017 年第 4 期。
② 张圣莹、崔洁、柴琪、康欣华、王燕梅：《"网红文化"背景下高校思想政治教育调查研究》，《产业与科技论坛》2018 年第 17 期。

打击就抑郁甚至自杀的大学生总是通过各种网络渠道出现在大众的视野中,在引发社会关注的同时,也为在校大学生带来错误示范。此外,网络游戏和手游对大学生的影响越来越大,除了会花费他们大量的精力与财力之外,游戏中的一些暴力行为也可能会被带到现实生活中,使大学生发生一些伤害他人或自伤的行为,在虚拟的游戏世界,一个人物可能会有好几条命,但是在现实世界中人的生命只有一次。还有一些包含不良价值观的电视剧和视频,或是教派宣传,让大学生无心现实世界,电视剧里的一些美好场景和现实世界反差冲突后更是让大学生缺少自我认知,迷失自我。

(二)高校生命教育实施力度不足

目前,高校的生命教育并没有成为学校教育的主旋律,且由于缺少国家相关制度支持,高校生命教育在开展过程中会出现问题。[①] 综观当前高校生命教育实践,高校实施生命教育存在不足。此次调查结果显示,将近40%的学生不清楚自己所在学校是否进行了生命教育,并且将近一半的学生回答所在大学的思想政治课教师偶尔会进行生命观方面的教育。

这一方面反映了大学生生命教育没有引起高校应有的关注,高校更多地将注意力聚集在学生的知识学习与技能提升上,也体现出相关政策中对生命教育的实际关注或具体条例设定较少,使得高校在实施中没有认识到生命教育的重要性并做出具体安排。在大学生自杀或伤害他人、产生心理疾病等问题频发的社会背景下,高校亟须关注大学生的身心健康。另一方面表明高校的生命教育体系不健全,没有系统组织生命教育实践活动,只是将生命教育的内容分散到其他学科教育中,或者以心理健康课程、思想政治课程等形式开展,在这些课程中渗透生命教育的相关内容。

(三)家庭对生命教育的忽视

父母是孩子最亲密的存在,家庭教育是学生发展的原动力。大学生正处

---

① 刘慧:《推进学校生命教育的实践理路》,《当代教育科学》2015年第8期。

于青年初期,是其一生中发展的关键阶段,他们不仅需要学校教育,更需要家庭教育来帮助其获得对生命的全面正确认识。[1] 在家庭环境中,父母的谈吐和行为潜移默化地影响着孩子的思想、行为等。家长的不同教育方式深刻影响着孩子一生的发展,尤其是对人生、挫折、生命的态度。

在大学生自杀、他杀的背后原因中少不了家庭教育因素,家庭在大学生生命教育中的缺席是造成大学生生命教育存在问题的重要因素。当前家庭对孩子的过度溺爱型教育较为普遍,有关调查显示,家长对子女的过度溺爱会使孩子缺乏积极应对挫折的信心与能力。[2] 家长对孩子的过度溺爱,把孩子保护在一片小小天地里,使孩子的抗压能力弱,在面对挫折时容易放弃和受打击,导致走向极端。还有的家庭教育过度关注孩子的学习和能力,而忽视孩子的身心健康发展,忽视孩子个人兴趣、理想信念的培养。

此外,调查发现朋辈群体的态度和认识是影响大学生生命价值认知的重要因素之一。近朱者赤,近墨者黑,同伴之间会相互认同带来价值观的相互影响,消极、品行低下的朋辈群体会给大学生带来各种负面影响。当前,社会快速发展,选择众多,浮躁、名利等都围绕在大学生周边,在进行大学生生命教育过程中不能忽视朋辈群体对大学生生命价值观的影响。

四 加强河北省大学生生命教育的对策建议

(一)政府主导,营造良好的社会环境及网络环境

社会环境深刻影响着大学生的生命认知与价值实现。[3] 大学阶段是大学生各种思想观念树立的关键时期,河北省要通过各方面努力营造良好的社会

---

[1] 张宝根、罗佳、张华:《"互联网+"时代大学生生命教育的现状及其发展》,《职教论坛》2019年第1期。
[2] 李旭、卢勤:《大学生家庭因素对生命意义感及自杀意向的影响》,《中国学校卫生》2014年第35期。
[3] 朱晓庆、蒋丽萍:《疫情形势下大学生生命教育的内容关涉与切入路径》,《未来与发展》2020年第6期。

风气，为大学生生命教育提供多方支持，引导他们树立正确的生命与价值的思想意识。

政府要发挥主导作用。首先，教育行政部门要做生命教育的倡导者，从制度、法律法规层面为生命教育开展提供保障，在师资方面为大学生生命教育开展提供支持。① 其次，不仅要通过网络、电视、报纸等渠道对防疫知识、生命安全知识与生命教育理念进行宣传，还要由相关部门组织生命教育的实践活动，比如征文比赛、演讲比赛等，并且采取有效措施及时制止有害大学生生命健康的行为。最后，借鉴其他省区市较有成效的做法，推进河北省大学生生命教育有效开展。如云南省在全省各级各类学校学生中实施生命教育、生存教育、生活教育（"三生教育"），各级教育行政部门和各级各类学校成立"三生教育"领导小组，对"三生教育"的相关科研项目和教研项目给予大力支持。河北省可借鉴其他省区市经验，根据本省实际，全面开展具有河北特色的大学生生命教育。

净化网络环境。一方面，发挥社会媒体的正面舆论引导作用，大力宣传积极的网络文化，帮助学生树立正确的生命价值观。如今网上信息数量庞大且内容好坏掺杂，大学生需要对数量繁多的信息进行筛选，亟须社会主流媒体发挥引导作用。河北省可利用官方平台（官网、公众号等）宣传党和国家的大政方针、国家大事，帮助大学生了解身边事。利用微视频、直播新形式等传播正能量。通过官方账号在大学生常用的微博、微信等软件上推送生命教育的相关信息，加强各平台与大学生互动，使大学生在网络中通过各种形式的宣传加深对生命的认识、找到生命价值，避免被网络的负能量信息影响。通过公益节目宣传生命教育，讲授生命健康知识以及珍爱生命、尊重生命的感人故事。另一方面，加大对网络媒体的监管力度，完善相关法律法规。可通过相关法律对网络媒体进行约束，促进网络平台依法办网、文明办网，弘扬正能量，避免低俗内容对大学生产生负面影响，对有害大学生身心

---

① 郭少卿、胡静、杨立星、吴平芳：《大学生群体生命教育现状分析》，《机械职业教育》2013年第8期。

健康以及误导大学生认知的网上信息积极屏蔽，并对相关人员或部门进行惩罚。

（二）高校主责，建立完善的生命教育体系

高校是大学生受教育的主要场所，大学生生命教育高质量发展很大程度上取决于高校生命教育的开展，高校要加大生命教育实施力度，积极构建完善的生命教育体系。

第一，开设生命教育课程。国内相关研究领域对于学校开展生命教育的路径进行了系列研究，其中在生命教育课程设置以及生命教育如何融入其他学科课程等方面硕果累累。河北省可以创新性地借鉴其他国家的优秀做法，如美国生命教育已普遍开展，各州会结合自身实际设置生命教育相关课程并编制教材；① 英国也出版了关于生命教育的专业教材。河北省要根据自身实际，设置生命教育系列课程，从生命教育理论内容到生命教育的实践等具体内容。要与时俱进，不断丰富生命教育教学内容，如新冠肺炎疫情过后，各高校可在课程中增加公共安全、心理健康和使命担当等方面的内容。

第二，培养优秀的生命教育教师队伍。一方面，要培养引进在生命健康教育、生命安全教育、心理健康教育等方面都具备丰富知识的专业教师。另一方面，发挥学科教师、心理健康教师及辅导员的作用。学科教师及心理健康教师要学会运用教材、选择教材，在课程讲授中适时恰当地渗透生命教育相关内容，帮助大学生树立正确的生命观。而辅导员与学生相处时间较长，高校要提高辅导员各方面素质，使其在大学生日常学习和生活管理中进行相关方面的教育。

第三，积极开展主题实践活动。高校要将生命教育理论与实践相结合，可以多举办一些生命教育主题活动，让大学生在实践活动中感悟生命的真谛，走进社会去体验生活，寻找自己的人生目标。

---

① Fisher, B. L., Kerckhoff, R. K., "Family Life Education: Generation Cohesion out of Chaos," *Family Relations* 4 (1981).

第四,将传统文化融入课程与实践活动中。著名哲学家牟宗三先生说:"中国的文化是关于生命的学问。"① 自古以来,中国就有许多与生命相关的知识,这些知识充分肯定了生命的价值,体现了对生命的关怀。这些蕴含着丰富生命学问和价值理性的文化对大学生保持良好心态以及丰富精神世界有着重要作用。河北省高校可以将传统文化中的生命学问融入大学生生命教育的课堂与实践活动中,在精神层面影响大学生的一言一行,丰富大学生的精神世界。

此外,河北省各高校可以学习借鉴其他高校的成功经验。如设立"大学生生命教育"辅导员办公室和心理咨询室。像北京师范大学、曲阜师范大学等高校成立生命教育研究中心,还有教师成立单独的生命教育工作室,如卢瑞霞生命教育工作室等。

(三)家庭参与,发挥家庭生命教育作用

家庭伴随人的一生,是一个人教育的起点,同样也是生命教育的起点,在高校生命教育之外,家庭要做好孩子的生命教育工作。

首先,要创造和谐民主的家庭内部环境。和谐民主、相亲相爱的家庭氛围有助于孩子的身心健康发展,不和谐的家庭环境在一定程度上会影响孩子的心理健康状况,家长要尊重孩子、关爱孩子,多与孩子交流人生规划、人生目标乃至感情生活,及时了解孩子存在的困惑和面临的压力,帮助孩子进行疏解。其次,家长要保持与高校的沟通,协助学校做好与孩子身心健康相关的一切工作,如远离校园贷、防范电信诈骗等,要及时了解孩子在校情况,一旦孩子出现反常行为,家长能够尽快得知。最后,家长要为孩子树立榜样,以身作则。父母的一言一行影响着孩子的言谈举止、为人处事,家长要树立正确的人生观、世界观、价值观,不断提高自身各方面素质,以积极向上的心态面对工作与生活,在潜移默化中培养孩子积极乐观的心态。引导孩子尊重生命、热爱生命,适时地以中国优秀传统文化提升孩子的精神世界。

---

① 牟宗三:《中国哲学十九讲》,上海古籍出版社,1997。

（四）朋辈支持，积极传播正能量

朋辈群体是非正式的首属群体或初级群体，指年龄与社会地位相近者的结合体。[①] 高校要充分认识到朋辈群体在大学生生命中的重要性，发挥好榜样的示范引领作用。评选朋辈群体中的优秀学生进行表彰奖励，宣传优秀学生的先进事迹，带动学生学习其正确的行为方式，树立正确意识。在朋辈群体之间营造互动交流、共同进步的学习氛围。

规范社团建设，打造优秀学生社团。社团是大学生进行实践活动、密切互动的组织，为朋辈群体搭建了交流沟通的平台。社团要有自己的规章制度，约束和规范大学生行为，创新性地策划多种多样的校园活动，在各种活动中使大学生体会生命的美好与多姿多彩，同时帮助大学生发现并展现自己的特长。

鼓励支持、引导朋辈群体参与保护自然、志愿者服务及其他主题活动。在这些主题实践活动中，让大学生体会奉献及学习的快乐，在参观红色旅游胜地、养老院等地方时，让学生体会生命的意义、生活的美好，从各个方面提升朋辈群体的精神世界。

除社会、高校、家庭以及朋辈群体外，大学生自身要发挥主体性、主动性，加强自我教育，树立正确的生命意识、安全意识，积极投身于各种社会实践当中锻炼自己，磨炼自己的意志，培养健全人格，树立正确的理想信念。争做有理想、有道德、有担当的新时代青年。

---

① 杨德广、晏开利主编《中国当代大学生价值观研究》，上海教育出版社，1997。

B.15
河北省哲学社会科学人才评价机制改革研究

赵砚文*

摘　要： 人才评价是人才发展体制机制的重要组成部分，是人才资源开发、使用和流动等环节的前提。为进一步发挥好人才评价"指挥棒"的作用，本报告以河北省哲学社会科学人才为研究对象，分析了近年来河北省在哲学社会科学人才评价方面做出的实践探索，针对人才分类评价不科学、评价标准设置不合理、考核评价缺乏整体设计等问题，提出了构建科学的评价指标体系、全面推行职称代表作制度、丰富评价方法和手段等深化哲学社会科学人才评价机制改革的对策建议。

关键词： 哲学社会科学人才　人才评价机制　河北省

哲学社会科学优秀人才，是人类文明发展的推动者、人类先进思想的引导者和社会风尚的倡导者。对哲学社会科学人才进行科学合理的评价，不仅事关全省哲学社会科学人才队伍建设，更直接关系到哲学社会科学的繁荣发展。习近平总书记强调："要创新人才评价机制，建立健全以创新能力、质量、贡献为导向的科技人才评价体系，形成并实施有利于科技人才潜心研究和创新的评价制度。"人才评价是人才发展的"指挥棒"，也是体制机制建

---

* 赵砚文，河北省社会科学院人力资源研究所研究员，主要研究方向为人力资源管理、人才学。

设的关键环节，前面牵拉着人才培养引进，后面对接着人才聘任使用，直接关系到人才的价值取向和奋斗方向。因此，分类建立健全涵盖品德、知识、能力、业绩和贡献等指标要素，导向明确、规范有序、精准科学、竞争择优的哲学社会科学人才评价机制，对于引领和激励河北省广大哲学社会科学工作者把智慧和力量奉献给经济强省美丽河北的建设，具有重大意义。

一 河北省哲学社会科学人才评价的实践探索

近年来，随着一系列人才评价政策的出台，河北省人才评价机制改革迈出了重要一步，对推动全省哲学社会科学发展产生了广泛而深远的影响。

（一）河北省哲学社会科学人才队伍基本情况

河北省哲学社会科学人才主要分布在各级党校、高等院校、科研院所、部队院校、党政部门研究机构等五路大军之中。由于在哲学社会科学领域具有独特社会生态和学术创新氛围，形成了人才会聚的巨大"磁场"。截至2018年底，全省从事哲学社会科学研究和教学的人员总计18000余人，其中有初级职称的3090人，占总量的17%；有中级职称的8320人，占总量的46%；有高级职称的6690人，占总量的37%。在年龄结构上，56岁及以上的2350人，占13%；46~55岁的4700人，占26%；36~45岁的6160人，占34%；35岁以下的4890人，占27%。全省拥有各类省级专家称号的1402人次；拥有各类国家级专家称号的311人次。[①] 河北省哲学社会科学人才队伍的整体素质不断提高，结构进一步优化。同时，在社科领域取得了一大批有影响力的研究成果。1985~2018年，河北省哲学社会科学优秀成果评奖共开展16次，总计有3635项成果获奖。此外，1项成果获鲁迅文学奖，2项成果获吴玉章人文社会科学奖，5项成果获全国教育科学规划研究项目优秀成果奖，2项成

---

① 河北省社会科学界联合会编《河北社会科学年鉴2019》，河北人民出版社，2019。

果获全国社会科学规划研究项目优秀成果奖，16项成果获全国高校人文社会科学研究项目优秀成果奖。

（二）"顶层设计"与"基层探索"相结合，着力进行人才评价机制改革

2016年3月，中央出台《关于深化人才发展体制机制改革的意见》，在进一步创新人才评价机制、激发人才创新创业活力、发挥人才评价"指挥棒"作用等方面做出了顶层设计。2017年1月，中央发布《关于深化职称制度改革的意见》，在改革职称评价机制、完善职称评价标准、促进职称评价与人才使用相结合以及合理下放职称评审权限等方面提出了明确要求。2018年2月，中央印发《关于分类推进人才评价机制改革的指导意见》，提出以岗位要求和职业属性为基础，分类建立健全涵盖品德、贡献、知识、能力和业绩等要素，科学合理的人才评价标准。2018年7月，中央又出台《关于深化项目评审、人才评价、机构评估改革的意见》，要求各地区各部门结合实际实现更大突破，基本形成符合科技创新规律、突出质量贡献绩效导向、适应创新驱动发展要求的人才分类评价体系。

河北省将"顶层设计"和"基层探索"相结合，根据自身发展需要，着力进行人才评价机制改革。2016年6月，河北省发布《关于深化人才发展体制机制改革的实施意见》，对"全面深化职称制度改革""创新人才评价机制"提出了明确要求。在改进人才评价办法方面，提出要研究制定人才分类评价办法，如哲学社会科学研究突出社会评价，应用研究突出市场评价，基础研究突出同行学术评价。在深化职称制度改革方面，提出要合理界定和下放职称评审权限，有硕士授权的普通本科院校可自主评审主系列副高级及以下职称，省属重点本科院校和科研单位可自主评审主系列正高级及以下职称。2017年5月，河北省发布的《关于深化职称制度改革的实施意见》，使河北省成为全国首个出台此项实施意见的省份，探索实施了一系列具有突破性的改革措施。此次深化职称制度改革，着眼于破除束缚人才发展的体制机制障碍，把握职业特点，进一步完善职称分类评价标准，创新评价

机制，提出力争通过3~5年时间，逐步建立机制完善、评价科学、责任明确、放管适度、服务便捷的职称制度，以保证公正、科学、客观地评价专业技术人才。为推进经济转型升级，促进河北省创新、绿色、高质量发展，2018年5月，河北省印发了《关于加快推进哲学社会科学和文化艺术人才评价机制改革的实施意见》和《关于加快推进科技人才评价机制改革的实施意见》等6个领域人才分类评价实施意见，坚持以科学分类为基础，以激发人才创业活力为目的，建立符合各类人才成长规律的人才评价制度。2019年1月，河北省印发《关于深化项目评审、人才评价、机构评估改革的实施意见》，此次改革的核心是调动科技人员的积极性、创造性，统筹哲学社会科学、自然科学等不同学科门类，按照"客观公正、分类评价、尊重规律、问题导向"的原则，完善科研机构评估制度、改进科技人才评价方式、优化科研项目评审管理，精简"三评"（项目评审、人才评价、机构评估）项目数量，着力加强监督评估和科研诚信建设，营造风清气正、潜心研究的科技创新环境。

（三）河北省哲学社会科学人才评价改革的着力点

放宽评价权限，深化人才评价"放管服"改革。河北省不断深化"放管服"改革，进一步放宽评价权限，破除束缚人才发展的体制机制障碍，明确政府、市场、用人主体在人才评价中的职能定位，逐步建立了管理科学、权责清晰、高效协同的人才评价新机制。2018年10月，省人社印发《关于进一步落实企事业单位人事管理自主权有关问题的通知》，进一步下放事业单位岗位管理工作权限、公开招聘管理工作权限和职称管理工作权限。将人才评价的自主权有序合理地"放"给人才主管部门，授予全省117所高校自主评审权，松绑减负、简除烦苛，激发了广大哲学社会科学工作者干事创业的积极性。鼓励自主评价，全省具备条件的高校和科研院所自主评价和使用人才。2019年，全省开展自主评审的单位，根据本单位专业技术人才水平及发展等情况，在省职改办基本条件的基础上，制定本单位职称评审条件，自主组织职称评审、自主评价、按岗聘用。教育、人社等部门在各自职责范围内加强监管和服务，除指导相关部门制定好人才评价的实施细则和操作办法外，还对自评单位人才评价程序及工作内容进行督查，以科学的管理和优质的服务确保各项改革措施落地见效。

立足岗位分类，发挥人才评价"指挥棒"作用。立足岗位分类评价人才，健全涵盖品德、贡献、能力等要素，分层次、分行业的人才评价标准，并在实践中不断修订和完善，逐步实现人才分类评价全覆盖。河北省在分类健全人才评价标准方面，坚持以岗位要求与职业属性为基础，根据不同岗位、不同职业、不同层次的人才特点，重点评价其履职能力和工作业绩。2019年，省人社厅对河北省各系列职称申报评审条件进行了修订，印发了《河北省高、中级职称申报评审条件（试行）》，对社会科学研究系列人才评价标准做了重点指导，明确了对从事应用对策研究人才，应重点评价其在为党和政府决策提供服务支撑以及解决河北省经济社会发展重大现实问题等方面的贡献；对从事理论研究的人才，应重点评价其在推动理论创新、学科建设、传承文明等方面的贡献。进一步发挥人才评价"指挥棒"作用，既要围绕发展评价人才，注重在解决和完成河北省经济社会发展重大问题、重要科研项目中评价人才，重点评价其科研创新、创造所产生的经济和社会效益。同时也要打破常规评价人才，根据需要突破评价周期等方面的限制，对取得重大基础研究和前沿技术突破、紧缺急需和贡献突出的优秀人才，实行高级职称直评直聘制度。

优化职称申报流程，加强评审专家队伍建设。2020年是河北省全面实行职称网上申报评审的第一年，实行网上申报、审查、评审、发证，有利于进一步规范和优化职称申报评审工作流程，提高工作效率。全省各级职称申报评审首次使用了具备七级（省人社部门、市人社部门、县人社部门、一级主管单位、二级主管单位、三级主管单位、用人单位）资格审查功能的"河北省职称申报评审系统"，各地各部门指定专人负责，开展申报评审系统业务培训，保证申报评审工作顺利实施。各级人社部门严格审查，落实"谁审查、谁签字、谁负责"，确保申报推荐工作公平公正、规范有序。2020年也是河北省深化职称制度改革的关键之年，为使评审工作再上新台阶，职称改革重点加强了评审专家队伍建设，本着扩大范围、改善结构、调优质量的原则调整和充实评委专家库，实行动态管理。进一步扩大评委遴选范围，注重吸纳高水平的本行业专家和经验丰富的一线专业技术人员，对办理退休手续、脱离本专业技术岗位以及不能履行评审工作职责的人员，及时调整出专家库，确保专家库成员质量。

二 河北省哲学社会科学人才评价存在的问题

总体来看，河北省社科人才评价机制改革虽取得一些成绩，但仍存在人才分类不足、社会化程度不高、评价标准单一等问题，主要体现在评价主体、评价对象和评价标准三个方面，亟须通过深化改革加以解决。

（一）评价主体方面

1.管理者未形成多元化评价理念，评价方式过于简单

多元化评价理念是优化哲学社会科学学术生态环境的基础。管理者应尊重人才的成长规律和个性差异，分学科、分层次、分阶段、分岗位评价人才，以多元化理念设计评价制度。比如，论文不局限于篇数，教学不局限于课时，科研不局限于项目等级。目前河北省哲学社会科学人才评价存在评价指标侧重数量、评价方式过于简单、评价目的趋向功利等问题，对学科和人才的差异性重视不够，偏重简单的成果评价而非人才的整体评价，人才的可持续发展、学术创新受到不同程度制约。在高校调研时教师们反映，目前，在职称评定和人才评价工作中，一些管理者思想上未能与时俱进，人才评价管得过多、过细、过死。再加上实际操作时，或多或少存在人才评价周期过短、分类不细、标准单一、手段趋同的问题，往往为了管理方便，习惯性地把学位、论文和资历等当作主要评价指标，仍存在"一把尺子""一刀切"的现象。

2.人才评价与引进、培养、使用衔接不畅，放权不够到位

政府对高校与科研机构的编制、岗位总量、岗位设置、职称、工资总额、绩效工资总额、人员调配等统得过严，科研院所缺乏用人自主权，尚未

建立灵活的选人用人机制。调研了解，河北省多数高校高级岗位职位缺口较大，与哲学社会科学研究专业化程度高、人才密集的用人特点和人才队伍建设的实际需求不符。调查显示，超过一半的研究人员反映本单位存在岗位总量不能满足发展需要、岗位结构不合理、高级专业技术岗位比例偏低等问题。用人主体在人才评价和职业资格评审中缺乏应有的话语权和主导作用，不能自主地结合自身定位和未来发展评价人才，人才评价与培养、引进、使用、激励难以有机衔接，没能有效发挥评价的"指挥棒"效能。这样，不仅造成了"能用的评不上、评上的不好用""评上的下不来、干事的上不去""该出的出不去、想进的进不来"的尴尬局面，而且导致形式主义、论资排辈、平均主义、终身制、身份制、弄虚作假等弊端丛生。

3. 评议的专业性、客观性、公平性有待增强，评价机制尚需完善

让"行内评人才""人才评人才""市场评人才"是人才评价、职称评价的核心要义，高校职称评审之所以成为热议话题，不遵循真正的同行评议，人才评价本身的不公正、不公平、不专业等现象也是一个重要因素。社科领域的人才评价，只有通过真正的"同行评议"或市场反馈的"用户评价"才能更专业、客观和公正。目前，仍未破除"政府评、组织评、领导评"的人才评价模式，政府、市场、专业组织、用人单位等多元评价主体作用发挥不充分，各方责任和权力界定不清，"谁来评、怎么评"没有形成科学范式。外行评价内行的问题突出，特别是专业学会等第三方评价机构的作用没有得到充分发挥，不能确保评价结果科学合理，以同行评价为基础的评价机制有待进一步完善，评议的专业性、客观性、公平性有待增强。

（二）评价对象方面

1. 评价对象分类不足，评价的准确度与满意度有待提高

根据社科研究岗位类型的不同对科研人员进行分类，有利于评价者设置更加科学的评价标准，选择更适配的评价方法，从而提高社科人才评价工作的准确度、可信度和满意度。目前，多数高校、科研机构把哲学社会科学研

究院所的人才分为基础理论研究人才和应用对策研究人才两大类,这种"两分法"在具体操作过程中存在一定的偏颇。事实上,大多数哲学社会科学人才在发展过程和科研工作中,在基础理论研究和应用对策研究方面都是融合交叉、相辅相成、交相为用的,很难分出明确的边界,很难断然分开,只不过是在某项工作或某个时段的侧重点有所不同而已,目前尚未找到推进分类评价和制定评价标准的平衡点。

2. 人才考核评价缺乏整体设计,未达到激励的预期效果

高校哲学社会科学人才评价应坚持德才兼备,将以师德为先、教学为要、科研为基、发展为本作为基本要求,但目前高校考核评价缺乏整体设计,广大教师的创新潜能未能充分释放出来,对人才评价政策落实产生了一定影响。在高校调研时教师们反映,在实际工作中仍然存在师德考核监督性、可操作性不强,评聘把关不严的问题;考核评价缺乏整体设计,对教师从事教育教学工作重视不够,尚有重数量轻质量的问题;过度强调教师海外学历、经历或在国外学术期刊上发表的论文数量。然而,高校科研部门管理者却另有苦衷,据部分高校社科处负责人讲,创新多元评价方式是文件明确要求的,多元评价也会面临一些问题,例如,由谁来评价、评价标准之间如何平衡、如何采集客观数据等,这确实是一个难题。评价政策不能直接作用于人才,如果要达到评价和激励的预期效果,各高校还需要出台具体举措和细则,使实际评价结果更有说服力、更客观、更准确。

3. 对优秀青年社科人才支持力度不够,缺乏后续保障

哲学社会科学人才的发展是一个循序渐进的过程,在这个过程中尤其需要注重对有潜力的优秀中青年社科人才的培养,为河北省人才队伍不断注入"新鲜血液"。目前省级教育科技部门及高校各类人才工程项目对青年人才培养支持力度不够,缺乏整体布局,对优秀青年人才支持的后续保障能力不足。调研中青年科研人员反映,对青年人才特别是青年拔尖人才的评价选拔还存在不少问题。例如,每两年选拔一次的河北省青年拔尖人才支持计划,虽然省财政拨付专项资助资金,但青年学者入选高端人才工程之后,除连续3年资金支持外,缺乏后续系统、持续、有计划、有组织的支持性活动,服

务保障体系尚不健全，缺乏相应的培训机制、考察机制，没有与各地市相关部门及高校人才培养工程很好地协调衔接。

（三）评价标准方面

1. 高层次人才评价标准不够细致具体，定位缺乏精准性

河北省需要一支高水平的社科人才队伍，尤其需要一批出类拔萃的高精尖人才支撑和引领哲学社会科学创新与发展。长期以来，河北高层次人才严重短缺，国家学位评议学科组成员、国家社科基金评委少之又少，缺少真正有影响力的学科带头人，在人才选拔、评价、激励等方面依然存在一些问题，现行的高层次人才评价标准尚缺乏精准性。近几年，省级层面虽实施了一系列的重点人才工程和科技人才计划，如河北省"四个一批"人才培养选拔实施计划、"三三三人才工程"以及青年拔尖人才支持计划等，但这些工程计划制定的人才选拔标准分类不够细致具体，条件过于宽泛，存在定位和对接不够精准的问题，应根据实际需求进行相应改进和完善。

2. 固化的评价标准权重较大，评价指标设置不尽合理

哲学社会科学本身应以思想理论、学术水平、代表作社会影响力和咨政育人能力作为衡量人才的主要标尺，而不能以学历高低、论文数量多少、资历深浅等作为评价标准。调研中发现，河北省在深化哲学社会科学人才评价机制改革方面力度不够，有的用人单位在实践中未做到完全以品德、能力、实绩和贡献评价人才。现行的职称评审条件不仅有学历上的限制，成果上的要求，在时间上也有硬性规定，如《河北省高、中级职称申报评审条件（试行）》中规定，具备大学本科以上学历，取得副研究员职称后，需从事本专业技术工作满5年方可申报研究员。业绩成果条件对公开出版学术专著、核心期刊发表学术论文的数量均有明确要求。在职称申请资格方面，省内多数高校规定申报教授、副教授须具备博士学位，一些高校职称评审条件中，把晋升教授、副教授须具有半年以上出国（境）学习经历作为加分项目，并规定从2021年开始作为必备条件。在专业技术职务聘任过程中，一些与专业技术和实际需要关系不大的指标，诸如学历高低、资历深浅、论文

数量多少等，权重过大。

3. 评价周期设计不够科学，阻碍了人才创新潜能的发挥

哲学社会科学研究，特别是基础理论研究，出人才、出思想、出成果的周期要比其他学科缓慢，因此，应适当延长、宽限评价周期，优化评价周期。河北省属高校和科研院所评聘周期一般都是三年，科研考核周期是一年，评价周期过短，为了应对频繁的考核，很多科研单位不得不逐级定指标、摊任务，将压力分解给科研人员，这容易造成科研人员心浮气躁，急功近利，很难出高质量的科研成果。有些科研人员特别是年轻的科研人员，不得不去做一些"短、平、快"的科研项目，否则很可能在考核时因不达标而降级。另外，未根据不同的专业设置不同的评价周期，很多基础学科很难短期内出成果，不适合用短期的结果进行评价。采用这种违背哲学社会科学研究规律、频繁的考评方式，很大程度上制约了科研人员的创造力与创新力。

4. 哲学社会科学类奖项设置不合理，评选办法需要改进

哲学社会科学成果通过一定级别的评比对优秀学术成果给予表彰奖励，是推动哲学社会科学事业繁荣发展的重要措施。河北省从事哲学社会科学研究和教学的人员总计18000余人，科研成果数量近些年也在持续增长，但是与其他省区市相比，成果评价的奖项数额有限、门槛偏高、周期较长。如河北省哲学社会科学优秀成果奖每两年评选一次，连续多年奖项数控制在200余项。山东、云南等地哲学社会科学优秀成果奖是每年评选一次，上海市哲学社会科学优秀成果奖由原来的300多项调增为604项。由于许多评价需要奖项支持，所以单从获奖情况来看，河北省哲学社会科学人才往往相形见绌。另外，社科研究成果与自然科学不同，成果的篇幅字数相差很多，应将著作、论文、研究报告分开来评，如著作类一、二、三等奖，论文类一、二、三等奖等，奖金也应该有所区别。

三 深化河北省哲学社会科学人才评价机制改革的建议

构建中国特色哲学社会科学是一项复杂而繁重的系统工程，需要充分发

掘和利用好人才这个"第一资源"。评价机制是否科学，评价标准是否合理，对于引导和促进哲学社会科学人才发展至关重要。

（一）建立科学的人才分类评价机制，激发人才创新活力

科学进行人才分类，能够合理界定哲学社会科学各类人才评价的核心要素，建立符合不同人才发展规律的评价机制。在职称评定工作中，高校的社科人才通常分为科研为主岗、教学为主岗、教学科研并重岗、科技成果转化岗、辅导员岗、管理教辅岗；科研院所、社会组织人才分类，习惯上按照工作岗位的侧重点，主要分为基础理论研究与应用对策研究两类人才。根据社科人才工作岗位的性质和特点，按照哲学社会科学的共通性与特殊性，高校的人才分类法，基本上涵盖了哲学社会科学人才队伍的主体。社会科学研究专业技术职务分类在评价实践中存有争议，原因在于基础理论与应用对策研究类，在具体工作中很难截然分开，而更多的是彼此交融，互有交叉，各有侧重，很多情况下互相复合重叠。因此，建议河北省社会科学研究专业技术职务分类，可在以前基础理论与应用对策研究两类人才的基础上，尝试增加基础与应用复合类人才，这样既可以客观、公正、真实地反映专业技术人员的能力和业绩，也便于用人单位对专业人才进行有效管理和服务。

（二）以评价标准为核心，构建科学的考核评价指标体系

首先，科学评价哲学社会科学人才，必须坚持马克思主义指导地位、坚持为人民做学问的研究立场，运用马克思主义立场、观点、方法研究解决各种重大理论和实践问题。用人单位为全面考察专业技术人才从业行为和职业操守，可通过个人述职、考核测评、民意调查等方式，重点考察其职业道德，以倡导科学精神，强化社会责任。坚守道德底线，实行学术造假"一票否决制"，对暗箱操作、弄虚作假等违纪违规行为取得的职称，一律予以撤销。

其次，把握人才差异性和特殊性，科学设置专业评价标准。对不同学科、不同类别、不同层次的哲学社会科学人才，制定多元化的评价标准和业

绩权重，准确把握人才的差异性和特殊性，实现"干什么、评什么"。可以按照专业能力、专业资格、工作业绩和专业贡献对人才进行综合评价。对从事理论研究的人才，重点评价其在推动学科建设、理论创新、传承文明、成果价值、学术水平和影响力等方面的业绩和能力；对主要从事应用对策研究的人才，重点评价其围绕河北省经济社会发展的重大问题，为省委、省政府科学决策提供咨政建言、服务支撑的业绩和能力；对基础与应用复合类的人才，重点评价其理论研究和应用对策结合方面的业务能力，加强对其理论水平与实践能力的综合评价。对从事哲学社会科学教育工作的人才，要坚持把立德树人、教书育人作为评价的核心内容。以教学为主的，重点评价其教育教学水平、人才培养实绩等，健全教学工作量评价标准，特别突出教育教学业绩评价，加强教学质量和课堂教学纪律考核；以科研为主的，重点评价其学术能力、创新能力、科研成果质量和效益、学科建设效果、文化传承贡献等；以社会服务为主的，重点评价其在服务河北经济社会发展、成果转化推广、咨政育人、科学传播等方面创造的经济效益和社会效益等；辅导员岗位的，重点评价其思想政治教育和价值引领、职业规划与就业指导、实践育人等方面的能力。

（三）全面推行职称评审代表作制度，注重高质量成果评价

职称评审代表作制度，是指参加人才评价时，专业人才提交自己一定数量的代表性成果，然后根据专家的评审，对其学术价值进行认定，这是人文社科评价的创新。建议河北省开展自主评审的高校，在评聘过程中，对正高、副高、中级职称可提出不同类别、不同数量的代表作基本要求，也可以根据学校自身特点，制定出符合实际情况的代表作清单要求。代表作清单可根据不同系列、不同专业类别所需要考察评审的代表作类型，按照初级、中级、副高、正高的职称层级，依次采取不同标准。参评者将本人在专业领域得到各级决策者批示、被制定政策采纳、确有社会影响的建言献策报告，教书育人的精品课程、教学课例，发表在不同等级报刊、出版社、网络平台的文章、著述，以及参评者自认为具有代表意义的项目、成果等，按照评审要

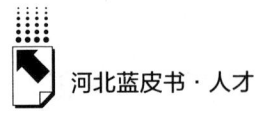

求列出提交。代表性成果评价注重科研成果质量，是以人才最精华的成果来对其进行评价的制度，通过相对公平的方式，把真正做出了贡献和体现出水平的人才选拔出来。

（四）发挥好用人主体的主导作用，加强评审专家队伍建设

用人主体应结合自身功能定位和发展方向，进一步细化评价标准，合理确定评价周期，克服评价考核过于频繁的倾向，注重短期评价和长期评价相结合，过程评价和结果评价相结合。探索聘期评价制度，并建立职称评审公开制度，实行标准公开、结果公开、政策公开、程序公开，实现职称评价结果与专业人才聘用、晋升等用人制度相衔接，最大限度发挥评价效能。自主开展职称评审的高校，应遵循科学评价、公平公正、以用为本、能上能下的原则，结合本单位的工作实际、业务特点和发展目标，组建专业技术职务聘任委员会，履行人才评审聘用的主体责任。聘任委员会按照科学化、专业化、社会化的要求，吸纳知名专家学者，并有一定比例的外聘专家。健全聘委会工作规程，加强职称评审专家库建设，明确评委专家的权利和责任，强化职业道德，加强诚信自律。

（五）发挥学会优势，建立以同行评价为基础的业内评价机制

哲学社会科学人才评价重在同行认可和社会效益，应在发挥政府、市场、社会等多元主体作用的同时，加快建立以同行评价为基础的业内评价机制。同行评同行，内行评内行，能够有效解决"谁来评、怎么评"的问题。专业学会作为社科类专业性社会组织，在开展人才分类评价、"同行评同行、内行评内行"过程中具有不可替代的独特优势。实行哲学社会科学人才分类评价，应该围绕推进人才评价专业化、社会化的总体要求，突出学会专业属性和专家优势，重点开展社科类专业技术人员专业水平评价。专业学会在开展人才评价工作中，应提高单位考核结果在评审中的权重，重视用人单位考核推荐意见，强化评价与使用相结合。政府部门加强监管，选择专业性、技术性较强的领域，遴选具备能力要求的学会参与或承担人才评价和职业资格认定工作。

（六）采用科学灵活的考评方法，提高评价的精准性和客观性

建议科学灵活采用网上评审、考试评审、考评结合、考核认定、个人述职、面试答辩、人机对话、业绩展示、实践操作、专家匿名评审、双向评审等科学规范的方式，对人才的评价路径、流程和程序，既要进行必要的动态调整，也应相对地稳定固化，以提高评价的客观性、针对性和精准性。一是专业评委会参评专家人数应适中，不宜太少，实行自主评价单位的评委会可聘请一定数额的外单位专家学者参与评审，以确保实现公正客观的评价。二是实行人才绩效科学化、规范化、精细化评价，将各项评价指标量化、分值化，采取评分、打分、积分的办法，评价结果让人心服口服，让大多数人满意。三是实行代表作盲审制、匿名制。先由专家评审委员会从专家库中随机抽取确定评审专家。代表作隐去作者姓名，专家对代表作提出意见时亦不公开姓名。如果数位评议人中有一定比例的专家不同意，则该代表作不具代表意义。这样打出来的评价分数较为公正客观，可增加评价结果的可靠性、权威性。

（七）建立高层次人才评价标准，为紧缺人才开辟"绿色通道"

习近平总书记指出："总的看，我国哲学社会科学还处于有数量缺质量、有专家缺大师的状况，作用没有充分发挥出来。"[①] 这也是河北省哲学社会科学所面临的瓶颈和突出问题。河北省要建设经济强省，必须要拥有大批一流人才作为战略支撑。建立高层次人才评价标准，是引进和培养社科名家大师和高层次人才的前提条件。经过多年理论创新和实践创新，如今在评价哲学社会科学高层次人才方面，河北省已经初步形成了一套基本切合本省实际的评价机制和运营模式。但是，高层次人才评价标准需进一步明确和细化，根据河北省发展战略需要，名家大师和高层次人才应该是正高级职称人才、获得省部级以上优秀人才表彰奖励或特殊贡献人才。他们具有较为广博

---

① 习近平：《在哲学社会科学工作座谈会上的讲话》，《人民日报》2016年5月19日。

精专的学科理论知识,在学术上有较深造诣,在所从事研究领域有较为全面的创新性研究,对其思想品德和代表作水平,既要实行面试答辩,接受同行评价,得到同行高度认可,也要经得起实践检验、时间考验和社会效益评价。高层次人才评价标准应与实际需求精准对接,可在河北宣传文化系统"四个一批"人才培养工程、中青年社科专家五十人工程和河北省社科优秀青年专家评选等已经取得诸多成功经验的基础上,对高层次人才、急需紧缺人才采取职称直聘、高级职称评审直通车等方式,为高端人才开辟凭能力和业绩快速晋升的"绿色通道"。

参考文献

张桂兰:《哲学社会科学人才发展体制机制改革探讨——以济南市为例》,《山东广播电视大学学报》2018年第3期。

郭明、朱心田、袁宝宝:《人才政策对哲学社会科学人才成长影响的实证研究》,《北京交通大学学报》(社会科学版)2018年第7期。

孙希昀、翟振宇:《创新科技人才评价机制》,《中国人才》2018年第11期。

李学明:《科学构建市场化的创新创业人才评价体系》,《人才资源开发》2017年第9期。

B.16 河北自贸区扩大数字贸易人才有效供给研究

周爱军*

摘 要： 在当前全球贸易陷入低谷的重要时刻，数字贸易新业态成为我国稳定外贸基本盘、推动外贸逆增长、促进国内国际双循环的新引擎。但与此同时，我们面临的数字贸易相关人才供给不足的伴生性问题也十分严峻。河北自贸区作为河北省数字贸易新业态的排头兵和潜力股，要在未来对外贸易中抢占先机，必须在人才战略上做好优先布局。本报告聚焦河北自贸区，在准确把握国际国内数字贸易及人才发展趋势和对自贸区数贸人才供求状况进行匹配性分析的基础上，有针对性地提出了扩大河北省自贸区数贸人才有效供给的三点建议：围绕打造数字独角兽企业扩大河北自贸区数字贸易人才的实践培育式供给；围绕加强"学院＋职业＋研发"式教育扩大河北自贸区数字贸易人才的教育研发式供给；围绕构建数字化的生态环境扩大河北自贸区数字贸易人才的可持续性供给。

关键词： 河北自贸区 数字贸易 供需匹配

---

* 周爱军，河北省社会科学院人力资源研究所副所长、副研究员，主要研究方向为人才战略与人才政策。

数字贸易是以数字技术为贸易手段或以数字产品为贸易标的的一种贸易形态。近几年，数字贸易凭借其高效、直接、赋能的特性逐渐成为世界经济增长的新引擎。布鲁金斯学会研究数据显示，预计2025年全球数字贸易额将达11万亿美元；eMarketer最新《2019全球电子商务报告》指出，2019年中国电子商务交易额约占全球54.7%的电商份额。生动的统计数据令包括我国在内的数字大国都清楚地意识到，数字贸易将是未来国际贸易的主流，也将成为各国贸易高附加值领域竞争和角逐的焦点。但从根本上讲，数字贸易是一种靠"人"发挥作用的经济形态，人才竞争是数字贸易竞争的核心。当前抢占全球数字贸易高地面临的最大挑战不是数字技术本身，也不是数字贸易规则的制定，而是谁能拥有更多具有数字贸易业务资质的顶尖人才。河北自贸区作为河北省国际贸易的前沿阵地，雄安片区又被赋予了全省数字贸易商务示范区的核心职能，亟须数字贸易专项人才政策的配套支持，以持续扩大数字贸易人才的有效供给，推动河北自贸区实现数字贸易的赶超发展。

一 扩大自贸区数字贸易人才有效供给是大势所趋

新冠肺炎疫情之下，全球贸易遭遇"寒流"。但数字贸易新业态打破时空局限，以其线上交易、非接触式交货和交易链条短等优势，成为各国稳定外贸基本盘的"定盘星"。2018～2019年中国经济年会数据显示，全球超过50%的服务贸易实现数字化转型，超过12%的跨境货物贸易通过数字化平台交易。[1] 据埃森哲测算，2016～2020年全球跨境电商B2C将保持27%的年均增速，到2030年电子商务可能刺激1.3万亿～2.1万亿美元的增量贸易。伴随全球范围内数字贸易业务量的激增，扩大各国自贸区数贸人才的实时性供给是必然趋势。

---

[1] 《黄奇帆最新演讲：谈关税，谈贸易，谈长三角（纯干货）》，凤凰网，2018年12月22日，http：//finance.ifeng.com/c/7iq2WkDTp8S。

从国内来看，我国数字贸易发展空间大、后劲足，尤以电子商务和跨境电子商务发展最为迅速。国家统计局相关数据显示，我国2019年网络零售交易额超10万亿元，比上年增长16.5%，其中，实物商品网上零售额为8.52万亿元，增长19.5%，占社会消费品零售总额的比重约为20.7%；另据海关总署披露，2020年上半年，中国进出口三大贸易方式中的一般贸易进出口下降2.6%，加工贸易进出口下降8%，唯有跨境电商进出口逆势增长了26.2%。但与国内数字贸易GDP屡创新高不相匹配的是，数贸人才的供给不足，后续动力堪忧。由计世资讯和华为联合发布的《中国ICT人才生态白皮书》指出，中国ICT领域人才结构存在极大短板，至2020年，中国ICT领域从业人员缺口达到1246万，其中人工智能、云计算、大数据等新兴领域人才占904万。为此，扩大数字贸易人才有效供给既是我国提高国际贸易实力的重要保障，也是自贸区发展数字贸易新业态的有力支撑。

从河北来看，截至目前，省内已有唐山、石家庄、雄安等跨境电商试点城市和地区，省级跨境电商示范企业、平台、园区和公共海外仓，分别达到112个、21个、14个和37个。2020年上半年，河北省省内跨境电商进出口1625.5万元，同比增长10.9%。① 但同期来看，宁波、杭州、四川跨境电商进出口总额分别达到725亿元、501.77亿元、190亿元，同比增长10.2%、17.1%、105%，② 与其巨大的交易体量相比，河北省还有相当大的追赶空间。由上可知，河北省既有的数字贸易产业基础相对薄弱，急需以雄安片区数字贸易商务示范区为核心的高端数字贸易新业态规范与引领数字贸易产业发展。河北自贸区必须抓住当前国际国内数字贸易大发展的有利契机，围绕打造雄安片区数字贸易商务示范区，同步谋划数字贸易人才发展计划，以人才优势引领省内数字贸易产业和资源向自贸区集聚。

---

① 《河北经济半年报亮点解读丨新业态新市场支撑外贸逆势上扬》，百度，2020年7月29日，https：//baijiahao.baidu.com/s？id=1673494655151544160。
② 《2020年上半年跨境电商数据速览！疫情之下危中有机！》，搜狐网，2020年8月10日，https：//www.sohu.com/a/412292922_468675。

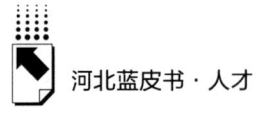

二 河北自贸区数字贸易人才需求预测与供给现状匹配分析

（一）河北自贸区数字贸易人才需求预测

数字贸易的突出特征是贸易方式的数字化和贸易对象的数字化。因此，自贸区要发展数字贸易，一方面不能抛弃传统贸易的核心功能，另一方面也要适应数字技术带来的重大变革。基于上述前提，自贸区亟须三种数字贸易人才：第一种是技术型人才，是指数字贸易所涉及的核心数字技术领域的人才；第二种是管理型人才，是指从事数字贸易的经营管理类人才；第三种是复合型人才，特指既掌握核心数字技术，又具有丰富外贸实践经验的全能型人才。

1. 技术型数字贸易人才

（1）需求类型：以计算机科学、电子信息、大数据精算、人工智能、网络通信等方面的专业技术人才为主，在推进大数据可信交易、开展数字内容加工与运营服务、数据服务外包业务等方面提供数据技术支持。主要包括数据分析人才、软件研发人才、大数据算法人才、智能硬件人才和运维技术支持人才等。

（2）需求层次：根据数字贸易人才的实际岗位设置需求，对于数字技术人才，不仅需要高学历、高职称、具有高从业资质的高端复合型人才，还需要大批量的中、低端数字技术从业人员。

2. 管理型数字贸易人才

（1）需求类型：以从事国际市场营销、跨境交易实务、平台运营管理的经营管理人才为主，在建立数字化贸易综合服务平台，参与数据资产国际贸易规则和协议制定，探索兼顾安全和效率的数字化贸易监管模式，建立大数据资产评估定价、交易规则、标准合约等政策体系方面发挥作用。主要包括国际商务人才、国际营销人才、国际物流管理人才、平台管理人才、资产评估人才、贸易监管人才等。

（2）需求层次：数字贸易企业经营管理人才需求也基本遵循传统外贸企业的相关岗位设置结构，既需要具有战略思维和国际眼光的领军人才和高管团队，也需要具有丰富贸易实操经验的中层经营管理精英，还需要大量从事基层贸易实务的从业人员。

3. 复合型数字贸易人才

特指那些处于人才金字塔顶端的复合型数贸人才，无论是国外、国内还是省内，这类人才均是极度紧缺的。对省内百家数贸企业的相关调查数据显示，90%以上的企业人力资源主管认为，当前数字贸易企业最为紧缺的是复合型人才。而且，不同类型的企业对复合型人才的技能需求具有不同的特点。交易型企业，对能力的要求集中在较强的营销能力、外语能力和外贸业务技能上；服务型企业，对技能的要求主要集中在营销和分析方面；平台型企业，要求复合型人才具备较强的数据分析和运营管理能力。

（二）河北自贸区数字贸易人才供给状况

对照自贸区的数贸人才需求，从全省层面来看，在人才供给上还存在以下不足。

1. 国内省外数字贸易人才供给外驱力不强

通过对近几年国内数字人才流动趋势的分析研判，数字贸易核心技术领域和高端管理领域人才就业的倾向性表现非常一致，基本集中在一线城市，并表现出北弱南强的状态。河北作为北方二线城市，对数贸人才的吸引力先天处于弱势。

2. 省内数字贸易人才内生性供给有限

（1）教育供给。① 省内28所一本高校中，仅有河北工业大学和河北师范大学开设了面向人工智能与数据科学的专门学院，现有在校生不足万人，拥有为数不多的硕士点和博士点，技术型数贸人才的培养规模与实际需求相

---

① 本部分资料通过对河北省内28所本科高校、部分职业学院调研数据整理所得。

去甚远；管理型数贸人才的供给相对乐观，省内高校大多设有商学院或公共管理学院，工商管理、国际贸易、市场营销等管理型专业毕业的大学生数量较为充足。截至2019年底，省内尚无一家专门的数字贸易人才学院，复合型数贸人才的教育式供给尚为空白。

（2）产业供给。省商务厅提供的2019年调研数据显示，以电商为主体的省内数贸企业虽数量众多，也涌现了如叁陆伍生活通、唐山成联电子、河钢云商、掌上北国等示范性电商企业，但面向自贸区的跨境电商企业数量不多、体量不大，尚未拥有国内知名的重量级战略性领军企业，对技术型、管理型、尤其是复合型数贸人才的实践性培育能力十分有限。

3. 省内存量数字贸易人才层次参差不齐

省内现有的存量数贸人才多集中在平台企业中，以电商人才为主体，2019年，河北省通过线下培训、宣讲和线上直播相结合，组织了多形式、多层次、多领域的电商培训活动，培养微商、直播电商、社区电商、农村电商、跨境电商18万人次。[①] 但受众群体学历普遍不高，培训内容相对低端，与当前自贸区对数字贸易人才的需求不相匹配。另外，省内以管理型数贸人才为主体的潜在数贸人才多集中在传统商贸企业中，但要成为真正的数贸人才，他们还需要专门的业务培训，既需要灌输数字化的国际贸易思维，也需要培训硬核的ICT专业技能。

基于对以上数贸人才供求匹配现状的对比分析，可以得出以下基本判断：面对河北自贸区旺盛的数贸人才需求，省内数贸人才供给存在不匹配、不均衡的低效化现象。主要表现在：一是对省外数贸人才的吸引力不足；二是省内高校源头性供给和企业实训性供给的能力有限；三是现有数贸人才的层次普遍不高、技能相对单一，素质化转型之路困难重重。河北自贸区要在未来的数字贸易大战中谋得一席之地，必须在数贸人才供给上抢占先机。

---

① 河北省商务厅。

三 国内外数字贸易发展与人才开发政策梳理与借鉴

（一）国外数字贸易发展历程与人才开发实践

当前，大数据、物联网、人工智能等前沿数字技术正逐渐渗透到经济社会生活的各个方面，在推动数字经济迅猛发展的同时，也促进了传统贸易向数字贸易的快速转型。尤其是面对新冠肺炎疫情在全球的持续性蔓延与反复，数字贸易以其线上交易、非接触式交货的特性在全球疫情防控中对物资的及时生产、运输与交易起到了至关重要的作用。表1详述了美国、英国、日本、德国和欧盟等发达国家和经济体的数字贸易发展战略及相关人才政策。

表1 世界各国数字贸易发展及人才政策

国家	文件名称	政策要点	发布时间
美国	《数字经济日程》	聚焦在互联网的自由开放、信任和安全、接入和技能、创新和新兴技术等四个方面，在数字基础设施、技术创新和标准制定、国际贸易各个领域均提出符合自身发展的战略目标，成立数字贸易工作组（DTWG），设立数字贸易参赞，助力美国企业开拓海外数字贸易市场	2015年
英国	《数字英国》	1. 提出连接战略加强基础设施建设；2. 提出数字技能战略为公民提供数字技术学习机会；3. 提出经济发展战略支持数字创新和创业；4. 提出数字经济转型战略帮助和支持企业实现数字转型；5. 提出网络安全战略投资和鼓励网络安全行业及人才培养输出；6. 提出数字政府战略以平台型政府建设推动政府数字转型；7. 提出数据经济战略释放数据在经济中的潜力	2009年
	《数字经济战略（2015—2018）》		2015年
	《英国数字战略》		2017年
日本	"e-Japan"战略	重点推进信息化基础设施建设，为全面数字化打好硬件基础	2001年
	"u-Japan"战略	在日本全境内覆盖互联网信号，实现全天候无障碍上网	2004年
	"i-Japan"战略	重点在政府、医院和学校三大类公共部门实现数字化办公，提供便捷的教育、就医和政务服务	2009年

续表

国家	文件名称	政策要点	发布时间
德国	《加强职业教育推进职业教育现代化法》	联邦政府和各州在职业教师培训方面增加数字化培训内容,联邦政府在未来5年内投资50亿欧元用于普通学校和职业学校的数字化建设	2019年
德国	《专业人才战略》《技术移民法》	通过改进资格认定程序和相关服务、开展培训援助,提高德国对欧盟内人才的吸引力;通过取消最低工资限制、取消就业审核等方式,为求职者降低技术移民门槛;扩大招收留学生规模,调整欧盟蓝卡政策,更多吸引和留住优秀留学生	2018年
欧盟	《数字技能框架2.0》	要求具备信息与数据读写能力、利用互联网工具沟通与合作能力、数字化内容编辑应用能力、网络安全能力和网络问题解决能力,并针对每项能力培养列出八个层级的教育和培训目标。设立欧洲"数字技能大赛"、"数字技能周"(2012年至今)和"数字技能就业活动"(2014至今),提升欧洲民众对数字技能的重视程度和实际工作技能	2016年

资料来源:李俊、王拓:《必须紧紧抓住数字贸易的时代机遇》,《国际商报》2019年5月28日;李雪艳、顾承卫、李云杉:《面向数字时代的德国专业人才政策》,《科技中国》2020年第5期;张地珂、杜海坤:《欧盟数字技能人才培养举措及启示》,《世界教育信息》2017年第22期。

综上,世界数字大国都意识到了数字技术在经济社会发展和国际竞争中的极端重要性,都在积极抢占数字经济和数字贸易发展制高点。美国在20世纪90年代就认识到数字技术的重要性,成为数字经济的先行者;英国不甘落后,提出三大战略,积极打造"世界数字之都";日本制定了从"e-Japan"和"u-Japan",再到"i-Japan"的系列数字发展战略;德国和欧盟则直接致力于职业教育和数字技能人才培养,以应对数字技术对人才需求结构的冲击。通过以上分析,上述诸国发展数字贸易的战略举措和人才政策着力点主要放在数字化基础设施建设、数字人才培养和数字技术在国际贸易中的作用方面,对国内开展数字贸易和人才发展具有重要的借鉴意义。

(二)国内自贸区人才发展与数字贸易人才建设的主要做法

截至目前,国内已先后设立5批共18个自贸区,每个自贸区虽先行先试的侧重点不同,但对人才的重视却如出一辙。通过对各省市自贸区官网和相关主题字搜索，重点选择部分最具代表性的自贸区，对其发布的人才相关性文件进行了列表分析，详见表2。

表2 国内部分地区及自贸区发展数字经济与数字贸易人才政策

文件	内容分类	政策要点
苏州自贸片区《关于加快集聚高端和急需人才的若干意见》	重点人才引进	对高端和急需人才,最高给予100万元奖励性补贴,对硕士以上学历人才,给予薪酬和生活补贴
	外国人才引进	对产业发展急需的高科技领域外国人才和外国技能人才等紧缺人才,可放宽年龄、学历和工作经历的限制,符合条件的可一次性给予5年或2年以上工作许可。在园区工作并符合条件的外籍高层次人才,可在园区申请在华永久居留
	创业扶持	对引进的创业人才,根据项目所处不同发展阶段和支持项目类别,分别给予创业启动资金、产业化成长奖励、研发经费补助、知识产权奖励、科技金融引导等政策支持,最高给予5000万元补贴资助,顶尖人才补贴金额上不封顶
	企业引才补贴	对园区企业聘用国内外知名高校学生实习,给予不低于每月800元的实习补贴;对用人单位引进高端人才给予实际支付计税工薪25%~60%的引才补贴,最高不超过100万元
	平台建设	对公共实训基地最高给予不超过100万元的建设资助、20万元的年度运维补贴;对引进的国内外一流人力资源服务总部机构,给予最高500万元的落户奖励;鼓励举办国际性和全国性技术技能邀请赛事活动,最高给予50万元补贴
	住房政策	对顶尖人才等不同层级人才,分别给予500万元、200万元、30万元购房补贴。符合条件的人才,可享受优先购房、优先租房、公积金高额优惠等安居政策支持
	人才公共服务	对外籍高端人才,可不限国籍和户口,享受区内地段生同等待遇、就近入读区内公办学校或享受均2万~4万元的学费补贴;可不受缴费年限、户籍或国籍等限制,享受个人和未成年子女参保等优惠政策;可享受每年一次的免费健康体检和VIP门/急诊、住院、专家会诊等服务
	重点人才引进	对引进可入选国家级、省"百人计划"、市"双百计划"等市级以上引才计划的人才,给予每人100万元的创新人才资金补助
	创业扶持	对引进的创业人才,按照市级补助标准的50%,给予每人最高不超过200万元的配套创业扶持资金;对象屿园区内创业人才,5年内,每年按实际租金的50%,最高不超过25万元给予场所补贴

续表

文件	内容分类	政策要点
《中国（福建）自由贸易实验区厦门片区关于进一步激励自贸区人才创新创业的若干措施》	企业引才补贴	对引进年薪（税前）30万元以上的管理岗、技术岗人才或年薪（税前）25万元以上的专业技术人才或技能人才，两年内按缴纳个人所得税地方留成部分的50%（引进台籍人才按100%）给予企业引进人才薪酬奖励
	平台建设	支持区内企业与高校、科研机构以及创投资本等合作建立科技企业孵化器、产业基地、两岸青年创业创新基地、创新创业园等公共平台，给予适当补贴；对认定的市级以上众创空间，给予最高不超过500万元的装修补贴
	住房政策	新引进的高层次人才，3年内可按A类人才每月5000元、B类人才每月4000元、C类人才每月3000元的标准给予临时租房补贴
	人才公共服务	引进人才配偶来厦拟就业的，每年累计在厦生活时间不少于6个月且暂时无法落实就业单位的，可按两年内每月5000元的标准给予生活补贴
《中国（上海）自由贸易实验区临港新片区支持人才发展若干措施》等	重点人才引进	对在片区工作的院士等高层次人才，给予专项奖励；将一定比例的直接经济贡献用于高端人才的奖励
	外国人才引进	对在片区工作的境外高端、紧缺人才个人所得税税负差额部分给予补贴；符合条件的境外人才可在片区创业、执业或参加职业资格考试；对符合条件的境外人才，可一次性给予2年以上的工作许可；鼓励外籍优秀毕业生直接在片区参加工作
	创业扶持	创建留学人员创业园，对符合条件的项目给予一定数额的创业引导资金、办公用房补贴、贷款贴息、上市补贴等专项扶持；对创办企业的外籍留学人员，直接给予工作许可
	企业引才补贴	符合高校条件的学生在片区用人单位实习给予实习补贴；用人单位参加职业技能培训并取得相应证书的，给予职业技能培训补贴
	平台建设	资助培育院士工作站、博士后科研工作站、技能大师工作室、首席技师工作室、高技能人才培养基地、大学生就业实训基地等公共平台。引进知名人力资源服务机构
	住房政策	实施居住证专项加分、缩短"居转户"年限、公益事业单位录用应届毕业生落户加分、管委会直接审批人才直接引进落户、重点机构紧缺急需人才直接引进落户、紧缺急需技能人才直接引进落户、高等级技能人才直接引进落户、特殊人才推荐落户等八方面优惠政策
	人才公共服务	建立外国人才服务港湾，为外国高端人才提供金融便利；建设高标准国际化社区，引进高水平国际学校，符合条件的人，可享受就医、子女入学入园等绿色通道便利

续表

文件	内容分类	政策要点
《关于中国（河北）自由贸易实验区引进高端创新人才的若干措施》	重点人才引进	对于顶尖创新人才和掌握关键核心技术人才,实行"一事一议""一人一策";对高校、科研院所、公立医疗机构等公益二类事业单位急需紧缺的专业技术人才、高技能人才,可采用特设岗位等灵活方式聘用。对在自贸试验区工作的高端人才和紧缺人才,其个人所得税实际税负超过15%的部分给予奖补
	企业引才补贴	对企业、高校、科研院所等各类用人单位,现有人才交流中心、人才中介机构,成功引进高端创新人才或团队的,或引进其他人才绩效突出的,按人才引进的相关规定给予适当奖励

资料来源：《苏州自贸区高端和急需人才补贴政策一览》，苏州资讯，2020年6月12日，http：//suzhou.bendibao.com/news/2020612/77533.shtm；《关于修订印发〈中国（福建）自由贸易试验区厦门片区关于进一步激励自贸区人才创新创业的若干措施〉的通知》，厦门市人才公共服务平台，2018年9月19日，http：//www.irencai.gov.cn/zmqrc/rczc/201809/t20180919_108154.html；《上海自贸区临港新片区发人才新政 特殊人才可直接落户》，快资讯，2019年11月20日，https：//www.360kuai.com/pc/9c2a2558dca2d13b5? cota =3&kuai_so =1&sign =360_57c3bbd1&refer_scene = so_1；《河北自贸区出台十六条措施招才引智》，长城网，2020年8月19日，http：//sjz.hebei.com.cn/system/2020/08/19/100422048.shtml。

综上，通过对国内几个典型自贸区和河北自贸区人才政策的梳理分析可知，当前各自贸区大多具有相对完备的人才政策体系，但有关数字经济和数字贸易人才的专门性文件不多，与数字人才相关的内容多出现在数字经济或数字贸易综合性文件的表述中，且占比不大。这与当前国际国内数字贸易的发展趋势以及逐步跃升的GDP占比是不相符的，是与全球新冠肺炎疫情下我国逆势上扬的国际贸易态势不相符的，亟须提升对数字贸易专门人才培养的重视，不断扩大数贸人才的有效供给。

四 河北自贸区扩大数字贸易人才有效供给的建议

扩大数贸人才的有效供给，也要遵循人才发展的基本规律。综观国内数字贸易人才大量集聚的典型城市，杭州是政企协作培养人才的典范，上海用实例为我们诠释了"借智海外为我所用"的内涵，合肥则通过政府搭台为企业和人才提供了良好的生态环境。河北自贸区要谋划出台数字贸易人才政

策,应规避以往注重"大而全"的传统思路,转向精准化、细则化的新设计理念,即在立足人才供求预测的基础上,紧紧围绕数贸人才供给出台专项政策。为此,应由相关主管部门起草"河北自贸区数字贸易人才发展意见",并在意见中贯彻以下发展思路。

(一)围绕打造数字独角兽企业扩大河北自贸区数字贸易人才的实践培育式供给

梳理国内成功企业的人才培育历程,一个核心特征就是政企合作,通过孵化自己的数字独角兽企业来自主培育本土的数字贸易精英队伍。华为也是极为重视人才的储备和培养的,通过员工持股计划,与人才共创共享,打造了19万"骁勇铁骑",才有了当今华为的巨大成功。对河北省而言,可在雄安新区谋划打造像华为这样的数字人才"黄埔军校",让人才与企业共同成长。

一是立足河北自贸区和省内电商示范城市、电商园区、电商示范基地,开展数字贸易企业培育计划。审慎选择一批在跨境电商、先进制造、数字文化、数字金融、数字教育、数字医疗、数字旅游等多个数字贸易行业细分领域有资质、有潜力的中小企业,着力培育其成长壮大。二是以数字技术与实体经济的深度融合为契机,推动符合条件的传统商贸企业向数字贸易企业转型。大力推进互联网、物联网、大数据、人工智能、区块链等数字技术赋能传统商贸产业,推进省内综合型数字贸易龙头企业带动传统商贸产业实现整体升级。三是在通过上述举措培育河北独角兽数字巨头的同时,重点打造河北的"数贸企业家"和"数字科技创新团队"。一方面,想方设法提升企业家的数字化决策、跨国经营能力,发挥好他们对人才的组织能力、引领能力;另一方面,要积极引进海内外数字贸易领域的"领军人才"和优秀团队,大力培育提升本土中、低端数贸人才素质能力和业务水平,建设好河北的庞大数字贸易军团,以人才优势凸显河北自贸区数字贸易新业态的省际比较优势。

(二)围绕加强"学院+职业+研发"式教育扩大河北自贸区数字贸易人才的教育研发式供给

数字贸易与实体经济的深度融合对数贸人才的需求越来越专业化、复合化。面对省内电商和跨境电商从业人员素质能力偏低、专业知识匮乏的短板，亟须扩大学院式、职业技能式、研发式专业数贸人才的供给。

一是建立数字贸易人才学院。仿照宁波在综合保税区建立数字贸易人才学院的做法，在自贸区雄安片区筹建专注数字贸易领域人才培养的雄安数字贸易人才学院，打造立足于河北自贸区、服务全省、辐射全国的数字贸易人才培训基地和人才创业孵化基地，为河北省数字贸易企业提供源源不断的人才支撑。二是立足省内高校增建数据科学学院和人工智能学院。以专门学院为基础平台，大批量培养人工智能、大数据、互联网+、物联网、云计算、区块链、5G新基建等前沿数字核心技术人才。三是加强数字贸易职业教育。未来全球数字贸易的发展趋势要求在各个专业领域都配备大量专业人才，因此需要广泛地普及数字贸易、数字技术的基础性培训。可参照北京、成都等国内省市与国内知名企业联合建立数字贸易学院的做法，加强河北与苏宁、腾讯等知名公司的深度合作，联合成立数字贸易职业学院，尝试探索"通识课程"模式，将数字技术知识融入现有商贸课程体系，培养大批量的职业数字贸易人才。四是设立数字贸易研究院。聚焦数字金融、数字结算、数字银行、数字贸易法则和数字产业发展等前沿课题，为省内自贸区数字贸易规则制定、数字贸易模式创新发展开展前瞻性研究。五是打造河北自贸区数字贸易人才高峰论坛。举办每年一度的雄安数字贸易人才高峰论坛，充分集聚和借助国内外自贸区的数字贸易智库资源，为河北自贸区数字贸易人才梯队建设提供最新人才政策资讯和人才开发案例，促进本土数贸人才实现长足发展。

（三）围绕构建数字化的生态环境扩大河北自贸区数字贸易人才的可持续性供给

有效人才供给不是简单的即时性的人才产出，实现人才长期可持续的供给与作用的发挥才是其更为深刻的内涵。要确保河北自贸区数字贸易人才的持久竞争力，必须着力营造一个数字化的人才生态环境。

一是着力打造以新基建为核心的外生态硬环境。新基建作为5G网络、大数据、人工智能、物联网、云计算、区块链的信息基础设施,是数字经济、智能经济这些人类未来文明的技术支撑,对推动河北省数字技术产业化、传统产业数字化,赋能内循环具有重大现实价值。要全力贯彻《河北省政府办公厅关于加快5G发展的意见》,抢先布局5G网络,快速实现11个设区市和雄安新区主城区5G信号连续覆盖,并适时开展5G联合研发与试验,跟进5G网络部署和商用推广,促进新基建基础上的现代数字技术和省内实体经济的深度融合,为自贸区和全省数字贸易发展和数字贸易人才培育奠定坚实的数字设施基础。二是着力打造以人才政策为核心的内生态软环境。借鉴北京、广东、上海、安徽以及英国、韩国、日本等国内外的成功经验,选择性地吸收其在数贸高端人才引进、基础人才培育、国内外人才交流、存量人才素质化转型等方面的有效政策,进一步完善河北自贸区数字贸易人才发展政策集,全面提升河北对国内外数字贸易人才的吸引力,更好地壮大省内数字贸易人才队伍,为自贸区发展数字贸易新业态提供富有竞争力的人才政策支持。

参考文献

王晓红、费娇艳、谢兰兰:《"十四五"服务贸易高质量发展思路》,《开放导报》2020年第2期。

陈健、陈志:《数字技术重塑全球贸易:我国的机遇与挑战》,《科技中国》2020年第5期。

孙杰:《从数字经济到数字贸易:内涵、特征、规则与影响》,《国际经贸探索》2020年第5期。

林秀君、陈容芳:《福建省数字人才需求预测》,《莆田学院学报》2019年第6期。

张月强:《激活数字人才体系》,《企业管理》2020年第6期。

吴旻:《浙江数字贸易发展的人才瓶颈及对策研究》,《中国商论》2020年第3期。

吴画斌、许庆瑞、陈政融:《数字经济背景下创新人才培养模式及对策研究》,《科技管理研究》2019年第8期。

权威报告·一手数据·特色资源

皮书数据库
ANNUAL REPORT(YEARBOOK) DATABASE

分析解读当下中国发展变迁的高端智库平台

所获荣誉

- 2019年，入围国家新闻出版署数字出版精品遴选推荐计划项目
- 2016年，入选"'十三五'国家重点电子出版物出版规划骨干工程"
- 2015年，荣获"搜索中国正能量 点赞2015""创新中国科技创新奖"
- 2013年，荣获"中国出版政府奖·网络出版物奖"提名奖
- 连续多年荣获中国数字出版博览会"数字出版·优秀品牌"奖

成为会员

通过网址www.pishu.com.cn访问皮书数据库网站或下载皮书数据库APP，进行手机号码验证或邮箱验证即可成为皮书数据库会员。

会员福利

- 已注册用户购书后可免费获赠100元皮书数据库充值卡。刮开充值卡涂层获取充值密码，登录并进入"会员中心"—"在线充值"—"充值卡充值"，充值成功即可购买和查看数据库内容。
- 会员福利最终解释权归社会科学文献出版社所有。

数据库服务热线：400-008-6695
数据库服务QQ：2475522410
数据库服务邮箱：database@ssap.cn
图书销售热线：010-59367070/7028
图书服务QQ：1265056568
图书服务邮箱：duzhe@ssap.cn

卡号：595865966954
密码：

中国社会发展数据库（下设12个子库）

整合国内外中国社会发展研究成果，汇聚独家统计数据、深度分析报告，涉及社会、人口、政治、教育、法律等12个领域，为了解中国社会发展动态、跟踪社会核心热点、分析社会发展趋势提供一站式资源搜索和数据服务。

中国经济发展数据库（下设12个子库）

围绕国内外中国经济发展主题研究报告、学术资讯、基础数据等资料构建，内容涵盖宏观经济、农业经济、工业经济、产业经济等12个重点经济领域，为实时掌控经济运行态势、把握经济发展规律、洞察经济形势、进行经济决策提供参考和依据。

中国行业发展数据库（下设17个子库）

以中国国民经济行业分类为依据，覆盖金融业、旅游、医疗卫生、交通运输、能源矿产等100多个行业，跟踪分析国民经济相关行业市场运行状况和政策导向，汇集行业发展前沿资讯，为投资、从业及各种经济决策提供理论基础和实践指导。

中国区域发展数据库（下设6个子库）

对中国特定区域内的经济、社会、文化等领域现状与发展情况进行深度分析和预测，研究层级至县及县以下行政区，涉及省份、区域经济体、城市、农村等不同维度，为地方经济社会宏观态势研究、发展经验研究、案例分析提供数据服务。

中国文化传媒数据库（下设18个子库）

汇聚文化传媒领域专家观点、热点资讯，梳理国内外中国文化发展相关学术研究成果、一手统计数据，涵盖文化产业、新闻传播、电影娱乐、文学艺术、群众文化等18个重点研究领域。为文化传媒研究提供相关数据、研究报告和综合分析服务。

世界经济与国际关系数据库（下设6个子库）

立足"皮书系列"世界经济、国际关系相关学术资源，整合世界经济、国际政治、世界文化与科技、全球性问题、国际组织与国际法、区域研究6大领域研究成果，为世界经济与国际关系研究提供全方位数据分析，为决策和形势研判提供参考。

法律声明

"皮书系列"(含蓝皮书、绿皮书、黄皮书)之品牌由社会科学文献出版社最早使用并持续至今,现已被中国图书市场所熟知。"皮书系列"的相关商标已在中华人民共和国国家工商行政管理总局商标局注册,如LOGO( )、皮书、Pishu、经济蓝皮书、社会蓝皮书等。"皮书系列"图书的注册商标专用权及封面设计、版式设计的著作权均为社会科学文献出版社所有。未经社会科学文献出版社书面授权许可,任何使用与"皮书系列"图书注册商标、封面设计、版式设计相同或者近似的文字、图形或其组合的行为均系侵权行为。

经作者授权,本书的专有出版权及信息网络传播权等为社会科学文献出版社享有。未经社会科学文献出版社书面授权许可,任何就本书内容的复制、发行或以数字形式进行网络传播的行为均系侵权行为。

社会科学文献出版社将通过法律途径追究上述侵权行为的法律责任,维护自身合法权益。

欢迎社会各界人士对侵犯社会科学文献出版社上述权利的侵权行为进行举报。电话:010-59367121,电子邮箱:fawubu@ssap.cn。

社会科学文献出版社